Jan Skála
Die ČSSR
Vom Prager Frühling zur Charta 77
Mit einem dokumentarischen Anhang

Verlag Olle & Wolter

Copyright 1978 Verlag Olle & Wolter, Postfach 4310, 1000 Berlin 30
Druck: Oktoberdruck, Westberlin
Bindearbeiten: Stein, Westberlin
Umschlaggestaltung: Gisela Büchelmaier, Hamburg
Printed in Germany. Alle Rechte vorbehalten.
ISBN 3 921241 38 3

INHALT

1. Einleitung 7

2. **Die Reformen des Jahres 1968**
   Zur Entstehung der Reformbewegung 10
   Die Reform in Partei und Staat 11
   Die Wirtschaftsreform 14
   Die Schranken der theoretischen
   Konzeption der Wirtschaftsreform 17
   Gewerkschaften, Arbeiterräte und
   andere Interessenverbände 20

3. **Die Intervention vom 21. August 1968**
   Die Intervention und die Pläne der
   Sowjetregierung 32
   Der außerordentliche XIV. Parteitag
   der KPČ 34
   Der zivile Widerstand gegen die
   Intervention 38

4. **Der Beginn des „Normalisierungsprozesses"
   bis April 1969**
   Die Verhandlungen der tschechoslowakischen Führung in Moskau und
   das Abkommen 47
   Die ersten Schritte der „Normalisierung" 50
   Die Dubček-Führung unter
   sowjetischem Druck 57

Der Widerstand gegen den Normalisierungskurs bis hin zum April-Plenum
des ZK der KPČ 1969 61

5. **Die Durchsetzung des Normalisierungskurses 1969 – 1970**
Der neue Normalisierungskurs unter Husák
und die Säuberungen 75
Die „Lehren aus der krisenhaften
Entwicklung" 82
Die Rücknahme der Wirtschaftsreform ... 84

6. **Die bürokratische Restauration**
Der zweite XIV. Parteitag der KPČ
im Mai 1971 93
Die endgültige „Normalisierung" und
die Repression 96

7. **Die Entwicklung der tschechoslowakischen Opposition bis zur „Charta 77"**
Sozialistische Bewegung
tschechoslowakischer Bürger 106
Die Charta 77 109

8. **Anhang**
Die Smrkovský-Memoiren 129

Jaroslav Šabata
Rede auf der Tagung des
ZK der KPČ am 31.8.1968 169

Gustáv Husák
Rede auf der Tagung des
ZK der KPČ am 31.8.1968 170

Vertrag über die Zusammenarbeit des
Tschechischen Gewerkschaftsbundes der
Metallarbeiter und des Verbandes der
Hochschulstudenten von
Böhmen und Mähren 172

Aufruf der tschechischen Künstler,
Wissenschaftler, Publizisten und
Kulturschaffenden 174

Gesetzliche Verfügung über einige
zur Festigung und zum Schutze der
öffentlichen Ordnung notwendige
zeitweilige Maßnahmen 176

František Kriegel
Rede auf dem Mai-Plenum
des ZK der KPČ 1969 177

František Vodsloň
Rede auf dem Mai-Plenum
des ZK der KPČ 1969 180

Karel Kyncl
Rede vor dem Prager Parteikomitee
vom 2.6.1969 184

Alexander Dubček
Rede auf dem September-Plenum
des ZK der KPČ 1969 188

Ludvík Svoboda
Rede auf dem September-Plenum
des ZK der KPČ 1969 190

Hundert Jahre tschechischer Sozialismus 191

Petr Uhl
Über die Charta 77 193

Komitee für die Verteidigung von
zu Unrecht Verfolgten 197

1. Einleitung

Die tschechoslowakische Nachkriegspolitik war generell durch eine wachsende Anlehnung an die Sowjetunion charakterisiert. Seit der Machtübernahme der Kommunistischen Partei der Tschechoslowakei (KPČ) im Jahr 1948 stand sie im Zeichen der Preisgabe einer eigenständigen Politik und der restlosen Übernahme des sowjetischen Sozialismusmodells. Die Folge davon war die Herausbildung eines bürokratisch-zentralistischen Systems, in dem die KPČ das Machtmonopol besaß und ihre Ideologie zur Staatsideologie erhob. In diesem Prozeß der Verschmelzung von Partei und Staat bildete sich eine herrschende bürokratische Schicht heraus. Der so geschaffene hohe Grad an Zentralisation der gesellschaftlich relevanten Entscheidungen ermöglichte der Bürokratie, praktisch über alle wichtigen Fragen des ökonomischen, politischen und kulturellen Lebens der Gesellschaft zu bestimmen. Der „Kalte Krieg" beschleunigte die ökonomische und politische Integration in die sozialistische Staatengemeinschaft, die unter der Hegemonie der UdSSR stand. Der Ausdruck dieses Integrationsprozesses ist das militärische Bündnis, der „Warschauer Pakt", und der „Rat für gegenseitige Wirtschaftshilfe" (RGW).

Im Unterschied zu den anderen RGW-Staaten, deren Kommunistische Parteien nur dank der UdSSR die Macht erobern und nur um den Preis bürgerkriegsähnlicher Auseinandersetzungen halten und festigen konnten, gab es in der ČSSR in der ersten Phase der Integration keine vergleichbaren Krisen wie in der DDR 1953, Polen und Ungarn 1956. Nicht zuletzt deshalb, weil die wirtschaftliche Ausgangsbasis in der Tschechoslowakei weitaus günstiger war als in den anderen Ostblock-Staaten und die KPČ relativ stark in der tschechoslowakischen Arbeiterklasse verankert war.

Die Schranken des bürokratisch-zentralistischen Systems wurden jedoch auch in der ČSSR bald sichtbar: die Mißachtung der nationalen Besonderheiten in politischer und wirtschaftlicher Hinsicht, die wachsende Entfremdung der Partei und Staatsbürokratie vom Volk, die Unterdrückung der Bedürfnisse großer Teile der Bevölkerung, der ineffiziente Wirtschaftsdirigismus, der den Ansprüchen, die sich aus dem technologischen Fortschritt und der internationalen Arbeitsteilung ergaben, nicht gewachsen war. Alle diese Probleme bildeten ein starkes Konfliktpotential.

Unter dem Eindruck der Enthüllungen Chruschtschows über die Verbrechen während des Stalinismus und angesichts der tiefen Wirtschaftskrise in der ČSSR, bildete sich seit Anfang der 60er Jahre in der KPČ eine Opposition heraus, die die Notwendigkeit einer grundsätzlichen Reform des bürokratisch-zentralistischen Systems erkannte und seine Überwindung anstrebte.

Um die Jahreswende 1967/68 setzten sich die Reformanhänger, die niemals eine erklärte Opposition oder gar Fraktion in der KPČ bildeten, in der Partei durch. Auf friedlichem Wege begann eine Erneuerung der sozialistischen Demokratie, die von einer Interessenpluralität im Sozialismus und einer aktiven Beteiligung der Bevölkerung an der politischen Führung der Gesellschaft ausging. Es begann ein Experiment, bei dem zum ersten Mal in einer industriell, ökonomisch und kulturell genügend entwickelten Gesellschaft wesentliche Elemente einer sozialistischen Demokratie in die Praxis umgesetzt wurden. Der KPČ gelang es, die Unterstützung der Mehrheit der Bevölkerung für ihre Politik zu gewinnen, so daß sie während des ganzen Jahres 1968 die führende gesellschaftliche Kraft blieb.

Nach acht Monaten stürmischer Entwicklung wurde das Reformexperiment gewaltsam durch den Einmarsch der Armeen der fünf Warschauer-Pakt-Staaten (UdSSR, DDR, Polen, Bulgarien und Ungarn) gestoppt und das alte bürokratisch-zentralistische System in dem darauffolgenden Prozeß der sog. „Normalisierung" restauriert.

Angesichts der relativ raschen und vollständigen Niederlage des tschechoslowakischen Reformexperiments, drängt sich die Frage auf, ob ein Reformversuch im nationalen Rahmen bei dem gegebenen hohen Integrationsgrad in die sozialistische Staatengemeinschaft und bei einer so großen Abhängigkeit von der Sowjetunion überhaupt eine Perspektive hatte oder a priori zum Scheitern verurteilt war. Diese Frage eindeutig beantworten zu wollen, würde bedeuten, entweder eine Machtapologetik zu betreiben oder in einer unrealistischen Spekulation Zuflucht zu suchen. Die Fragestellung muß vielmehr lauten: Welche Möglichkeiten für eine Fortführung und — nach der Intervention — für eine Verteidigung der begonnenen Reformen gab es unter den inneren wie äußeren Bedingungen, unter denen die Reformen stattfanden?

Das Anliegen dieser Arbeit besteht darin, aufzuzeigen, wie eine Politik gegen den Willen der Mehrheit der tschechoslowakischen Bevölkerung und ihrer führenden Organe durchgesetzt werden konnte, die alle Errungenschaften des tschechoslowakischen Reformexperimentes begraben und einen Zustand herbeigeführt hatte, den die Mehrheit des tschechoslowakischen Volkes 1968 für endgültig überwunden hielt. Wer war die treibende Kraft des sog. „Normalisierungsprozesses", und mit welchen Inhalten und Mitteln setzte sich die „Normalisierung" durch?

Die Untersuchung der „Normalisierung" in der ČSSR — die im Mittelpunkt dieser Arbeit steht – wirft auch ein neues Licht auf die Tiefe der gesellschaftlichen Veränderungen im Jahr 1968, auf die Beziehung zwischen der Partei- und Staatsführung und der Bevölkerung und ebenso auf die Frage nach dem Wesen und der tragenden Kraft der Reformbewegung und des Widerstandes gegen die bürokratische Restauration. Weiterhin wird das Ausmaß der bürokratischen Restauration und der Repression gegen breite Teile der Bevölkerung sowie die Entwicklung der tschechoslowakischen Opposition bis zur „Charta 77" untersucht. Ferner werden im Anhang einige wichtige Dokumente der letzten 10 Jahre erstmals auf Deutsch veröffentlicht.

2. Die Reformen des Jahres 1968

Zur Entstehung der Reformbewegung

Die tschechoslowakische Reform des Jahres 1968 kam für viele unerwartet, ebenso unerwartet wurde sie beendet. Beim näheren Betrachten wird jedoch deutlich, daß das, was so plötzlich im Januar 1968 an die Oberfläche gelangte, ein jahrelanger Gärungsprozeß war, der sich als Reaktion und Antwort auf die tiefe gesellschaftliche Krise der 60er Jahre in der Tschechoslowakei den Weg bahnte.

Spätestens seit der wirtschaftlichen Krise des Jahres 1963 (1) erkannte die Partei- und Staatsführung die Notwendigkeit, das bürokratisch-zentralistische Planungssystem zu reformieren. Ein Wissenschaftlerteam unter der Leitung von Ota Šik wurde mit der Ausarbeitung einer Wirtschaftsreform beauftragt. Die ersten Vorschläge, die bereits die wichtigsten Elemente der Reform von 1968 aufwiesen, wurden zwar vom ZK der KPČ 1964 gebilligt, ebenso vom XIII. Parteitag der KPČ im Jahre 1966, aber in der Praxis änderte sich nur wenig. Die geplante Dezentralisierung der ökonomischen Entscheidungen scheiterte an der starren Haltung der Novotný-Führung (2).

Auch in anderen gesellschaftlichen Bereichen wurden interdisziplinäre Forschungsteams damit beauftragt, Lösungen für das offensichtlich krisenanfällige Leitungssystem zu suchen. Das Team von R. Richta beschäftigte sich mit den langfristigen Entwicklungstrends unserer Zivilisation im Zeitalter der wissenschaftlich-technischen Revolution (3) und das Team von Z. Mlynář mit dem Rechts- und Staatssystem im Sozialismus (4). Die konkreten Forschungsergebnisse dieser interdisziplinären Arbeitsgruppen zeigten unmißverständlich die Schranken des bürokratischen Regimes unter Novotný auf und wurden von der Parteiführung dementsprechend behandelt. In die Parteipropaganda wurden neue Begriffe — insbesondere die „wissenschaftlich-technische Revolution" — eingeführt, aber die nötigen strukturellen Veränderungen blieben aus. (5) Durch die Möglichkeit einer selbständigen, von der Partei unabhängigen Forschung wurden jedoch die Reformanhänger in der Partei gestärkt.

Ein ebenso wichtiges Moment auf dem Weg zu den Reformen des Jahres 1968 war die begonnene Rehabilitierung der Opfer der politischen Prozesse in den 50er Jahren. Unter dem Druck Chruschtschows wurden die bisher von Novotný verhinderten Rehabilitierungen vorangetrieben. Eine Kommission unter der Leitung von Kolder legte dem

ZK der KPČ 1963 einen Bericht vor, in dem eine Reihe von Todesurteilen aus dem sogenannten Slánský-Prozeß des Jahres 1952 als Justizmorde enthüllt wurden. (6) Aufgrund dieses Berichtes, der bei weitem nicht alle Verbrechen jener Ära in der ČSSR aufdeckte (7), kam es zu einer Regierungsumbildung. Obwohl dies eine halbherzige Maßnahme war, wurde doch ein Signal gesetzt. Diese schwerwiegenden Verbrechen zwangen viele, besonders jüngere Parteimitglieder zur intensiveren Reflexion über die Grundlagen der Politik der KPČ nach 1948 und stärkten das Bewußtsein von der Notwendigkeit einer Gesamtreform des Systems.

Wie jeder bedeutenden gesellschaftlichen Veränderung, so ging auch den Reformen des Jahres 1968 eine Zersetzung der herrschenden Werte und Normen, besonders auf dem Gebiet der Kunst und Literatur, voraus. Die Kafka-Konferenz in Liblice 1963, auf der der starre Begriff des „sozialistischen Realismus" die erste große, offiziell geduldete Erschütterung erlitt, führte zu einer Änderung des geistigen Klimas in der ČSSR. (8) Die Begegnungen und Konfrontationen mit neueren philosophischen Strömungen wie die von Sartre, Fischer, Garaudy, Schaff und anderen führten zu immer kritischeren Aufsätzen und Äußerungen. Einige Kulturzeitschriften nahmen eine zunehmend offen oppositionelle Haltung ein. (9) Zum offenen Konflikt zwischen den Schriftstellern und der Parteibürokratie kam es auf dem 4. Schriftstellerkongreß im Jahre 1967. (10)

Von zentraler Bedeutung für Entstehung, Durchsetzung und Verlauf der Reformen war der Konflikt zwischen Tschechen und Slowaken. Der bürokratische Zentralismus erwies sich für die Slowakei als sehr nachteilig. Das bereits in den 50er Jahren stark mißachtete Selbstbestimmungsrecht (11) der Slowaken wurde mit der Annahme der neuen Verfassung vom 11. Juli 1960, mit der die Tschechoslowakei zu einem sozialistischen Staat deklariert wurde, noch mehr eingeschränkt. Der Slowakische Nationalrat wurde zum bloßen „Akklamationsorgan" der Prager Zentrale degradiert. (12) Es ist daher nicht verwunderlich, daß der Ruf nach einer Föderalisierung immer stärker wurde. (13) Aufgrund der starren und chauvinistischen Haltung Novotnýs war es diese Frage, die zur Jahreswende 1967/68 die entscheidenden Machtverschiebungen in den höchsten Parteiorganen herbeiführte.

Die Reform in Partei und Staat

Der sogenannte „Prager Frühling" begann bürokratisch, hinter verschlossenen Türen. Gegen Ende des Jahres 1967 wurde das nach dem 4. Schriftstellerkongreß herrschende gespannte Klima noch durch den Polizeieinsatz gegen 2.000 Studenten verschärft, die im Oktober 1967 friedlich gegen die skandalösen Mißstände in den Studentenheimen demonstrierten. (14) Das Oktober- und Dezember-Plenum des ZK der KPČ stand im Zeichen großer Spannungen. Während dieser Sitzungen kam es zum offenen Bruch zwischen der Novotný-Gruppe und einer Reihe slowakischer Funktionäre, die Novotný beschuldigten, die Rechte der Slowaken mißachtet zu haben. Nachdem er sie des Revisionismus und bürgerlichen Nationalismus bezichtigt hatte — ein Vorwurf, der noch in den 50er Jahren zu Todesurteilen führte —, war keine Möglichkeit eines Kompromisses mehr vorhanden. Am Ende dieser zeitweise turbulenten und historisch bedeutsamen Sitzungen des ZK der KPČ war die Machtstellung Novotnýs gebrochen. (15)

Die erste große Veränderung des Jahres 1968 war der Personenwechsel an der Parteispitze. Mit der Absetzung Novotnýs und der Wahl Dubčeks zum Ersten Sekretär der Partei wurde die Tendenz zur Trennung der Partei- und Staatsämter deutlich. Die ersten Erklärungen des ZK der KPČ und ihres neuen ersten Sekretärs waren noch im bürokratischen Geist abgefaßt und ließen eher eine Kontinuität zur Novotný-Politik als tiefgreifende Veränderungen vermuten. (16) Sowohl in der Partei als auch in der Öffentlichkeit herrschte Unklarheit über den Charakter der Personalveränderungen. (17) Unterdessen mehrten sich in der Presse und den übrigen Medien kritische Kommentare, die eine radikalere Änderung der bisherigen Politik verlangten. Als Ende Februar die — nach dem 4. Schriftstellerkongreß verbotene — Zeitschrift *Literární Listy* wiedererscheinen durfte, wurde damit ein Startschuß für alle anderen Medien gegeben. Die Zensur, obwohl sie offiziell erst im März 1968 abgeschafft wurde (18), hörte real zu diesem Zeitpunkt auf zu existieren. (19) Es kam zu einer wahren „Informationsexplosion", und die Enthüllungen über die politischen Verbrechen sowie die Affäre des Novotný-Freundes General Šejna führten zu Gruppenrücktritten der Novotný-Anhänger. (20)

In dieser „eruptiven Lage" (Mlynář) konzentrierten sich die Reformer in der Partei darauf, mit der Entwicklung Schritt zu halten und positive Lösungen aus der gesellschaftlichen Krise zu suchen, um der Gefahr eines Konfliktes zwischen der Partei und der radikalisierten Gesellschaftsbasis zu begegnen. (21)

Das Aktionsprogramm der KPČ

Die eigentliche programmatische Grundlage der Reformbewegung des Jahres 1968 bildete das Aktionsprogramm der KPČ, das am 5. April 1968 angenommen wurde. (22) Obwohl es noch einige Merkmale der alten Ideologie aufwies (23), stellten die vorgeschlagenen Maßnahmen eine qualitative und tiefreichende Veränderung des bisherigen bürokratisch-zentralistischen Systems dar. Die Grundtendenz des Aktionsprogramms bestand im Abbau des alten, in den Händen einer kleinen Grup-

pe von Spitzenfunktionären liegenden Machtmonopols sowie in der gleichzeitigen Demokratisierung aller gesellschaftlichen Organisationen. Als konkrete Maßnahmen waren gedacht:
- Die Trennung von Partei und Staat. Die „Nationale Front" — eine Vereinigung politischer Parteien und unterschiedlicher Interessenorganisationen — sollte Autonomie gegenüber der KPČ besitzen und unabhängig von ihr die Staatspolitik mitgestalten. Eventuelle Differenzen innerhalb der „Nationalen Front" durften jedoch nicht zu einer Opposition gegenüber der KPČ führen und den durch die Verfassung festgelegten Rahmen überschreiten. (24)
- Das Prinzip der Gewaltenteilung. Die Regierung sollte der Nationalversammlung (Parlament) verantwortlich sein. Die Nationalversammlung sollte die legislativen Vollmachten innehaben. Auch die Gerichte sollten unabhängig sein. (25)
- Die Partei sollte nach wie vor die führende Kraft des Landes bleiben. Dies sollte nicht wie früher durch ein Machtmonopol erreicht werden, sondern durch freiwillige Unterstützung des Volkes. Andererseits durfte dies nicht dazu führen, daß die Partei nur mit Ideen und Programmen auf die Gesellschaft einwirkt. Ihre Beschlüsse sollten in die Praxis umgesetzt werden. (26)
- Das Prinzip der geheimen Wahlen (27) sollte eingeführt und neue Parteistatuten ausgearbeitet werden.
- Das Recht auf Selbstbestimmung der beiden Nationen (Tschechen und Slowaken) sowie die damit verbundene Föderalisierung sollten in der Verfassung verankert werden. Dazu gehörte auch der Schutz der nationalen Minderheiten.
- Die Gewährleistung der Meinungs-, Versammlungs- und Organisierungsfreiheit sollte garantiert werden.
- Besonderer Wert wurde auf die Wiederherstellung der Rechtsstaatlichkeit gelegt. Die Rehabilitierung aller Opfer politischer Prozesse sollte durchgeführt werden. (28)
- Die Grundzüge der Wirtschaftsreform und der damit verbundenen Stellung von Gewerkschaften und Selbstverwaltungsorganen sowie die Maßnahmen der Sozialpolitik wurden definiert. (29)

Fast in allen Gesellschaftsbereichen wurden Schritte zur Umsetzung des Aktionsprogramms unternommen. Das Aprilplenum markierte eine der wichtigsten Etappen der Reform. Zur gleichen Zeit fand eine Regierungsumbildung (30) und ein Austausch im Präsidium der KPČ (31) statt. Im Mittelpunkt aller Bemühungen der Partei- und Staatsführung stand nach diesem Plenum die Umsetzung des Aktionsprogramms in die Praxis. Die Rehabilitierungen wurden in Angriff genommen und eine neue Kommission unter der Leitung von Piller sollte rückhaltlos die politischen Verbrechen der 50er Jahre aufklären. (32) Gleichzeitig wurde jedoch beschlossen, die Wahlen zur Nationalversammlung auf den November zu verschieben (33) und keinen außerordentlichen Parteitag einzuberufen. (34) Als Begründung wurde angeführt, daß es notwendig sei, zuerst Garantien für eine demokratische Durchführung dieser beiden Schritte zu schaffen. (35) Aber unter dem wachsenden Druck der Öffentlichkeit und von Teilen der Partei (36) sowie angesichts der immer schärferen Kritik aus Moskau (37) und den anderen Warschauer-Pakt-Staaten setzte sich die Einsicht durch, daß man möglichst schnell den außerordentlichen Parteitag einberufen müsse. Am 1. Juni 1968 beschloß das ZK der KPČ, den XIV. Parteitag für den 9. September einzuberufen. Ebenso wurde auf Drängen der slowakischen Kommunisten ein Beschluß über die Vorbereitung der Föderalisierung gefaßt. (38) Die Delegiertenwahlen zum Parteitag, die vom 5. bis 7. Juli in den Stadt- und Kreistagskonferenzen stattfanden, bestätigten die tiefe Kluft zwischen der Parteibasis und dem höchsten Vertretungsorgan in der Partei. Mindestens 4/5 der Mitglieder des alten ZK wurden nicht wiedergewählt. Bestätigt wurden praktisch nur die Dubček-Anhänger. (39)

Bis zur Intervention gelang es, eine Reihe wichtiger Vorhaben des Aktionsprogramms in die Praxis umzusetzen oder zumindest ihre Verwirklichung einzuleiten. Die praktische Politik der Partei- und Staatsführung war einerseits durch die Bemühung gekennzeichnet, dem starken Druck der Öffentlichkeit nachzugeben und schneller und konsequenter den neuen Reformkurs umzusetzen, andererseits aber wurde sie von der permanenten Furcht vor einem völligen Bruch mit der Sowjetunion bestimmt. Deshalb war bis zur Intervention sowohl in der Nationalversammlung als auch in der Partei ein starker konservativer Block vertreten, der die Unterstützung Moskaus besaß. (40) Und obwohl die Dubček-Führung die Unterstützung der Mehrheit der Bevölkerung genoß (41), gab es zu keinem Zeitpunkt des Jahres 1968 eine echte demokratisch gewählte Volksvertretung.

Die Wirtschaftsreform

Im Unterschied zu den Partei- und Staatsreformen waren die Wirtschaftsreformen zu Beginn der Reformbewegung des Jahres 1968 bereits ausformuliert und teilweise in die Praxis umgesetzt. (41a) Der Grund dafür war, daß die in den 60er Jahren durchgeführten Untersuchungen deutlich sowohl eine tiefe strukturelle Krise, die von konjunkturellen Krisenschwankungen begleitet wurde, als auch die Krise des bürokratisch-zentralistischen Planungssystems nachwiesen. Fast alle „klassischen" Leiden des sowjetischen Wirtschaftsmodells waren auch in der ČSSR voll ausgeprägt. Durch den politisch motivierten extensiven Ausbau der Produktionsabteilung A (Schwerindustrie) in den 50er und der ersten Hälfte der 60er Jahre vergrößerte sich zwar das industrielle Produktionsvolumen (42), aber ebenso die Disproportion zur Abteilung B

(Konsumgüterindustrie). In dem Zeitraum von 1950-1965 stieg der Anteil der Grundrohstoffbranchen an der Bruttoproduktion von 30,1 % (1950) auf 32,5 % (1965), der Anteil der Maschinenindustrie von 17,5 % (1950) auf 32,7 %; dagegen sank der Anteil der Verarbeitungsindustrie von 52,4 % (1950) auf 34,8 % (1965). Ebenso verhält es sich mit Investitionen: Der Anteil der Grundrohstoffbranchen betrug 53,3 % (1950) und stieg auf 66,8 %. In der Verarbeitungsindustrie sanken die Investitionen von 24,0 % (1950) auf 16,1 % (1965). (43) Diese langfristig wirkenden Strukturtrends führten zur Überalterung des Maschinenparks in den vernachlässigten Industriezweigen. Der Grad der Abnutzung des Maschinenparks betrug 1968 z.B. in der Textilindustrie 64 %, in der Schuhindustrie 54 %, in der Nahrungsmittelindustrie 58 %. (44) In der Untersuchung des Anteils der verschiedenen Quellen am Wirtschaftswachstum der ČSSR 1951-1964 kam das Richta-Team zu folgenden Ergebnissen (45):

*Anteil verschiedener Quellen
am Wirtschaftswachstum der ČSSR 1951-1964*

	Anteil	in %
Wachstumstempo des Nationaleinkommens	5,90	100,00
1. Wachstumstempo der *extensiven* Faktoren	4,79	81,19
a. Beitrag des Kapitals	4,71	79,83
b. Beitrag der Beschäftigtenzahl	0,08	1,36
2. Wachstumstempo der *intensiven* Faktoren	1,11	18,81
a. Beitrag des technischen Fortschritts	0,33	5,59
b. Beitrag des Qualifikationswachstums	1,82	30,84
c. Einfluß des Leitungs- und Organisationssystems	-1,04	-17,62

Diese Werte sprechen eine deutliche Sprache — ein hoher Anteil der Investitionen am Wachstum (46), sehr langsames Tempo der Innovationen (technischer Fortschritt) und ein sehr ineffektives Management- und Organisationssystem. Die Folge davon ist eine sehr niedrige Produktivität der Wirtschaft, die im Schnitt nur die Hälfte jener in Westeuropa und sogar nur ein Viertel jener in den USA beträgt. (47)

Die gesamten qualitativen Aspekte der Produktion werden aufgrund des zentralistisch-bürokratischen Planungssystems zwangsläufig vernachlässigt, da das Instrumentarium der dirigistischen Planung sie kaum berücksichtigt. Das Hauptkriterium der Planung ist die Bruttoproduktion (d.h. Produktionsvolumen), die in von der zentralen Planungsstelle festgesetzten Preisen ausgedrückt wird. Die Preise werden durch die Extrapolation der bestehenden ökonomischen Größen bestimmt und geben nicht die realen Kosten wieder. Deshalb wird eine ständige Korrektur der Plankennziffern durchgeführt, um die Plankonsistenz zu bewahren.

Dadurch wird auf der Betriebsebene der Planungshorizont erheblich verkürzt, was zur weiteren Behinderung des Innovationsprozesses führt. (48) Das Prämiensystem verstärkt den Zwang jedes einzelnen Betriebes zur Jagd nach Erreichen des Bruttoproduktionsvolumens, da Prämien erst nach dessen Erfüllung verteilt werden. Bereits in der ersten Phase der Planung versuchen die Betriebe, die gegenüber den zentralen Stellen ein Informationsmonopol bei der Einschätzung der eigenen Kapazität haben, möglichst niedrige Kennziffern auszuhandeln. In der Produktionsphase versuchen die Betriebe nur leicht herstellbare Produkte mit möglichst hohem Materialumsatz zu produzieren. Die Folge davon ist, neben der bereits erwähnten Behinderung des Innovationsprozesses, ein unglaublich hoher Material- und Energieverbrauch. Die Untersuchungen Mitte der 60er Jahre ergaben, daß zur Herstellung eines Bruttoproduktes im Wert von 1.000 Dollar in den USA 2.655 kg Energiequellen verbraucht werden, in der an Rohstoffen armen Tschechoslowakei dagegen 5.056 kg. Der Stahlverbrauch pro 1.000 Dollar Bruttoprodukt betrug in den USA 186 kg, in der ČSSR 435 kg. (49) Die Reihe solcher Beispiele ließe sich beliebig fortführen.

Die Konsequenz, die die tschechoslowakischen Ökonomen in ihren Reformvorschlägen daraus zogen, lief nicht nur auf eine partielle Veränderung des vorhandenen Planungssystems, sondern auf eine grundsätzliche Änderung des Wirtschaftsmodells hinaus. Der Grundgedanke des Reformvorhabens in der Wirtschaft war die Synthese des Planes mit dem Marktmechanismus. Das erklärte Hauptziel der Reform war die Erhöhung der Wirtschaftseffizienz. (50) Von der extensiven Einführung der Marktmechanismen versprach man sich vor allem die Objektivierung der ökonomischen Kriterien, besonders des Preissystems als Voraussetzung einer sinnvollen Planung. (51) Die Betriebe sollten einen relativ hohen Grad an Selbständigkeit erhalten, um die Rolle des Marktsubjektes erfüllen zu können. Sie sollten weitgehend selbständig über Investitionen, Leitung des Betriebes, Produktionsmethoden, Entlassungen bzw. Einstellungen, Wahl des Wirtschaftspartners u.v.a. entscheiden. Die zentralen Planstellen sollten die allgemeinen Bestimmungen und Wirtschaftsziele formulieren, d.h. verbindliche Richtlinien ausgeben. Zur Durchsetzung dieser Planziele sollten nach und nach nur noch die Instrumente der wirtschaftlichen Lenkung, z.B. die Höhe des Diskontsatzes bei Krediten, Preislimits, Abschreibungsmöglichkeiten u.a. angewandt werden. (52) Die Betriebe sollten gewinnorientiert produzieren und die Belebung der Konkurrenz sollte durch den Druck des Weltmarktes ergänzt werden. (53) Diese Maßnahmen sollten die politisch-administrativ herbeigeführte Monopolstellung vieler Betriebe beseitigen und den Unterschied zwischen denjenigen Betrieben, die Produkte mit Weltmarktniveau produzierten, und denjenigen, die mit Verlusten wirtschafteten, deutlich hervortreten lassen. (54) Die am 1. Januar 1967 einge-

leitete Wirtschaftsreform (55) erreichte ihr Haupt- und Nahziel — die
Hebung der Effizienz der Wirtschaft.

*Die Kennziffern der Entwicklung der tschechoslowakischen
Wirtschaft 1965-1968 (56) (Zuwachs in %)*

Jahr	Brutto-sozial-produkt	National-einkommen	Arbeitsproduktivität I a)	II b)	Effektivität der Grundproduktionsfonds	Vorräte
1965/64	5,4	3,4	2,8	5,1	-0,7	0,1
1966/65	7,9	9,2	7,3	3,3	5,5	6,6
1967/66	6,8	5,3	4,8	6,2	1,0	10,0
1968/67	6,6	7,2	5,7	4,3	1,7	10,5

a) Arbeitsproduktivität I — Nationaleinkommen: Zahl der Beschäftigten in der Produktionssphäre.

b) Arbeitsproduktivität II — Industrieproduktion: Zahl der Beschäftigten in der Industrie.

Die Zeit für eine volle Umsetzung der Reformvorstellungen war zu kurz. Trotz partieller Erfolge der Wirtschaftsreform standen die unangenehmen Folgen, die sich aus der Logik des Marktmechanismus ergeben, noch bevor. So meinte z.B. der stellvertretende Finanzminister Koudelka, daß eine enorme Steigerung der Mieten, der Preise für Agrarprodukte (57) (um durchschnittlich 50 %) und für Dienstleistungen erfolgen werde. Ebenso hätte man infolge der Liquidierung von ca. 25 % aller Betriebe der Produktion aus Rentabilitätsgründen (58) mit einer zeitweiligen Arbeitslosigkeit rechnen müssen. Gesamtwirtschaftlich wären auch inflationäre Tendenzen verstärkt worden. (59) Wie schon aus der zeitlichen Verschiebung der Einführung der Reformen gegenüber den politischen Ereignissen ersichtlich wird, waren die ökonomischen Reformen für die Dynamik der politischen Entwicklung des Jahres 1968 nicht so bestimmend, wie oft angenommen wird.

Die Schranken der theoretischen Konzeption der Wirtschaftsreform

Bei einer Gesamtwertung der Wirtschaftsreform muß der historische Kontext, in dem sie entstand, in Betracht gezogen werden. Die tschechoslowakische Wirtschaftsreform war zunächst ein Produkt der Bemühungen der Novotný-Bürokratie, ihre Herrschaftsgrundlage zu stabilisieren. Zu diesem Zweck wurden die Ökonomen damit beauftragt, eine das vorhandene politisch-ökonomische System bewahrende Reform auszuarbeiten. Da der machtpolitische Rahmen, in dem sie durchgeführt werden sollte, eng begrenzt war, mußte sie zwangsweise einen stark technokratischen Charakter tragen. (60) Ihr Schwerpunkt lag auf der Wiederherstellung der indirekten ökonomischen (im Gegensatz zu den willkürlichen, machtpolitisch motivierten) Kriterien der Wirtschaftslenkung (Erhöhung der Wirtschaftsproduktivität, der effizienteren Allokation, der Beschleunigung des Innovationsprozesses, der Senkung des Energie- und Materialverbrauches, einer Reihe der tschechoslowakischen Wirtschaft angemessener Strukturveränderungen etc.) (61) Die Hauptinstrumente der Reform — Dezentralisierung der Wirtschaftsentscheidungen unter Beibehaltung des Zentralplanes, extensive Ausnutzung der Marktmechanismen, d.h. Wiederherstellung der Ware-Geld-Beziehungen, Vergrößerung der Betriebsautonomie, verbunden mit einer gewinnorientierten Produktion, sowie Mitspracherecht der unmittelbaren Produzenten (betriebliche Selbstverwaltung), ohne das keine Produktionssteigerung zu erreichen war — stellten zweifellos ein im Vergleich zu den alten bürokratisch-zentralistischen Planungsmethoden effizienteres Wirtschaftsinstrumentarium dar, boten jedoch in dieser Form keine ausreichende Garantie dafür, daß auf lange Sicht die bürokratischen Herrschaftsformen unter veränderten Vorzeichen nicht reproduziert werden, wie es im Falle Jugoslawiens geschah. (62)

Obwohl die Wirtschaftsreform in Verbindung mit der *politischen* Demokratisierung der Gesellschaft die *alte* bürokratisch-zentralistische Planungsstruktur sprengte und die im Jahre 1968 beschlossene Selbstverwaltungskonzeption eine fortschrittliche und entwicklungsfähige Alternative zur bürokratischen Maßregelung von „oben" bot, stellte sie kein geschlossenes Konzept einer demokratischen volkswirtschaftlichen Planung dar. (63) Ebenso wie die politische Reform war sie gleichzeitig Ausdruck der alten Herrschaftsverhältnisse, aus denen sie hervorging, und des Willens, diese zu überwinden. Ihre Grenzen waren u.a. dadurch gesetzt, daß ihre Grundlagen in einer Zeit entwickelt wurden, in der eine politische Demokratisierung nicht zur Debatte stand.

In diesem Sinne darf die notwendige Kritik der Wirtschaftsreform nicht bei einer Beschwörung der Gefahr einer „kapitalistischen Restauration" ansetzen (64), die für niemanden unter den tschechoslowakischen Ökonomen in Frage kam, sondern muß von den politisch-ökonomischen Herrschaftsverhältnissen, die es zu überwinden galt, ausgehen und untersuchen, inwiefern die Wirtschaftsreform eine Alternative darstellte. So betrachtet bestand der Hauptmangel der Wirtschaftsreform darin, daß sie nicht radikal genug die bisherige Wirtschaftspraxis in Frage stellte und über den Rahmen einer Systemkritik hinaus keine alternative Gesamtkonzeption einer *sozialistischen* Ökonomie zu entwickeln vermochte. Dies wird am Beispiel der Bestimmung der Planungs- und Produktionsziele und bei einer Betrachtung des Bereichs der gesellschaftlichen Reproduktion deutlich. Auf keinem Gebiet von entscheidender gesellschaftlicher Relevanz, sei es in der Technologie, der Energiewirtschaft, der Infrastruktur etc., sei es im Bereich der Erziehung, der Familienstruktur, der Sexualität, der Frauenemanzipation, der Kultur, der Bildung oder der zwischenmenschlichen Beziehungen, gelang es in den sogenannten sozialistischen Staaten, wenigstens ansatzweise Alternativen zu den kapitalistischen Ländern zu entwickeln. (65) Vielmehr setzte sich seit der Chrutschowschen Parole „Überholen, ohne einzuholen" jene Nachahmungspolitik des westlichen Weges durch, die bis heute die Formulierung der Planungsprioritäten entscheidend prägt (66) und die alten bürgerlichen Grundstrukturen reproduziert.

Auch die tschechoslowakische Wirtschaftsreform von 1967/68 nahm die komparativen Studien mit den westlichen Industriestaaten zur Grundlage ihrer Systemkritik und blieb somit im Verständnis eines quantitativen Wachstums und einer quantitativen Bestimmung der Produktionsziele (wenn auch unter der Ausnutzung der „formalen Rationalität") verhaftet.

Eine radikal andere Alternative erarbeitete unter Anwendung des emanzipatorischen Gehalts der marxistischen Kritik (67) auf die nichtkapitalistischen Gesellschaften Rudolf Bahro, der, weit von einer technokratisch verkürzten und verdinglichten Auslegung der Entwicklung der Produktivkräfte entfernt, die allseitige Entfaltung des Menschen (nach Marx die wichtigste Produktivkraft!) in den Mittelpunkt einer sozialistischen Ökonomie stellt. Sein wichtigstes Produktionsziel ist die „reiche Individualität" (68), die er an die Stelle des fetischisierten quantitativen Wachstums setzt. Auf der Grundlage seiner beispielhaften Analyse der bürokratischen Herrschaftsverhältnisse der nichtkapitalistischen Gesellschaften zeigt er auf, daß die „vertikale Arbeitsteilung" die Herrschaftsgrundlage der Bürokratie in den „protosozialistischen" Gesellschaften bildet, daß sie die Quelle der Entfremdung, der Spaltung des Menschen in eine Privatperson und einen gesellschaftlichen Menschen ist, und daß sie zwangsläufig die Entfaltung der „emanzipatorischen Bedürfnisse" zugunsten der „kompensatorischen" (systemerhaltenden) behindert. Die Überwindung dieser Gesellschaftsverhältnisse muß daher mit dem systematischen Abbau der vertikalen Arbeitsteilung beginnen, was eine tiefgreifende Veränderung in der Bedürfnisstruktur der Gesellschaft und eine radikale Verbesserung der Lage der unmittelbaren Produzenten (vor allem die Arbeitszeitverkürzung), die mit einem ebenso radikalen Abbau aller Privilegien der herrschenden Bürokratie und der Aufhebung des hierarchischen Bildungssystems verbunden sein muß, zur Voraussetzung hat. Erst auf der Grundlage einer freien „Assoziation von Kommunen" ist eine alternative sozialistische Ökonomie, die sich grundlegend sowohl von der kapitalistischen als auch von der pseudosozialistischen Ökonomie unterscheidet, möglich.

Bereits diese kurze Aufzählung einiger zentraler Ansätze in der Analyse Bahros läßt die Schranken der tschechoslowakischen Wirtschaftsreform deutlich hervortreten. Sie war ein durch ihren historischen Kontext und den nationalen Rahmen beschränkter, weitgehend technokratischer, aber entwicklungsfähiger Versuch einer Überwindung des alten bürokratisch-zentralistischen Planungssystems. Obwohl sie durch den politischen Demokratisierungsprozeß im Jahre 1968 beeinflußt wurde, lag ihr die alte Trennung von Politik und Ökonomie zugrunde.

Gewerkschaften, Arbeiterräte und andere Interessenverbände

Ohne einen Dualismus zwischen der offiziellen Linie der Partei- und Wirtschaftsreformen und der Bewegung an der gesellschaftlichen Basis konstruieren zu wollen, muß festgestellt werden, daß sich die Tiefe der gesellschaftlichen Umwälzung des Jahres 1968 erst durch die Darstellung des breiten, gesamtgesellschaftlichen Politisierungsprozesses, der die Politik maßgeblich mitbestimmte, erfassen läßt. Dieser Prozeß ist vor allem charakterisiert durch die politische Emanzipation gesellschaftlicher Subjekte außerhalb der Partei. (69)

Die Gewerkschaften

Die wichtigste soziale Klasse, die Arbeiterklasse, stand zuerst den Reformen zurückhaltend gegenüber, denn die bisherigen Erfahrungen mit der Wirtschaftsreform waren nicht gerade ermutigend, insbesondere in Hinblick auf die geplante Schließung vieler Betriebe und die damit verbundene Gefahr der Arbeitslosigkeit. Auch blickte sie den geplanten Rationalisierungen nicht mit Begeisterung entgegen. (70) Ihre wichtigsten Vertretungsorgane, die Gewerkschaften, trugen die typischen Merkmale der Gewerkschaften im Ostblock — sie waren „mitgliederstark und einflußlos". (71) In den ersten beiden Monaten nach dem Januar-Plenum blockierte der alte Zentralrat der Gewerkschaften jede Veränderung. Er wurde deshalb bei der Plenarsitzung im März auf Druck der Gewerkschaftsbasis abgesetzt. (72) Gleich nach seinem Antritt erklärte der neugewählte Vorsitzende Poláček, daß die Hauptaufgabe der Gewerkschaften die Wahrung der Interessen der Arbeiter sein müsse. Die bisherige Rolle eines „Transmissionsriemens" habe fast nur der Planerfüllung gedient, und die Forderungen der Arbeiter seien dabei auf der Strecke geblieben. (73) Zu einer radikalen Änderung des bisherigen Selbstverständnisses der Gewerkschaften kam es bei den gesamtstaatlichen Beratungen im Juni 1968. Auf diesen Beratungen wurden alle wichtigen Fragen der Sozial- und Lohnpolitik behandelt. Es wurde betont, daß die Gewerkschaft die Werktätigen auf freiwilliger Basis organisiert und daß sie unabhängig von der Regierung ihre Interessen verteidigt. Das Streikrecht wurde zum „unveräußerlichen Recht" erklärt, wenn es auch als das „äußerste Mittel" betrachtet wurde. Die Bildung der Räte der Werktätigen wurde begrüßt, und die Entwürfe von zwei Grundsatzdokumenten der Gewerkschaften — das „Programm" und die „Erklärung des Zentralrates der Gewerkschaften zum sozialistischen Unternehmen" — wurden einer kritischen Analyse unterzogen. (74) Obwohl die Einheitsgewerkschaft beibehalten werden sollte, wurde die nationale und verbandsmäßige Unabhängigkeit in den Gewerkschaften betont. Nach dieser Tagung sprach man sogar von einem „Unionsputsch" in den Gewerkschaften. Er markierte den endgültigen Übergang zu einer Unionsgewerkschaft. (75) Trotz gewisser Verspätungen wurden bis zur Intervention die wichtigsten Schritte zur Demokratisierung der Gewerkschaften getan.

Die Arbeiterräte

Die für die politische Emanzipation der Arbeiter wichtigste Neuerung des Jahres 1968 war die Bildung der Räte der Werktätigen. Der in den Reformvorstellungen verankerte Selbstverwaltungsgedanke war kein Anknüpfen an die revolutionäre Tradition der Arbeiterbewegung, sondern zuerst ein Nebenprodukt der Wirtschaftsreform mit ausgeprägt technokratischem Charakter. (76) Eine Präzisierung der Selbstverwaltungskonzeption, wie sie später im Juni-Beschluß der Regierung verankert wurde, gab zum erstenmal Ota Šik im Mai 1968 bekannt. (77) Die Räte der Werktätigen sollten demokratisch in den Betrieben gewählt werden und je nach Größe des Betriebes 10 bis 30 Mitglieder umfassen. Bei größeren Unternehmen sollten bis zu 30 % unabhängige Experten Mitglieder des Rates sein. Die Leitung des Betriebes sollte dem Rat Vorschläge über Investitionsvorhaben, Fusionen, Rationalisierungen u.a. unterbreiten. Der Rat hatte der Direktion gegenüber ein Veto-Recht. Mit der Gründung der Betriebsräte sollte die Forderung nach einem modernen Management und einer demokratischen Unternehmensleitung erfüllt werden. (78) Die ersten Räte wurden nach intensiven Diskussionen in den Gewerkschaften in den Monaten Juni/Juli gegründet (79), und zwar ausschließlich auf Initiative der Arbeiter selbst. Die meisten Initiativgruppen zur Gründung der Räte entwickelten selbständige Vorstellungen, die sehr oft eine größere Teilnahme der Arbeiter an der Leitung der Betriebe verlangten. Im Vorschlag des Prager Maschinenbaubetriebes W. Pieck zur Selbstverwaltungskonzeption hieß es:

„Wenn über die Selbstverwaltung diskutiert wird, wird ihre politische Bedeutung nicht ausreichend bewertet. Es wird oft übersehen, daß es bei weitem nicht nur um die Verwaltung des Betriebes geht, sondern daß es sich um einen revolutionären Akt handelt, in dem den Werktätigen durch die Übernahme der Verwaltung eine große ökonomische, und auf ihr basierend, auch politische Macht gegeben wird." (80)

Das Selbstverwaltungsmodell in der ČSSR 1968 orientierte sich stark am jugoslawischen Modell. (81) Die Forderung nach Ausdehnung der

Selbstverwaltung auf die gesamtgesellschaftliche Ebene wurde nur von einigen kritischen Intellektuellen erhoben. So meinte der Historiker K. Bartošek, daß es in der Gesellschaft keine wahre Demokratie geben könne, solange sie nicht in den Betrieben verwirklicht werde. Außerdem müsse man aus der betrieblichen Selbstverwaltung ein Modell der Selbstverwaltung der ganzen Gesellschaft — eine neue Form des Sozialismus — entwickeln. Vor einer technokratisch verkürzten Konzeption der Selbstverwaltung warnte auch der Philosoph R. Kalivoda:

„Meines Erachtens kann kein neues ökonomisches Modell ohne Selbstverwaltung der Betriebe, ohne das System der Betriebs- und Arbeiterräte entwickelt werden. Sonst könnte das neue ökonomische System in ein Managersystem entarten, in eine ökonomische Vorherrschaft der Technokratie. Es könnte seinen sozialistischen Inhalt verlieren." (82)

Die Ausweitung der Selbstverwaltung auf die gesamte Gesellschaft setzte aber einen langen Lernprozeß voraus, an dessen Anfang sich die in aufgezwungener Unmündigkeit gehaltene tschechoslowakische Arbeiterklasse im Sommer 1968 erst befand. Doch sie lernte schnell. Das Streikrecht und die Diskussion um die Selbstverwaltungskonzeption aktivierte die Arbeiter. Es kam überall zu spontanen Streiks. So forderten z.B. die Arbeiter in den ostslowakischen Eisenwerken die Entlassung einer Gruppe von Technikern und Ingenieuren wegen ihrer arbeiterfeindlichen Einstellung. In Südböhmen streiken die Arbeiter gegen die Änderung des Produktionsprogramms. In Ostrava streiken die Bergarbeiter einer Kohlengrube gegen ihren Direktor, dem sie Unfähigkeit vorwarfen. In Nordböhmen kam es zum Proteststreik wegen einer geplanten Fusion zweier Betriebe etc. (83) Die verstärkten Aktivitäten der Arbeiter im Sommer 1968, die weit über ein bloßes „tradeunionistisches" Bewußtsein hinausgingen, zeigten, daß der Erneuerungsprozeß eine „glanzvolle Renaissance der tschechoslowakischen Arbeiterklasse" darstellte. (84)

Die Massenmedien

Eines der zentralen Momente, das die politische Entwicklung des Jahres 1968 bestimmte, waren die unabhängigen Massenmedien, die Kultur- und Verbandszeitschriften. Es gibt niemanden, der die ungeheure politische Wirkung solcher Zeitschriften wie *Literární Listy*, *Reportér* oder *Kulturný život* in der Slowakei bestreitet. Die Journalisten, Künstler und Wissenschaftler waren zweifelsfrei, insbesondere zu Beginn des „Prager Frühlings", die treibende Kraft des Demokratisierungsprozesses. (85) In der ersten Phase hatten die Massenmedien durch die Publizierung der Enthüllungen über die politischen Prozesse der 50er Jahre und die „Šejna-Affäre" maßgeblich zum Sturz von Novotný beigetragen. (86) Noch wichtiger war es, daß die Zivilcourage vieler Schriftsteller, Journalisten und Intellektueller zur Erkämpfung der Pressefreiheit führte und damit von Anbeginn des Reformprozesses eine Art von „pressure group" gegenüber der Partei vorhanden war. Das Engagement der tschechoslowakischen Intellektuellen führte eine Renaissance der moralischen, politischen und kulturellen Werte des Sozialismus herbei. Eine der bekanntesten Äußerungen dieses Engagements war das Manifest der „2000 Worte". (87) Es war ein Appell einer Reihe tschechoslowakischer Wissenschaftler (88), die sich Mitte Juni 1968 in Prag trafen, an die Bevölkerung. Er war von der Sorge getragen, daß der Erneuerungsprozeß von den konservativen Kräften im Lande gestoppt werden könnte, da sie immer noch wichtige politische Stellungen in der Gesellschaft besetzt hielten. Das Manifest rief die Bevölkerung dazu auf, die kompromittierten Bürokraten überall an den Arbeitsplätzen zu isolieren und zum Rückzug zu zwingen. (89) Die Reaktion der Partei, die das Manifest als eine „Mißtrauenserklärung" gegenüber ihrer Politik und somit als eine Bedrohung (90) des Demokratisierungsprozesses bezeichnete, sowie das Verhalten einiger führender Politiker (91) bewiesen, daß die konservativen Kräfte immer noch starken Einfluß in allen führenden Institutionen ausübten. Die Stellungnahme der Partei rief eine breite Solidarisierungskampagne der Bevölkerung mit den Verfassern des Manifests hervor. In wenigen Tagen wurden in den Betrieben und Büros hunderttausende Unterschriften von Arbeitern und Angestellten gesammelt, die sich gegen die Resolution des Parteipräsidiums wandten. Das Manifest trug maßgeblich zur Wachrüttelung der Arbeiter bei und stellte spontan ein Bündnis „der arbeitenden Hände und der arbeitenden Köpfe" (Sviták) her. Alle Versuche seitens der Parteikonservativen, dieses spontan gewachsene Bündnis zu spalten, scheiterten. Es gab unzählige Diskussionen in den Betrieben zwischen Schriftstellern, Journalisten und Wissenschaftlern. Manche von ihnen wurden bis zu drei Stunden lang im Rundfunk direkt übertragen. Die Dubček-Führung mußte erkennen, daß sie den konservativen Kräften nachgegeben hatte und lud daraufhin einige der Verfasser zum klärenden Gespräch ein. (92)

Die Klubs K 231 und KAN

Zu den politisch relevanten Initiativen des Jahres 1968 außerhalb der Partei und der Nationalfront gehörte die Gründung des Klubs 231 (93) und des Klubs engagierter Parteiloser KAN (94). Der K 231 war eine unpolitische Vereinigung, die sich eine konsequente Durchführung der Rehabilitierungen zum Ziel setzte und vorwiegend ehemalige Opfer politischer Repression zu Mitgliedern hatte. (95) Der KAN war ein organisatorischer Ansatz zur Gründung einer sozialdemokratischen Partei. Beide Vereinigungen unterstützten die Reformpolitik der KPČ, wollten aber eine selbständige politische Kraft sein. Nachdem die Konflikte der KPČ mit der Sowjetunion und anderen Ländern des Warschauer Paktes zunahmen, löste sich Ende Juli der K 231 auf, und der KAN entschloß sich, der Nationalen Front beizutreten, damit der UdSSR kein Vorwand geliefert werden konnte für die Behauptung, in der ČSSR gebe es oppositionelle Parteien, die der KPČ die führende Rolle streitig machen würden. Mit diesem Schritt stellte sich der KAN auf die Grundlage des Aktionsprogrammes. (96) Die nachträgliche Dämonisierung des KAN als eines „konterrevolutionären Zentrums" durch die Normalisierungspropaganda gehört zu jener Reihe ideologischer Gespenster, die ausschließlich der Legitimierung der militärischen Intervention dienen sollen. Der KAN, der im Jahre 1968 einige zehntausend Mitglieder gewann, umfaßte ein sehr heterogenes politisches Spektrum, das von Leuten, die die „Neutralität" der ČSSR und einen „Sozialismus ohne Kommunisten" forderten, bis hin zu solchen Protagonisten einer Opposition zur KPČ wie dem Philosophen I. Sviták reichte, der die Politik der KPČ von einer — wie auch immer gearteten — Position des revolutionären, stark moralistischen Marxismus aus kritisierte. Die politische Notwendigkeit und die Existenzberechtigung des KAN ergab sich für seine Mitglieder aus der jahrzehntelangen Unterdrückung der Sozialdemokraten und Parteilosen durch die KPČ. Langfristig gesehen hing die Zukunft des KAN — selbst unter der 1968 nicht vorhandenen völlig freien politischen Betätigung — davon ab, ob er in der Lage wäre, programmatisch eine Sozialismuskonzeption zu entwickeln, die neben der reformkommunistischen eine für die Bevölkerung glaubwürdige Alternative zur KPČ darstellen würde. Damit wäre der KAN aber eine *sozialistische* Partei neben der KPČ. Hätten dagegen jene Kräfte des KAN, die eine Reprivatisierung des 1948 sozialisierten Eigentums an den Produktionsmitteln erreichen wollten, die Oberhand gewonnen, wäre er — bei dem politischen Bewußtseinsstand der Bevölkerung im Jahre 1968 — zu einem sozialen Anachronismus ohne glaubwürdige Perspektive geworden. (97) Trotz der spontanen und teilweise explosiven politischen Aktivitäten an der gesellschaftlichen Basis kam es 1968 nie zu einer machtpolitischen Konfrontation, die die führende Stellung der KPČ oder den sozialistischen Charakter der Reformen hätte beseitigen können. (98)

Anmerkungen:
1 Zum erstenmal seit der Machtübernahme der KPČ ging die industrielle Produktion um 0,9 % gegenüber dem Vorjahr, das Nationaleinkommen sogar um 2,2 % zurück. Kosta, J., Sláma, J., „Ekonomická reforma a československé hospodářství" (Ökonomische Reform und die tschechoslowakische Wirtschaft), in: „Systemové změny" (Systemveränderungen), Köln 1972, S. 108, Tabelle I.

2 Hejzlar, Z., „Reformkommunismus. Zur Geschichte der Kommunistischen Partei der Tschechoslowakei", Köln-Frankfurt a.M. 1976, S. 114 ff.; Kosta, J., Sláma, J., ibid., S. 106 ff.
3 „Richta-Report. Politische Ökonomie des 20. Jahrhunderts", Hrsg. von R. Richta und Kollektiv, Prag 1968 (zweite Auflage), (im folgenden: „Richta-Report"). Die Bedeutung der Arbeit des Richta-Teams, die ein heterogenes Konglomerat verschiedener politischer Ansichten darstellte, lag vor allem in der Rehabilitierung der wissenschaftlichen Arbeit und einiger Wissenschaftsdisziplinen (z.B. der Soziologie) im Sinne einer *aktiven* Beeinflussung der Parteipolitik.
4 Mlynář, Z., „Československý pokus o reformu 1968. Analýza jehoteorie a praxe". (Der tschechoslowakische Versuch einer Reform 1968. Die Analyse seiner Theorie), Köln 1975.
5 Hejzlar, Z., „Reformkommunismus", S. 116 ff., Zum politischen Stellenwert der Arbeit von R. Richta siehe Kusák, A., Künzel, F.P., „Der Sozialismus mit menschlichem Gesicht", München 1969, S. 67 ff.
6 Dieser Bericht wurde nie in der ČSSR veröffentlicht. In Deutsch erschienen unter dem Titel „Pervertierte Justiz", Hrsg. Pelikán, J., Wien 1972. Zum „Slánský-Prozeß" siehe London, A., „Ich gestehe", München 1969. Ebenso Löbl, E., Pokorný, D., „Die Revolution rehabilitiert ihre Kinder",Wien 1968.
7 So sind z.B. die nichtkommunistischen Opfer nicht erwähnt. „Pervertierte Justiz", Vorwort von J. Pelikán, S. 14.
8 Nicht zufällig wird sie von der Normalisierungsideologie als eine wichtige Quelle des tschechoslowakischen „Revisionismus" bezeichnet. Marko, M., „Ich zamery a sklamania" (Ihre Absichten und Enttäuschungen), o.O. 1974, S. 34-40. Liehm, A., „Gespräche an der Moldau", Wien-München-Zürich 1968, gibt ein wichtiges Zeugnis über die Formierung der intellektuellen und künstlerischen Opposition in der Tschechoslowakei.
9 Maxa, J., (Pseudonym), „Die kontrollierte Revolution", Wien 1969, S. 22 ff. Ebenso bemühten sich die Redakteure im Rundfunk und Fernsehen um kritische Sendungen. Röll, F., Rosenberger, G., „ČSSR 1962-1968. Dokumentation und Kritik", München 1968, S. 127 ff. Pelikán, J., „Ein Frühling, der nie zu Ende geht. Erinnerungen eines Prager Kommunisten", Frankfurt a.M. 1976, S. 180 ff.
10 „Reden zum 4. Kongreß des Tschechoslowakischen Schriftstellerverbandes, Prag Juni 1967". Nachwort von Pavel Kohout, Frankfurt a.M. 1968. In diesem Konflikt spielte auch die Haltung der ČSSR zu Israel eine Rolle. Pachman, L., „Jetzt kann ich sprechen", Düsseldorf 1973, S. 102 ff. Ebenso Maxa, J., ibid., S. 46; Kusák, A., Künzel, F.P., „Der Sozialismus . . .", S. 83.
11 Der Ausdruck diese Konfliktes war der sog. „Prozeß gegen die slowakischen Nationalisten". Šlápnička, H., „Der Weg nach Prag. Die Slowaken in der Politik der Tschechoslowakei", in: „Osteuropa" 18/1968/3, S. 202-207.
12 Kusák, A., Künzel, F.P., „Der Sozialismus . . .", S. 98 ff. In wirtschaftlicher Hinsicht profitierte die rückständige Slowakei in den 50er Jahren von der extensiven Industrialisierung. Der wirtschaftliche Wohlfahrtsausgleich zwischen dem tschechischen Teil der Republik und der Slowakei wurde und wird kontinuierlich fortgeführt.
13 Hejzlar, Z., „Reformkommunismus", S. 119.
14 Horský, V., „Prag 1968. Systemveränderungen und Systemverteidigung", München 1975, S. 53. Kusák, A., Künzel, F.P., ibid., Seite 105 ff.
15 Es ist nicht möglich, im Rahmen dieser Arbeit näher auf die innere Lage in der Partei- und Staatsspitze einzugehen. Die Vorgänge im ZK der KPČ, der Besuch von Brežněv im Dezember 1967, die Versuche Novotnýs,

mit Hilfe der reaktionären Kreise in der Armee und Polizei seinen Machtsturz zu verhindern, u.a. sind ausführlich dargestellt in: Smrkovský, J., „Das unvollendete Gespräch" (s. Anhang), Hejzlar, Z., ibid., S. 138 ff.; Kusák, A., Künzel, F.P., ibid., S. 103 ff.; Maxa, J., „Die kontrollierte Revolution...", S. 58 ff.

16 In der Erklärung des ZK der KPČ vom 5.1.1968 heißt es, daß das ZK der KPČ die Arbeit des Genossen A. Novotný hoch würdigt und in der Wahl von A. Dubček die Kontinuität der Parteiführung bewahrt sieht. In: „Rok šedesátý osmý v usneseních a dokumentech" (Das Jahr achtundsechzig in Beschlüssen und Dokumenten), Praha 1968, S. 6, im folgenden: „Rok 68". In seiner ersten Rede am 2.2.1968 sagte Dubček: „Wir werden die Generallinie der Innen- und Außenpolitik nicht ändern", zitiert nach F. Röll, G. Rosenberger, „ČSSR 1962-1968...", S. 164.

17 Smrkovský, J., „Das unvollendete Gespräch" (s. Anhang). Z. Mlynář sagt dazu: „Als im Dezember 1967 das ZK der KPČ . . . zusammentrat, ahnte weder jemand in den akademischen Teams noch jemand in diesem Plenum (des ZK, d.V.), daß in einem Monat auf der Grundlage der akademischen Diskussionen das Aktionsprogramm der KPČ ausgearbeitet wird." Mlynář, Z., „Československý pokus . . .", S. 110.

18 „Rok 68", S. 33.

19 Mlynář, Z., ibid., S. 126.

20 Horský, V., „Prag 1968. . .", S. 59. Er selbst trat am 21. März 1968 vom Amt des Präsidenten zurück; „Rok 68", S. 38; Röll, F., Rosenberger, G., ibid., S. 187. Zum Staatspräsidenten wurde L. Svoboda gewählt.

21 So warnte im Frühjahr 1968 Z. Mlynář eindringlich davor, die notwendigen Reformen weiter zu verzögern, da nach dem Zerfall des alten monopolistischen Zentrums ein Vakuum entstehen könnte, in dem gleichzeitig mehrere „politische Subjekte" wirken würden. Die Partei dürfe nicht nur auf den Druck von unten reagieren, sondern müsse selbst die Initiative ergreifen, in: Röll, F., Rosenberger, G., ibid., S. 204 ff. Auch in seinem Buch kritisiert Z. Mlynář, daß bis zur Apriltagung des ZK der KPČ die Führung im Grunde genommen hinter verschlossenen Türen die Frage diskutierte, wer noch von den früheren Funktionären gehen „muß". Mlynář, Z., „Československý pokus. . .", S. 124 ff.

22 „Akční program Komunistické strany Československa", in: „Rok 68", S. 103-146; deutsch erschienen als Beilage der „Volkszeitung", Prag 5. April 1968; Auszüge in: Horlacher, W., „Zwischen Prag und Moskau", Stuttgart 1968, S. 108-138; Haefs, H., „Die Ereignisse in der Tschechoslowakei vom 27.6.1967 bis 18.10.1968. Ein dokumentarischer Bericht", Bonn-Wien-Zürich 1969, S. 70-78. Die KP der Slowakei nahm am 24. Mai 1968 ihr eigenes Programm an. „Aktionsprogramm der Kommunistischen Partei, angenommen auf dem Plenum des ZK der KPS am 24. Mai 1968", Übersetzungs- und Informationsdienst, Sudetendeutsches Archiv, 1968, Nr. 88-89.

23 Insbesondere die Stellungnahme zu den Deformationen der 50er Jahre. Es wird nur recht vage, ähnlich wie auf dem XX. Parteitag der KPdSU, über ihre Ursachen gesprochen. „Akční program . . .", ibid., S. 103-108.

24 „Akční program . . .", ibid., S. 116 f. Zur Konzeption der „Nationalen Front", s.: „ČSSR im Umbruch. Berichte. Kommentare. Dokumentation". Hrsg. Grünwald, L., Wien-Frankfurt-Zürich 1968, S. 37 ff.

25 „Akční program . . .", ibid., Seite 122 ff., Z. Mlynář begründet theoretisch die neue pluralistische Konzeption im ersten Teil seiner Untersuchung. Er sagt, daß es sich bei dem neuen Konzept um die Anerkennung wichtiger Elemente des Parlamentarismus handelt. Die verbale Anerkennung und die

Beseitigung der letzten Reste des Modells eines Staatstypus der „Pariser Kommune" seien bereits von Stalin vollzogen und bis heute stillschweigend akzeptiert. Mlynář, Z., „Československý pokus...", S. 88 ff.; s. auch Mlynář, Z., „Zur Begründung sozialistischer Demokratie. Das Aktionsprogramm der KPČ aus dem Jahre 1968 und die europäische kommunistische Bewegung", in: „L 76/2", S. 18-24.

26 „Akční program...", ibid., S. 112 ff. Die führende Rolle der Partei gehört zu den widersprüchlichsten Momenten der Reformen. Eine Konkretisierung der führenden Rolle der KPČ findet man in den Materialien zum XIV. Parteitag der KPČ, in: „Panzer überrollen den Parteitag". Hrsg. Pelikán, J., Wien-Frankfurt-Zürich 1969, S. 18-241. Demnach sollte die Partei ihre Hegemonie in der Gesellschaft behalten.

27 „Akční program...", ibid., S. 122. Siehe dazu auch Klokočka, V., „Demokratischer Sozialismus. Ein authentisches Modell. Ein Interview mit Rudi Dutschke", „Konkret-Extra", Hamburg 1968, S. 71-97.

28 „Akční program...", ibid., S. 122-124. S. auch Kaplan, K., „Historické místo akčního programu" (Die historische Stellung des Aktionsprogrammes), in: „Nová Mysl" 5/1968, S. 569-579.

29 Diese Problemkreise werden in den nächsten Abschnitten erörtert.

30 Haefs, H., „Die Ereignisse...", S. 53 f.

31 „Rok 68", S. 58-60.

32 Nach dem Bericht dieser Kommission, dessen Erscheinen in der ČSSR durch die Intervention verhindert wurde, sind in den Jahren 1948-1952 223 Todesurteile aus politischen Gründen gefällt worden, von denen 178 ausgeführt wurden. Alle diese Urteile sind vom ZK der KPČ bestätigt worden. In den Jahren 1951-1954 hat das Präsidium des ZK der KPČ 148 Todesurteile gebilligt. „Potlačená zpráva. Zpráva Komise ÚVKSČ o politických procesech a rehabilitacích v Československu 1949-68". Úvod a závěr J. Pelikán. Wien 1970; deutsch erschienen als: „Das unterdrückte Dossier. Bericht der Kommission des ZK der KPTsch über politische Prozesse und „Rehabilitierungen" in der Tschechoslowakei 1949-68". Hrsg. Pelikán, J., Wien-Frankfurt-Zürich 1970, S. 67-68.

33 „Rok 68", S. 94.

34 Ibid.

35 Mlynář kritisiert diese Entscheidung als einen der großen Fehler im Jahre 1968. Mlynář, Z., „Československý pokus...", S. 130.

36 Mit der Durchsetzung des Reformkurses auf dem Aprilplenum kam es zwangsweise zu einer Differenzierung der Positionen in den höchsten Parteiorganen. Die Reformer um Dubček erkannten, daß die Konservativen im ZK die Reformen bremsen wollten. Der progressive Flügel drängte darauf, schnellstens den Parteitag einzuberufen, um nicht in Konflikt mit der Massenbewegung zu geraten. Maxa, J., „Die kontrollierte Revolution...", S. 145.

37 Am 4. Mai wurde die tschechoslowakische Delegation in Moskau scharf kritisiert, und es wurde ihr aufgetragen, hart gegen die antisozialistischen Kräfte in der ČSSR vorzugehen. Brahm, H., „Der Kreml und die ČSSR 1968-69", Stuttgart 1970, S. 24-25.

38 „Rok 68", S. 223 f.

39 „Život strany" (Parteileben) 16/1968; Hejzlar, Z., „Reformkommunismus...", S. 180.

40 Über die Kräfteverhältnisse in der Partei siehe Maxa, J., „Die kontrollierte Revolution", S. 122 ff.; Hejzlar, Z., „K politice a vnitřnímu vývoji KSČ po roce 1948" (Zur Politik und inneren Entwicklung der KPČ nach dem Jahr

1948), in: „Systémové změny", Köln 1972, S. 92.
41 Die Meinungsumfrage im Juli 1968 ergab, daß 17 % absolutes Vertrauen zur KPČ hatten, 40 % hatten Vertrauen, 12 % kein Vertrauen, 4 % gar kein Vertrauen und 27 % waren unentschlossen; 89 % waren für die Weiterentwicklung des Sozialismus und nur 5 % für eine Restauration des Kapitalismus. „Politika" 5/1969, S. 11.
41a Die tschechoslowakischen Ökonomen J. Kosta u. J. Sláma unterscheiden folgende Phasen der Wirtschaftsreform; 1961-1962 ist das alte zentralistisch-administrative System sowjetischer Prägung voll eingeführt. 1963-64 findet eine Reformdiskussion statt. 1965-1966 werden die Grundlagen der Reform gelegt und die ersten Maßnahmen im Bereich der Wirtschaftspolitik durchgeführt. 1967-1968 erfolgen eine weitere Einführung des neuen Modells und eine Forcierung der theoretischen Diskussion, 1969-1970 ein stetiger Abbau einer Reihe von Elementen des Reformmodells. Kosta, J., Sláma, J., „Ekonomická reforma...", S. 109-110.
42 Die Maschinenbauproduktion hatte sich in dieser Zeit fast verdreifacht (299 %), die der Schwerindustrie verdoppelt (233 %). Šik, O., „Fakten der tschechoslowakischen Wirtschaft", München 1969, S. 37.
43 „Vývoj československé ekonomiky a hospodářská politika KSČ" (Die Entwicklung der tschechoslowakischen Ökonomik und die Wirtschaftspolitik der KPČ), Praha 1971, S. 154, S. 161.
44 Šik, O., „Fakten...", S. 42.
45 Diese Untersuchung ist die erste ihrer Art in der ČSSR und die letzte, die bis heute veröffentlicht wurde. Obwohl sie nur bis 1964 Daten miteinbezieht, ist der Trend gültig bis zum Jahre 1968. „Richta-Report...", S. 354.
46 In den Jahren 1956-1960 waren Investitionen von 2,50 Kronen nötig, um den Zuwachs des Nationaleinkommens um 1 Krone zu steigern. In den Jahren 1961-1965 sogar 9,50 Kronen! Šik, O., ibid., S. 45.
47 Ibid., S. 42.
48 Kosta, J., Meyer, J., Weber, S., „Warenproduktion im Sozialismus", Frankfurt a.M. 1973, S. 169 ff. Selucký, R., „Reformmodell ČSSR – Entwurf einer sozialistischen Marktwirtschaft oder Gefahr für die Volksdemokratien?", Reinbek bei Hamburg 1969, S. 26-44, S. 71-82. Altvater, E., Neusüss, Ch., „Bürokratische Herrschaft und gesellschaftliche Emanzipation. Zur Dialektik sozioökonomischer Reformen in der Übergangsgesellschaft", in: „Neue Kritik" 51/52, 1969 S. 30 ff.
49 Šik, O., „Fakten...", S. 60-61; „Richta-Report", S. 103-120.
50 Šik, O., „Effizienzprobleme des kommunistischen Wirtschaftssystems", in: „Osteuropa" 25/1975/1, S. 379. Zu den Zielen der Reformen siehe „Akční program", in: „Rok 68", S. 125-136.
51 Selucký, R., „Reformmodell ČSSR...", S. 88.
52 Ibid., S. 89.
53 Šik, O., „Was stimmt in der Wirtschaft nicht?" in: Röll, F., Rosenberger, G., „ČSSR 1962-1968...", S. 230 ff. Die Betriebe sollten die Möglichkeit erhalten, selbständig Wirtschaftsbeziehungen zu ausländischen Firmen zu knüpfen. „Akční program", in: „Rok 68", S. 132.
54 Eines der Ziele der Reformen war die Konvertibilität der tschechoslowakischen Währung auf dem Weltmarkt. „Akční program", ibid., S. 132.
55 Kosta, J., Sláma, J., „Ekonomická reforma...", S. 116. „Der Regierungsbeschluß vom 1.1.1967 zur Wirtschaftsreform u.a. Dokumente zur Wirtschaftsreform", in: Hensel, K. Paul und Mitarbeiter, „Die sozialistische Marktwirtschaft in der Tschechoslowakei", Stuttgart 1968, S. 204-221.
56 Kosta, J., Sláma, J., „Ekonomická reforma...", S. 113-114.

57 Dabei gehörte die Landwirtschaft 1968 politisch und ökonomisch zu den stabilsten Bereichen der Gesellschaft. Kosta, J., „Sozialistische Planwirtschaft. Theorie und Praxis", Düsseldorf 1974, S. 174 ff.
58 Liška, P., Koval, J., „Zur Problematik der Wirtschaftsreformen 1963-1968 in der ČSSR", in: „Probleme des Klassenkampfes" V/1975, 17/18, Westberlin.
59 Zur kritischen Reflexion der Reformen von 1968 siehe: Altvater, E., Neusüss, Ch., „Bürokratische Herrschaft . . .", ibid., Kosta, J., ibid., S. 155-184.
60 Kosta, J., „Von der ökonomischen zur politischen Reform" erscheint demnächst bei Rowohlt.
61 Diese Kriterien sind in jeder komplexen Industriegesellschaft unerläßlich. R. Damus subsumiert sie unter den Begriff der „formalen Rationalität", was heißen will, daß ihre Verwirklichung keine gesamtgesellschaftliche Rationalität garantiert, sondern mit ihr sogar kollidieren kann. Damus, R., „Der reale Sozialismus als Herrschaftssystem am Beispiel der DDR." Gießen 1978, S. 133.
62 Daran ändern m. A. n. auch die von den tschechoslowakischen Ökonomen immer wieder hervorgehobenen zwei Grundunterschiede zum jugoslawischen Modell – die günstigeren ökonomischen Voraussetzungen und die stärkere Betonung der Rolle des Planes – nichts. Vgl. Šik, O., „Das Wirtschaftsmodell des demokratischen Sozialismus", in: „Merkur" 24/1970/4.
63 Kosta, J., „Sozialistische Planwirtschaft ...", S. 213.
64 Besonders in den DKP-nahen Kreisen wird gern die heutige Konzeption des „dritten Weges" von O. Šik als „Beweis" für die kapitalistische Restaurationsgefahr herangezogen. Ich möchte darauf hinweisen, daß meines Wissens kein anderer führender Ökonom des „Prager Frühlings" diese Konzeption vertritt und vor allem darauf, daß er sie erst *nach* der Intervention formulierte. Ein fundierter Nachweis der kapitalistischen Restaurationsgefahr ist mir nicht bekannt. Wird er nicht in einer denunziatorischen Weise – wie im Falle der DKP – geführt, so ist er meistens mit einer fetischisierten Auffassung von der Planung verbunden, die per se als eine Garantie der sozialistischen Ökonomie ausgegeben wird. Vgl. z. B. das Vorwort „Zur Kritik der Sowjetökonomie", S. 14, Rotbuch 11, Berlin 1971. Dabei wird nicht in Betracht gezogen, daß die zentralistische Planung als gesellschaftliches Strukturprinzip in den nichtkapitalistischen Gesellschaften des Ostblocks sich als besonders geeignet für die Zementierung der bürokratischen Herrschaftsverhältnisse erwies und daß sie in der bestehenden Form eine sozialistische Ökonomie verhindert. Damus, R., ibid., S. 158 ff.
65 Damit sollen nicht die partiellen Errungenschaften z. B. auf dem Gebiet der sozialen Sicherheit (keine Arbeitslosigkeit) negiert werden. Sie werden jedoch häufig überschätzt. Man denke nur an den katastrophalen Wohnungsmangel, die elende Lage der Rentner und die mangelnde Versorgung mit den elementaren Bedarfsgütern, die besonders für Frauen den Arbeitstag um 2-3 Stunden pro Tag verlängert.
66 Daran ändert auch nichts die in der ersten Hälfte der 70er Jahre von der SED herausgegebene Parole „Überholen ohne einzuholen", die ein qualitatives „Überholen" im Sinn hatte. Sie wurde jedoch bald aus dem „Verkehr" gezogen. Die heutigen Ankäufe von „VW-Golf" für die DDR dokumentieren die Hohlheit solcher Parolen.
67 An dieser Stelle seien vor allem die Ansätze der jugoslawischen „Praxis Gruppe" und der ungarischen „Budapester Schule" genannt, die eine ähnliche Stoßrichtung aufweisen.
68 Bahro, R., „Die Alternative", Kap. 14, 15. Frankfurt a. M. 1977.

69 Mlynář, Z., „Československý pokus ...", S. 119 ff.
70 Holesovsky, V., „Die Arbeiter der Tschechoslowakei", in: „Osteuropäische Rundschau" 7/1968, S. 9-13.
71 Oschliess, W., „Der blockierte Transmissionsriemen", in: „Berichte des Bundesinstitutes für ostwissenschaftliche und internationale Studien" 52/1969, Köln, S. 1.
72 Velek, F., „Odbory rok po Lednu", in: „Nová Mysl" 3/1969, S. 278. (Die Gewerkschaften ein Jahr nach dem Januar.)
73 „Die tschechoslowakischen Gewerkschaften (1870-1970)", Brüssel 1970, S. 28.
74 „Entwurf des Programms der Revolutionären Gewerkschaftsbewegung. Unterlage für die gesamtstaatliche Diskussion in den Grundorganisationen der Revolutionären Gewerkschaftsbewegung". Prag 1968. „Die Gewerkschaften und das sozialistische Unternehmen. Entwurf einer Erklärung des Zentralrates der Gewerkschaften. Unterlage für die gesamtstaatliche Diskussion in den Grundorganisationen der Revolutionären Gewerkschaftsbewegung (ROH)", Prag 1968; beide Manuskripte in: „Spiegel-Archiv", Hamburg.
75 Velek, F., „Odbory ...", S. 278.
76 Kosta, J., „Zur betrieblichen Selbstverwaltung im Prager Frühling", in: „Arbeiterräte oder bürokratischer Zentralismus", Wunstorf 1974, S. 10. Kosta, J., „Sozialistische Planwirtschaft ...", S. 187-214. Auch das Mlynář-Team räumte den Arbeiterräten ausdrücklich eine unpolitische Stellung ein. Mlynář, Z., „Československý pokus ...", S. 75.
77 Die Erklärung von O. Šik und der Regierungsbeschluß vom Juni in: Dahm, H., „Demokratischer Sozialismus. Das tschechoslowakische Modell", Opladen 1971, S. 57-65, S. 73-78.
78 Šik, O., ibid., S. 60.
79 Siehe die Rede des Chefredakteurs der Gewerkschaftszeitung „Práce" in Sheffield, in: „Arbeiterkontrolle, Arbeiterräte, Arbeiterselbstverwaltung — Eine Anthologie", Hrsg. Mandel, E., Frankfurt a.M. 1971, S. 462-467.
80 Borin, M./Plogen, V., „Management und Selbstverwaltung in der ČSSR", Berlin 1970, S. 89-95.
81 Die jugoslawischen Erfahrungen wurden von tschechoslowakischen Wissenschaftlern untersucht. Dvořák, S., „Rady pracujících samy o sobě" (Die Werktätigenräte über sich selbst), in: „Nová Mysl" 4/1969, S. 469.
82 Zit. nach: Koukal, J., „Ökonomische und politische Reformtendenzen in der ČSSR von 1963-1968". Diplomarbeit, West-Berlin 1974; zur Kritik der offiziellen Selbstverwaltungskonzeption siehe auch Borin/Plogen, ibid., S. 106 ff.
83 Maxa, J., „Die kontrollierte Revolution ...", S. 157 ff.
84 Bystřina, I., „Sociální stratifikace, úloha inteligence a pozice, radikálních intelektuálů v připravě a provedení Pražského jara", (Soziale Stratifikation, Rolle der Intelligenz und Position radikaler Intellektueller bei der Vorbereitung und Durchführung des Prager Frühlings), in: „Systémové změny", S. 18.
85 „Svoboda. Die Presse in der Tschechoslowakei 1968". Zürich 1968, S. 28. In dieser Studie tschechischer Journalisten wird von der „freiesten Presse der Welt" gesprochen, die durch ihre Aufklärung eine bedeutende Rolle bei der Vermittlung des „historischen Geschehens" bei den breitesten Schichten des Volkes spielte. Schmidt-Häuer, Ch., Müller, A., „Viva Dubček. Reform und Okkupation in der ČSSR. Mit einem einführenden Bericht von H. Böll", Köln, Berlin 1968, S. 54, 56.
86 „Svoboda . . .", ibid., S. 28 ff. Der General Šejna, ein Freund von Novot-

ný, flüchtete ins Ausland, um einer Strafe wegen unerlaubter Bereicherung zu entgehen.
87 Das Manifest der „2 000 Worte" in: „Nachrichten aus der ČSSR", hrsg. Škvorecký, J., Frankfurt a. M. 1968, S. 170-178. Ebenso in den meisten Dokumentationen.
88 Die Formulierung dieses Manifestes wurde dem Schriftsteller L. Vaculík übertragen. Maxa, J., „Die kontrollierte Revolution...", S. 160.
89 Das Manifest der „2 000 Worte".
90 „Rok 68", S. 228-230.
91 Der slowakische Abgeordnete General S. Kodaj verlangte mit Zustimmung der kommunistischen Abgeordneten eine Wiedereinführung der Zensur und die Verhaftung der Signatare des Manifestes. Maxa, J., „Die kontrollierte Revolution...", S. 163.
92 J. Smrkovský versuchte daraufhin eine Art kritisch-solidarischer Antwc.. auf das Manifest zu schreiben. Smrkovský, J., „1 000 Worte", in: Pustejovsky, O., „In Prag kein Fenstersturz", München 1968, S. 134-137.
93 Benannt nach einem Paragraphen, der die Bestrafung von Hochverrat vorsah.
94 Die Gründungserklärungen beider Klubs in: „Nachrichten...". S. 307-308, S. 316-317.
95 Über die Arbeit des K 231 gaben einige seiner Mitglieder im Exil einen Bericht heraus: „Zpráva dokumentační komise K 231" (Bericht der Dokumentationskommission K 231), Toronto 1973.
96 Mlynář, Z., „Československý pokus...", S. 138.
97 Dank der militärischen Intervention und der Wiederherstellung der „normalen" Zustände in der Tschechoslowakei erscheint heute großen Teilen der tschechoslowakischen Bevölkerung die bürgerliche Demokratie als die Demokratie schlechthin. Eine prowestlich orientierte politische Kraft würde heute in der ČSSR über eine weitaus breitere gesellschaftliche Grundlage als 1968 verfügen.
98 Zu dieser Feststellung kommen trotz politischer Differenzen alle Untersuchungen über die ČSSR 1968, die unabhängig von der offiziellen Linie, die heute in der ČSSR gilt, geschrieben wurden.

3. Die Intervention vom 21. August 1968

Die Intervention und die Pläne der Sowjetregierung

Die Reformen des Jahres 1968 erweckten von dem Augenblick an, als sie den Rahmen der Personalveränderungen und internen Diskussionen in den obersten Partei- und Staatsorganen verließen, das Mißtrauen der UdSSR. So erklärte der moskautreue ZK-Sekretär der KPČ, D. Kolder, nach der Intervention,

„daß die brüderlichen Parteien sich der ungemein komplizierten Lage in der Partei (der KPČ, J.S.) und der Tatsache, daß die Führung völlig unvorbereitet und unerfahren ist, voll bewußt waren und vom ersten Augenblick an ... sich eine väterliche Sorge (!) um ihre Söhne (!) machten." (1)

Die drei großen Stationen des Konfliktes zwischen den tschechoslowakischen Reformern und den Führungen der fünf Warschauer-Pakt-Staaten waren Dresden (März), Warschau (Juli) und Čierna nad Tisou (August). (2) Nachdem auch die letzte Verhandlung für die Sowjetunion unbefriedigend verlief und der Termin des außerordentlichen XIV. Parteitages der KPČ, der – wie die Vorwahlen zeigten – die letzten Bastionen der konservativen Kräfte im Staats- und Parteiapparat beseitigt hätte, in die Nähe rückte, wurde Mitte August im Präsidium der KPdSU der Beschluß gefaßt, militärisch zu intervenieren. (3) Den in Dresden und Moskau erstellten Analysen und den Informationen des Prager Sowjetbotschafters Červoněnko zufolge sollte Dubček höchstens die Hälfte der Parteimitglieder hinter sich haben, und so schien es möglich, der militärischen Intervention einen genügenden Rückhalt von tschechoslowakischer Seite zu geben. (4)

Am 20. August tagte das Präsidium des ZK der KPČ, das auf seiner Sitzung die Vorbereitungen des XIV Parteitages behandelte. Die moskautreuen Mitglieder des ZK wollten statt der geplanten Tagesordnung ein Dokument von Bilak, Indra und Kolder behandeln, das in dem Antrag gipfelte, den geplanten Parteitag zu verschieben, bis die Parteiführung seinen Ablauf unter Kontrolle haben würde. (5) Die Mehrheit entschied sich jedoch dagegen, und das vorgeschlagene Thema wurde weiter behandelt. Im Verlauf der Sitzung traf die Meldung ein, daß die Armeen der fünf Warschauer-Pakt-Staaten die Grenzen der ČSSR überschritten hätten. (6) Die meisten Politbüromitglieder waren von der Nachricht überrascht und bestürzt. Nach einer etwa einstündigen Diskussion wurde eine Resolution des Parteipräsidiums verabschiedet (7), in der man zum Ausdruck brachte, daß die Intervention ohne das Wissen des Präsidenten der Republik, des Vorsitzenden der Nationalversammlung, des Regierungsvorsitzenden, des Ersten Sekretärs des ZK der KPČ und aller dieser Organe geschah. Dieser Akt stehe im Widerspruch zu den Grundprinzipien der Beziehungen zwischen den sozialistischen Staaten und den Grundnormen des internationalen Rechts. Weiterhin wurde ausdrücklich betont, daß die Armeen und die Polizei keinen Befehl erhielten, das tschechoslowakische Land zu verteidigen. Die Nationalversammlung und das Plenum des ZK der KPČ wurden einberufen. (8) Diese eindeutige Verurteilung der Intervention durch das Parteipräsidium stand in direktem Widerspruch zur strategischen Konzeption der UdSSR. Die sowjetische Führung rechnete damit, daß es unmittelbar nach dem Einmarsch in den wichtigsten Partei- und Staatsorganen zu einem Machtwechsel kommen und so eine offizielle Verurteilung nicht zustandekommen würde. Deshalb versuchten die wenigen Kollaborateure, wie z.B. der Minister für Fernmeldewesen Hoffmann, der Chefredakteur von *Rudé Právo* Švestka u.a., die Veröffentlichung der Erklärung des Präsidiums zu verhindern, was ihnen jedoch nicht gelang. (9)

In der ersten Erklärung der Besatzungstruppen, die in Form eines Flugblattes von Flugzeugen abgeworfen und vom illegalen Okkupationssender „Vltava" (Moldau), der zur politischen Unterstützung der Intervention errichtet worden war, verlesen wurde, rechtfertigte man die Intervention als eine Aktion zur Rettung des Sozialismus in der ČSSR. (10) Besonders fällt in der Erklärung die Bezugnahme auf die „ehrenhaften" Kader auf, die aus dem politischen Leben „grob ausgestoßen" worden seien. Dies alles sei von einer „Reihe von Personen, die in die Staats- und Parteiführung der Tschechoslowakei eindrangen", gedeckt und damit der Konterrevolution geholfen worden. Der tschechoslowakischen Führung wurde vorgeworfen, die Vereinbarungen von Cierna und Bratislava nicht erfüllt zu haben. Und besonders wurde der Vorwurf erhoben, daß die Konterrevolution die ČSSR aus der sozialistischen Gemeinschaft habe herausbrechen wollen. (11) Am 21. August 1968 veröffentlichte die Agentur TASS den „Hilferuf" einer Gruppe tschechoslowakischer Amtsträger. Unterschrieben hätten „Mitglieder des Zentralkomitees der KPČ, der Regierung und der Nationalversammlung." (12) Die Namen dieser „Internationalisten" wurden bis heute nicht veröffentlicht, und niemand hatte damals den Mut, sich zu seiner Unterschrift zu bekennen. (13) In der gleichen Nacht wurden noch weitere Flugblätter aus den Flugzeugen der Interventionsarmeen abgeworfen, in denen Novotný (!) als rechtmäßiger Präsident bezeichnet wurde. (14) Diese absurden Legitimationsversuche der Okkupation, die in der Tschechoslowakei mit Entrüstung und Abscheu zur Kenntnis genommen wurden, waren im Vergleich zu dem Ausmaß der militärischen Aktion (15) geradezu defizitär. Sie zeigten, zu welchen grotesken Verzerrungen es infolge einer selektiven Wahrnehmung der bürokratischen Informationsapparate (16) bei der Einschätzung der Lage in der ČSSR kam und sie offenbarten die politische Konzeptionslosigkeit der ganzen Intervention. Das Ziel der Sowjetunion läßt sich deshalb nur allgemein formulieren: Wiederherstellung der Kontrolle über die Tschechoslowakei und sofortige Einsetzung einer Marionettenregierung, die die Intervention als „brüderliche Hilfe" begrüßen würde. (17)

Entsprechend diesem Plan wurde zuerst das Gebäude des ZK der KPČ umstellt. Anschließend wurden A. Dubček, F. Kriegel, J. Smrkovský, J. Špaček, V. Šimon und später O. Černík verhaftet und über Polen in die Ukraine deportiert. (18) Unterdessen versuchte Červoněnko in der sowjetischen Botschaft, eine „revolutionäre Arbeiter- und Bauernregierung" zusammenzustellen, an deren Spitze Indra stehen sollte. An dieser Sitzung nahmen Bilak, Kolder, Švestka und Indra teil. (19)

Aber viele potentielle Kollaborateure versagten. (20) Die Regierung kam nicht zustande, und die Verhaftungsversuche weiterer führender tschechoslowakischer Politiker durch sowjetische Offiziere und eine kleine Kollaborantengruppe des tschechischen Staatssicherheitsdienstes unter der Leitung des Slowaken Šalgovič mußten am 23. August ganz aufgegeben werden, da sich die einfachen Angehörigen des Staatssicherheitsdienstes weigerten, Befehle auszuführen. (21) Stattdessen verurteilten die Nationalversammlung, die Regierung, die Akademie der Wissenschaften, die Gewerkschaften und viele andere Verbände und Organisationen einmütig die „Aggression" und forderten den Abzug der fremden Truppen und die Freilassung der verhafteten Politiker. (22) Ein weiterer Versuch der Konservativen, eine bejahende Erklärung zur Intervention im ZK der KPČ durchzusetzen, scheiterte, nachdem nur ein Drittel der ZK-Mitglieder im Hotel „Praha" zusammenkam und trotz starker Präsenz der Konservativen den Aufruf des Präsidiums der KPČ bestätigte. (23)

Am ersten Tag der Intervention hatten die Sowjetunion und die anderen Interventionsländer nur einen Teil ihres Planes verwirklichen können – die militärische Besetzung des Landes und die Verhaftung führender Partei- und Staatsvertreter der ČSSR. Der zweite Teil des Aktes – die Bildung einer „revolutionären Arbeiter- und Bauernregierung", die die Intervention politisch legitimieren, machtpolitisch in der ČSSR umsetzen und einen Schauprozeß gegen die alte „konterrevolutionäre Führung" inszenieren würde, blieb aus. (24)

Der außerordentliche XIV. Parteitag der KPČ

Einer der ausschlaggebenden Gründe für das militärische Eingreifen der fünf Warschauer-Pakt-Staaten war offensichtlich, das Zustandekommen des XIV. Parteitages der KPČ zu verhindern. (25) Aus den Erklärungen der Interventionsstaaten ging ferner eindeutig hervor, daß der Demokratisierungsprozeß des Jahres 1968 als eine Art Palastrevolte eines konterrevolutionären Zentrums in der Partei angesehen wurde, das mit Hilfe des Imperialismus und der „antisozialistischen Kräfte" in der ČSSR an die Macht gelangt sei. (26) Es war daher für die KPČ ein Gebot der Stunde, zu zeigen, wie die wirkliche Meinung der Parteimehrheit zu der militärischen Intervention und zu der Entwicklung des Jahres 1968 war. So wurden bereits in der ersten Nacht der Intervention die notwendigen Schritte zur sofortigen Einberufung des Parteitages unternommen. Die Initiative kam vom Prager Stadtkomitee der KPČ. Sein Erster Sekretär, B. Šimon, unterbreitete Dubček und anderen Präsidiumsmitgliedern folgende Vorschläge: 1. Die Einberufung einer Beratung der Delegierten des XIV. Parteitages der KPČ. 2. Die Vorbereitung eines Generalstreiks. 3. Die Vorbereitung eines Aufrufes an die kommunistischen Parteien der Welt. (27) Nachdem Dubček sein Einverständnis gegeben hatte, wurden die Delegierten während des ganzen ersten Tages (21. August) der Intervention über den tschechoslowakischen Rundfunk aufgefordert, sich sofort nach Prag zu begeben. (28)

Am 22. August begann im größten Prager Industriebetrieb ČKD unter dem Schutz der Prager Arbeiter der in der Geschichte der KPČ dramatischste und denkwürdigste außerordentliche Parteitag. (29) Seine Einmaligkeit bestand unter anderem darin, daß „ein Parteitag einer kommunistischen Partei, die die regierende Kraft in einem sozialistischen Lande ist, unter Bedingungen der Illegalität zusammentreffen mußte, da dieses sozialistische Land von den Armeen anderer sozialistischer Länder besetzt war." (30) Dieser XIV. Parteitag stellt auch in einer anderen Hinsicht einen Präzedenzfall dar. Normalerweise wird der außerordentliche Parteitag vom Zentralkomitee oder einem Drittel aller Parteimitglieder einberufen. (31) Mit der Verhaftung und Verschleppung von Dubček, Černík, Smrkovský, Kriegel, Špacek und Šimon aber hörte das Präsidium des ZK der KPČ auf, als ein Führungsorgan zu existieren, da nur seine konservativen Mitglieder in Prag blieben, die, wie bereits erwähnt wurde, noch am Vorabend der Intervention versucht hatten, eine Verschiebung des Parteitages zu erreichen. Die letzte Anweisung des Parteipräsidiums war die sofortige Einberufung des ZK der KPČ. Im Hotel „Praha" traf sich am 21. August jedoch nur ein Drittel des ZK und bestätigte damit seine Handlungsunfähigkeit. (32) Diese Handlungsunfähigkeit des ZK bestand seit Mai 1968, als im Zuge des Demokratisierungsprozesses die Grundorganisationen und Parteikonferenzen einem großen Teil der konservativen Mitglieder des ZK das Mißtrauen aussprachen. So mußten ca. 50 % der ZK-Mitglieder auf ihre Funktionen in der Partei und anderen Organisationen verzichten und saßen praktisch ohne Beschäftigung im ZK der KPČ, das sie entweder freiwillig verlassen (was sie verweigerten) oder aus dem sie nur vom Parteitag hinausgewählt werden konnten. (33) Das einzige funktionsfähige Organ, das demokratisch die Meinung der Partei in diesem Augenblick ausdrücken konnte, war das höchste Organ der Partei – der Parteitag, der jedoch, wie gesagt, nur vom ZK oder einem Drittel der Parteimitglieder einberufen werden konnte. Um aus diesem Dilemma herauszukommen, rief das Prager Stadtkomitee nur zu einer „Beratung der Delegierten" des Parteitages auf. Nachdem sich schon am ersten Tag 1.182 von 1.540 Delegierten versammelt hatten und mit einer 2/3-Mehrheit beschlußfähig waren, erklärten sie sich zum XIV. außerordentlichen Parteitag. (34) Im Verlauf des Parteitages erhöhte sich die Zahl der Delegierten auf 1.290. (35) Da nur 50 slowakische Delegierte teilnehmen konnten (36), hatten sich die Teilnehmer geeinigt, daß eventuelle Einwände der nicht anwesenden slowakischen Delegierten gegen die Wahl des ZK der KPČ später berücksichtigt werden sollten.

Die zu behandelnden Themen waren:
— Eine politische Erklärung zur Intervention.
— Ein Aufruf an die kommunistischen und Arbeiterparteien der Welt.
— Die Aufhebung des Mandats des alten ZKs und die Wahl eines neuen ZKs der KPČ.

Grundlegende Fragen, wie die staatsrechtliche Neuordnung der Republik, d.h. die Föderalisierung, die Stellung der Nationalen Front und der KPČ in der Gesellschaft (37) und die Verabschiedung der neuen Parteistatuten wurden in Anbetracht der außergewöhnlichen Umstände auf eine spätere Sitzung verschoben. In diesem Sinne beschloß der Parteitag, in Permanenz zu tagen. (38) Von den vorgelegten Dokumenten gehört der Entwurf der neuen Parteistatuten sicherlich zu den bemerkenswertesten. Er wurde am 10. August 1968 veröffentlicht (39) und sollte die bisherigen Statuten, die auf dem XII. Parteitag 1962 angenommen und auf dem XIII. Parteitag 1966 bestätigt worden waren, ersetzen. (40) Zu den wesentlichsten Veränderungen gehörte die Demokratisierung des innerparteilichen Lebens. Dazu diente in erster Linie die Einführung der geheimen Wahlen zu allen Organen der Partei (Artikel 8). (41) Erstmals seit dem Fraktionsverbot in der KPdSU (1921) wurde von einer sich an der Macht befindlichen Kommunistischen Partei die Frage der Parteiminderheiten in den Statuten aufgegriffen. (42) Zwar wurde nach wie vor eine Fraktionsbildung ausdrücklich untersagt, aber es wurde das Recht auf eine abweichende Meinung statutarisch festgelegt. Minderheiten sollten das Recht haben, auf ihrer Meinung zu beharren und deren Protokollierung zu fordern. Gegen eine solche Minderheit durfte nur mit „ideellen Mitteln geworben werden" (Artikel 3). Ebenso neu und wichtig war die Möglichkeit einer horizontalen Kommunikation der Parteiorganisationen, die sogar Alternativvorschläge ausarbeiten durften (Artikel 6). (43) Diese Veränderungen stellten einen wichtigen Beitrag zu einer nicht formellen, sondern realen Demokratisierung des innerparteilichen Lebens dar.

Der Parteitag war auch dahingehend einmalig, daß seine Delegierten und das von ihnen gewählte ZK zum erstenmal seit den 30er Jahren den unverfälschten und authentischen Ausdruck der politischen Meinung der Parteibasis wiedergaben. (44) Eine Analyse der Ergebnisse der Delegiertenwahlen, die von der Informationsabteilung des ZK der KPČ für die Präsidiumssitzung vom 20.8.1968 ausgearbeitet wurde, stellt fest, daß es ein besonderes Zeichen der Entwicklung sei, daß es innerhalb eines halben Jahres nicht nur zur Auswechselung eines Teiles, sondern praktisch der gesamten führenden Garnitur der Partei gekommen und daß bis auf eine schmale Schicht des führenden Kerns der Partei das ganze Zentralkomitee ausgewechselt worden sei. (45) Dabei ist es keineswegs zutreffend, daß die Delegiertenwahlen in einem „Klima der Hysterie, Einschüchterung und des Terrors" verliefen, wie es die „normalisierte" Version darstellt. (46) Vielmehr führten die geheimen Wahlen dazu, daß alle Tendenzen in der Partei deutlich zum Ausdruck kamen. Etwa 10 % der Delegierten gehörten dem konservativen Flügel der Partei an, 10 % einem radikalen Flügel, und nahezu 80 % billigten die im Aktionsprogramm festgelegte Parteilinie. (47) Die Wahlen zum ZK der KPČ auf dem Parteitag bestätigten diese Analyse. Nur 25 der alten ZK-Mitglieder wurden wiedergewählt. (48) Mit dieser Wahl schloß sich die bisherige Kluft zwischen der Parteibasis und der Parteiführung.

In der Erklärung des „außerordentlichen XIV. Parteitages der KPČ" und in dem Aufruf an die Kommunistischen Parteien der Welt vom 22.8.1968 wurde noch einmal bekräftigt, daß es in der Tschechoslowakei keine „Konterrevolution" gab und gebe, sondern daß der Nach-Januar-Kurs der KPČ zu einer Stärkung des Sozialismus geführt habe. Die militärische Intervention, die ohne das Wissen aller führenden Partei- und Staatsorgane geschah, sei eine grobe Verletzung der nationalen Souveränität. Der Parteitag forderte die unverzügliche Freilassung der verhafteten Vertreter der Partei und des Staates, die als die einzigen legalen Vertreter der Tschechoslowakei respektiert würden, die Wiederherstellung der staatsbürgerlichen Rechte und Freiheiten und den unverzüglichen Abzug aller Okkupationsarmeen. (49) Zur Unterstützung dieser Forderungen rief er zu einem einstündigen Generalstreik auf. Ebenso wurde ein Aufruf an die slowakischen Kommunisten und das slowakische Volk verfaßt, in dem betont wurde, daß sich der nicht anwesende Teil der slowakischen Delegierten zu allen Beschlüssen äußern bzw. diese anfechten könne, wenn diese nicht mit ihrer Meinung übereinstimmten. Die Adressaten wurden aufgefordert, sich hinter die Beschlüsse des Parteitages zu stellen, insbesondere angesichts der Tatsache, daß ein Teil des alten ZK der KPČ, dessen Mandat durch den Parteitag aufgehoben worden war, weiterhin tagte und damit die Einheit der Partei sabotierte. (50)

Die Ergebnisse des Parteitags und die Neuwahl des ZK der KPČ wurden in den beiden darauffolgenden Tagen von der Regierung, der Nationalversammlung, den Gewerkschaften u.a. anerkannt. Ebenso wurden sie von den Delegierten des slowakischen Landesparteitages, der am 26. August zusammentrat, bei dessen Eröffnung gutgeheißen. Dieser Beschluß wurde nach der Rückkehr von Husák aus Moskau wieder zurückgenommen, weil die Annullierung des außerordentlichen XIV. Parteitages der KPČ eine der Forderungen der UdSSR war. (51) Die Legalität dieses Parteitages, die von der Sowjetunion und später von der „normalisierten" Parteiführung bestritten wurde (52), steht jedoch außer Zweifel. Der einzige Einwand kann sich gegen die Art seines Zustandekommens richten, weil für eine solch außergewöhnliche Lage, wie die, in der er stattfand, in den Parteistatuten kein entsprechender Passus existierte. Der XIV. außerordentliche Parteitag gehörte zu einem der politischen Höhepunkte der Reformentwicklung und wäre unter normalen Bedingungen eine logische Fortsetzung der eingeschlagenen Reformen gewesen. Die Tatsache, daß er unter dem Schutz der Arbeiter in der Illegalität durchgeführt werden konnte, zeugt davon, daß er ein authentischer und legaler Ausdruck der politischen Interessen und der Meinung der Mehrheit der Partei und des tschechoslowakischen Volkes war. (53) Seine unmißverständliche Verurteilung der Intervention trug zur Enthüllung ihres wirklichen Charakters und zum Scheitern der Interventionsstrategie bei. (54)

Der zivile Widerstand gegen die Intervention

Die militärische Okkupation des Landes bewirkte das genaue Gegenteil dessen, was die strategische Konzeption der Interventionsstaaten beabsichtigte. Statt einer Spaltung der führenden Partei- und Staatsorgane – mit dem Zweck der Isolierung der Dubček-Führung – kam es in der Bevölkerung zu einer nie dagewesenen Solidarisierung mit der Partei- und Staatsführung und zur Vereinheitlichung des Willens zum Widerstand gegen die Okkupation des Landes und zur Verteidigung der Reformpolitik. (55)

Die Bevölkerung reagierte auf den Schock der militärischen Okkupation mit Wut, Entrüstung und vielfältigen Demonstrationen gegen die militärische Aggression, verbunden mit spontaner Bekundung der Sympathien für die verhafteten tschechoslowakischen Partei- und Staatsführer. (56) Das Vertrauen in die politische Führung der Tschechoslowakei war es auch, das die Bevölkerung den Aufrufen der führenden Politiker und Organe folgen ließ. Bereits im ersten Aufruf des Präsidiums der KPČ vom 21. August wurde die Linie des Widerstandes festgelegt. Gegen die Okkupation sollte kein bewaffneter Widerstand geleistet werden, und alle führenden Organe, Institutionen und Funktionäre sollten nur die Anweisungen der legalen tschechoslowakischen Partei- und Staatsführung befolgen. (57)

Und so begann der Widerstand, der „hörbar, sichtbar, greifbar und doch nicht zu fassen" war. (58) Die Massenkommunikationsmittel, insbesondere der tschechoslowakische Rundfunk, wurden zum Rückrat des gesamten zivilen Widerstandes, und ihrer Tätigkeit ist es vor allem zu verdanken, daß die Bevölkerung auf Gewaltanwendung im größeren Ausmaß verzichtete und sich diszipliniert verhielt. (59)

Gleich am ersten Tag wurden Rundfunk, Fernsehen und alle wichtigen Zeitungsredaktionen von den Okkupationstruppen besetzt. (60) Trotzdem gelang es ihnen nicht, die Tätigkeit der Massenmedien zu unterbinden. Die Zeitungen erschienen alle, oft mehrmals am Tag, und der Rundfunk sendete ununterbrochen über 19 freie Rundfunkstationen. (61) Diese Sender waren untereinander ständig in Verbindung und übernahmen der Reihe nach die einzelnen Sendungen, so daß die Bevölkerung über die gesamte Lage in der Tschechoslowakei informiert war. Dadurch konnten die Formen des Widerstandes vereinheitlicht werden. Diese spontan entstandene Kooperation, die nur dank des Einsatzes einfacher Techniker, Fahrer, Journalisten und Menschen, die Nachrichten überbrachten und Verstecke besorgten, zustandekam, ließ viele Gerüchte und bewußte Fälschungen über die Rolle des Rundfunks aufkommen. Während z.B. die Springer-Presse in der Bundesrepublik dem deutschen Leser Perfektion und Effizienz der kommunistischen „Geheimsender", die sich nun gegen ihre „Lehrmeister" wandten, vor Augen führte, griff das *Neue Deutschland* dankbar diese Zeilen auf und machte aus „kommunistischen" Geheimsendern „imperialistische". (62) Die gleiche Version übernahm später die gleichgeschaltete „normalisierte" Propaganda in der ČSSR, obwohl es leicht gewesen wäre, den Mythos um die „Geheimsender" zu zerstören. (63) Der ehemalige Rundfunkdirektor Z. Hejzlar lüftete das Geheimnis der Sender. Er bestätigte, daß es keine Vorbereitungen für illegale Sendungen gegeben hatte, vielmehr war es die rückständige Ausstattung des tschechoslowakischen Rundfunks, die eine solche großartige Improvisation ermöglichte. Es gab wegen Platzmangels im alten Zentralgebäude viele Nebenstudios und Zweigstellen, die sowohl in Prag als auch in den Kreisstädten der Aufmerksamkeit der Besatzertruppen, die anscheinend mit einem spontanen Rundfunkwiderstand nicht gerechnet hatten, entgingen. Technische Hilfe aus anderen Quellen (Armee, Betriebe u.a.) wurde nur vereinzelt in Anspruch genommen. (64)

Die Grundtendenz des tschechoslowakischen zivilen Widerstandes war gewaltlos, aber keineswegs passiv. (65) Seine Stärke bestand in der „dynamischen Weiterarbeit ohne Kollaboration". (66) Die Tschechoslowakei demonstrierte den Okkupationsmächten ein friedlich funktionierendes sozialistisches System. Die Produktion und das Transportwesen brachen trotz der Behinderung durch fremde Truppen nicht zusammen. Der Generalstreik wurde nicht im klassischen Sinne eingesetzt, sondern hatte demonstrativen Charakter. Durch die Beschränkung auf eine Stunde wurden wirtschaftliche Schäden, die die ČSSR selbst getroffen hätten, vermieden, die Verbundenheit mit dem geheim tagenden Parteitag jedoch deutlich zum Ausdruck gebracht. (67)

Abgesehen vom ersten Tag der Intervention, als es an verschiedenen Orten in der ČSSR zu Zusammenstößen mit Todesfolgen (68) kam — insbesondere in Prag vor dem Rundfunkgebäude (69), wo Barrikaden gebaut und die Fahrzeuge und Panzer der Besatzungstruppen angezündet wurden — waren die Mittel des Widerstandes überwiegend friedlich. Ein häufig angewandtes Mittel war der Sitzstreik, mit dem viele Bürger den vorrückenden Truppen den Weg versperrten. So beschreibt E. Bertleff eine typische Szene des 21. August:

„Ich habe gesehen, wie sie am Mittwoch vormittag auf dem Wenzelsplatz saßen, Tausende, und von unten, vom Brückl her, kamen die Panzer, sie kamen immer näher, und die Tschechen blieben sitzen, sie schwenkten Fahnen, einen Augenblick stockte mir der Atem, die Panzer waren schon ganz nahe, und kein einziger Tscheche stand auf, ... sie saßen da und riefen im Chor ‚Svoboda, Dubček!', und dann hielten die Panzer an, keine drei Meter von der ersten Reihe der Sitzenden entfernt." (70)

Auf gleiche Weise blockierten die Einwohner eines Dorfes eine Brücke über die Úpa neun Stunden lang mit Sitzstreiks gegen die Besatzertruppen. (71)

In den Städten verwandelten sich die Häuserfassaden in Wandzeitungen. Der Kreativität waren keine Grenzen gesetzt. Alle Straßenschilder wurden entfernt, um die Orientierungsmöglichkeit für die fremden Truppen zu erschweren, jede Hilfestellung wurde den Soldaten verweigert. In unzähligen Diskussionen versuchten die tschechoslowakischen Bürger, die sowjetischen Soldaten davon zu überzeugen, daß es in der Tschechoslowakei keine Konterrevolution gab und daß sie von niemandem eingeladen wurden. Die Russischkenntnisse großer Teile der Tschechoslowaken und Flugblätter in russischer Sprache mit Aufrufen an die Soldaten trugen zur Demoralisierung der Truppen bei und unterstrichen den Charakter der Intervention als einen nackten Gewaltakt. (72)

Nach zwei Tagen änderte die Bevölkerung diese Taktik, weil die sowjetischen Zeitungen die Diskussionen mit den Soldaten als Freundschaftsbekundungen ausgaben. Von nun an hieß die einheitliche Parole, die Truppen zu ignorieren. (73)

Die Spontaneität des Widerstandes und seine Einmütigkeit in der Bevölkerung, die Ungleichheit der Mittel bei der Augustkonfrontation und das völlige Fehlen von Kollaborateuren, die in der Lage gewesen wären, wichtige gesellschaftliche Stellungen zu besetzen, führten zunächst zu einem völligen Fiasko für die Besatzer. „Der Unsinn von der Konterrevolution, gegen die es mit Waffengewalt einzuschreiten gelte, überstand nicht die erste Stunde des Einmarsches" (74), und das besetzte Land war noch lange nicht beherrscht. Die Legitimationshilfe in Form einer Quislingregierung kam nicht zustande. Der Verurteilung der Aggression durch die Tschechoslowakei folgte die Entrüstung der internationalen Öffentlichkeit. (75)

„So wird innerhalb zweier Tage das ganz und gar Unvorhersehbare zur Wirklichkeit: eine Supermacht mit all ihrem Gewaltinstrumentarium ist nicht in der Lage, durch ... militärisch perfekte Intervention einem kleinen, waffenlos Widerstand leistenden Volk ihren Willen aufzuzwingen; sie gerät vielmehr in die Sackgasse, aus der sie keinen gangbaren Weg kennt. Paradoxerweise ist sie zuletzt ausgerechnet auf diejenigen angewiesen, gegen die sich die Strafaktion richtete: anstatt die Verschleppten einem „revolutionären" Tribunal ausliefern zu können, ist sie selbst an deren Rückkehr in die höchsten Ämter interessiert: nur diese nämlich – Idole der Nation – sind imstande, den Volkswiderstand zum Erlahmen zu bringen." (76)

Unabhängig von der späteren Niederlage der Reformbewegung muß festgehalten werden, daß es die militärische Intervention aufgrund des zivilen Widerstandes nicht vermochte, die Dubček-Führung zu stürzen. (77)

Anmerkungen:
1 Zitiert nach Ostrý, A., (Pseudonym), „Československý problém", (Das tschechoslowakische Problem), Köln 1972, S. 146.
2 Im Rahmen dieser Arbeit war es nicht möglich, die einzelnen Etappen dieses Konfliktes und die Auswirkung auf die innenpolitische Entwicklung in der ČSSR darzustellen. Dies wird in den meisten Arbeiten über die Tschechoslowakei getan. Eine spezielle Untersuchung dieser Problematik siehe Brahm, H., „Der Kreml ...", Die Dokumente dieser Beratungen in: „Rok 68", S. 43 f., S. 235-249, S. 262 f.
3 Über den genauen Termin und die Abstimmungsverhältnisse im PB der KPdSU gibt es keine zuverlässigen Quellen. Es scheint jedoch plausibel zu sein, daß die Abstimmung nicht einstimmig war. Hejzlar, Z., „Reformkommunismus...", S. 245 ff.
4 Hejzlar, Z., ibid., S. 246 ff.
5 Eine Verschiebung des Parteitages hätte zu stürmischen Reaktionen der Bevölkerung geführt, die von der UdSSR leicht als ein Aufruhr gegen die KPČ hätte dargestellt werden können. Hejzlar, Z., „Reformkommunismus ...", S. 190 f.
6 Smrkovský, J., „Das unvollendete Gespräch" (s. Anhang) „Der Fall ČSSR. Strafaktion gegen einen Bruderstaat. Eine Dokumentation". Hrsg. von der Redaktion der Fischer-Bücherei unter Mitarbeit des Südwestfunks, Baden-Baden. Redaktion K. Kamberger, Frankfurt/M., Hamburg 1968, S. 9.
7 Die Resolution wurde mit 7:4 Stimmenmehrheit angenommen. Smrkovský, J., ibid. „Das tschechische Schwarzbuch. Die Tage vom 20. bis 27. August 1968 in Dokumenten und Zeugenaussagen". Hrsg. Wagenlehner, W., Stuttgart-Degerloch 1969, S. 15 (im folgenden: „Das tschechische Schwarzbuch")
8 „Rok 68", S. 297. Skibowski, K.O., „Schicksalstage einer Nation. Die CSSR auf dem Weg zum progressiven Sozialismus". Düsseldorf-Wien 1968, S. 79-80.

9   Smrkovský, J., ibid., S. 15 f.
10 Es heißt: „Unsere Brüder, Tschechen und Slowaken! . . . In Beantwortung des Hilferufes führender Vertreter der Partei und des tschechoslowakischen Staates, die sich, der Sache des Sozialismus treu, an uns wandten, gaben wir unseren Streitkräften die Weisung, der Arbeiterklasse und dem gesamten tschechoslowakischen Volke die nötige Hilfe zur Verteidigung seiner sozialistischen Errungenschaften . . . zu gewähren. . . . Angestiftet und unterstützt durch die Imperialisten, drängen sich die Konterrevolutionäre zur Macht. Antisozialistische Kräfte, die Positionen in Presse, Rundfunk und Fernsehen an sich rissen, schmähten . . . alles, was . . . im zwanzigjährigen Kampf für den Sozialismus geschaffen wurde." Zitiert nach: „Das tschechische Schwarzbuch", S. 23 f.
    In der Erklärung der Nachrichtenagentur TASS wird von „Amtsträgern der Partei und des Staates", die sich mit der „Bitte" an die fünf Staaten wandten, ihnen die „Hilfe durch bewaffnete Verbände" zu gewähren, gesprochen. Nach: „Das tschechische Schwarzbuch", S. 26 f. In der Erklärung des „Neuen Deutschland" heißen die Hilferufenden „tschechoslowakische Patrioten und Internationalisten". Siehe „ND" Nr. 231 vom 21.8.1968.
11 „Das tschechische Schwarzbuch", S. 24-25.
12 „Das tschechische Schwarzbuch", S. 28-35. Der sowjetische Botschafter in Großbritannien übergab der britischen Regierung ein Telegramm, in dem erklärt wurde, daß die Regierung (!) der ČSSR die UdSSR und ihre Verbündeten um bewaffnete Hilfe bat. Diese Erklärung in: Josten, J., „Kampf ohne Waffen. Der passive Widerstand in der Tschechoslowakei vom 21. August 1968 bis zum Herbst 1972", in: „Beiträge zur Konfliktforschung", Köln 2/1972/4, S. 120.
13 Die verdächtigten Mitglieder des Präsidiums der KPČ V. Bilak, J. Piller, M. Jakeš und D. Kolder haben am 31.8.1968 im Präsidium des ZK der KPČ ihr Ehrenwort gegeben, daß sie in den letzten zehn Tagen nichts, was mit der „Würde eines Kommunisten und Bürgers der ČSSR" in Widerspruch stehen würde, getan hatten. „Rok 68", S. 304. Auf der ZK-Sitzung im September 1969 sagte Kolder: „Auf die Frage, wer die Russen eingeladen habe, antworte ich: die Unfähigkeit unserer Führung war die Einladung". Auszug aus seiner Gegenrede zu Dubček in: „Neues Forum" 16/1969/191, S. 658. Noch neun Jahre nach der Invasion konnte V. Bilak auf einer Pressekonferenz in Wien die Frage nach der Einladung nicht beantworten. Es seien „hunderte tschechoslowakischer Kommunisten gewesen, unter ihnen auch Mitglieder des ZK der KPČ, der Regierung und des Parlaments". Auf die Frage, ob er auch unterschrieben hätte, antwortete Bilak: „Wenn wir uns entscheiden, das Dokument zu veröffentlichen, werden Sie erfahren, ob ich unterschrieben habe". „Listy" 5/1977, S. 5.
14 „Das tschechische Schwarzbuch", S. 36. Die Existenz dieser Flugblätter, die mit einem noch diffuseren Text versehen wurden, kann von mir bestätigt werden.
15 Laut tschechoslowakischer Schätzungen waren ca. 250 000 Soldaten, 7 000 Panzer und 1 000 Flugzeuge an der Intervention beteiligt. Hejzlar, Z., „Der Reformkommunismus . . .", S. 249, Anm. 53.
16 Das ist ein wesentlicher Aspekt, der eine wichtige Rolle bei der Entscheidung für die militärische Lösung des Konflikts gespielt hat. J. Smrkovský betont, daß bei allen Verhandlungen mit der sowjetischen Führung das völlig verzerrte Bild von der politischen Lage in der ČSSR und der Relevanz verschiedener Ereignisse auffiel. Smrkovský, J., „Das unvollendete Gespräch" (s. Anhang), J. Pelikán spricht von einer „Internationale der Konservativen"

im Ostblock, die an verschiedenen Stellen des Apparates sitzen und Verbindung zu konservativen Kreisen in der UdSSR haben. Sie haben sicher maßgeblich zur Verzerrung der Dimensionen in der Berichterstattung über die ČSSR beigetragen. Pelikán, J., „Ein Frühling...", S. 177.
17 Horský, V., „Prag 1968", S. 218.
18 Zuerst wurde von den Verhafteten erklärt, sie würden vor ein revolutionäres Tribunal unter dem Vorsitz von Indra gestellt. Indra war zu jener Zeit der Sekretär des ZK der KPČ. Smrkovský, J., ibid., S. 17. Über die Verhaftungen siehe auch: „Das tschechische Schwarzbuch", S. 83-90; über die Verhaftung von O. Černík in: „Panzer überrollen den Parteitag", S. 78-80.
19 „Das tschechische Schwarzbuch", S. 89. Hejzlar zitiert Quellen, in denen der Präsident L. Svoboda die Existenz solcher Pläne bestätigt. Ebenso tat es O. Černík. Hejzlar, Z., „Reformkommunismus...", S. 257, Anm. 11.
20 Es erwachten bei ihnen patriotische Gefühle, oder die Furcht vor dem Verrat wurde stärker, jedenfalls lehnten die meisten von ihnen eine Beteiligung an einer solchen Regierung strikt ab. Viele von ihnen beschworen, daß sie von der Intervention überhaupt nichts wußten. Hinzu kam, daß Indra, als er vom Staatspräsidenten Svoboda die Demission der Černik-Regierung und die Bestätigung der neuen Regierung, die zuerst nur als eine Liste existierte, verlangte, von diesem hinausgeworfen wurde. Maxa, J., „Die kontrollierte Revolution...", S. 230-231. Tigrid, P., „S Rusy jednati" (Mit Russen verhandeln), in: „Svědectví" 34, 35, 36/1969, S. 205-160, S. 221.
21 „Das tschechische Schwarzbuch", S. 166.
22 Ibid., S. 50 ff.
23 Ein Bericht über die Tagung in: „Panzer überrollen den Parteitag", S. 34-38, s. auch Maxa, Z., „Die kontrollierte Revolution", S. 229-230.
24 Am 9. September sagte Dubček auf einer Parteikonferenz: „Heute kann man es sagen: Es war ein Prozeß geplant, in dem ich als Chef eines konterrevolutionären Zentrums verurteilt werden sollte." Zitiert nach Hejzlar, Z., „Reformkommunismus...", S. 249. Ebenso bestätigte am 28.9.1968 Černík, daß er, Dubček und Smrkovský u.a. in einem Schnellverfahren verurteilt werden sollten. Ibid.
25 J. Smrkovský sagte dazu am 22.9.1971 in einem Interview mit „Giorni Vie Nuove": „Der hauptsächliche und entscheidende Grund für die militärische Intervention war der Umstand, daß Anfang September 1968 der Parteitag hätte stattfinden sollen...". In: Kohout, P., Smrkovský, J., Vaculík, L., „Rozhovory a prohlášení. Dokumenty". West-Berlin 1974, S. 7. (Gespräche und Erklärungen. Dokumente), ebenso in: „Osteuropa-Archiv" 22/1972/1, S. 90.
26 Die Erklärungen der fünf Interventionsstaaten in: „Das tschechische Schwarzbuch", S. 23-26. Eine ausführliche Auseinandersetzung mit den Legitimationsversuchen der Intervention siehe Kapitel 5 dieser Arbeit, den Abschnitt „Die ‚Lehren aus der krisenhaften Entwicklung' ".
27 „Das tschechische Schwarzbuch", S. 16-17.
28 Ibid., S. 51.
29 „Panzer überrollen den Parteitag", S. 27.
30 Ibid., Einleitung von J. Pelikán, S. 9.
31 „Die Statuten der KPČ", in: ibid., S. 177.
32 Hejzlar, Z., „Vysočanský XIV. sjezd KSČ" (Der XIV. Vysočany-Parteitag der KPČ), „Listy" 3/1971, S. 15. Vgl. Kapitel 3.1., S.
33 „Panzer überrollen den Parteitag", Nachwort von J. Pelikán, S. 294.
34 „Panzer überrollen den Parteitag", S. 43, S. 96.
35 Ibid., S. 98.

36 Ibid., S. 42. Auf dem Parteitag nahm man an, daß die slowakischen Delegierten unterwegs aufgehalten worden waren, später stellte sich jedoch heraus, daß Husák sie davon abgehalten hatte. Hejzlar, Z., „Reformkommunismus...", S. 267.
37 Dieser Passus gehörte zu den umstrittenen. Darin wurde die Frage der Erhaltung der führenden Stellung der KPČ in der Nationalen Front und in der Gesellschaft und ihre Haltung gegenüber den nichtkommunistischen Parteien behandelt. „Panzer überrollen den Parteitag", S. 230-236.
38 Ibid., S. 97.
39 Ibid., S. 143. Siehe auch: „Rok 68". S. 271 ff.
40 Oschliess, W., „Zum Entwurf des neuen Statut der KPČ. Entstehung, Diskussion und Text. Berichte des Bundesinstituts für ostwissenschaftliche und internationale Studien", Köln 12/1969, S. 1.
41 Alle weiteren Hinweise beziehen sich auf den „Entwurf für ein neues Parteistatut", in: „Panzer überrollen den Parteitag", S. 143-184.
42 Im Parteistatut der KPČ aus dem Jahre 1962 bzw. 1966 war „jede Erscheinung von Fraktions- und Gruppenbildung" mit der Parteimitgliedschaft unvereinbar. Oschliess, W., „Zum Entwurf...", S. 28.
43 Zur Bedeutung der Statutenveränderung siehe Ostrý, A., „Československý problém", S. 135 ff.
44 Hejzlar, Z., „Vysočanský XIV....", S. 14.
45 Die Auszüge aus dieser Analyse in: „Panzer überrollen den Parteitag", Nachwort von J. Pelikán, S. 287, S. 294. Siehe auch Hejzlar, Z., „Kpolitice a vnitřnímu vývoji KSČ po roce 1948" (Zur Politik und der inneren Entwicklung der KPC nach dem Jahr 1948) in: „Systémové změny", S. 94.
46 „Poučení z krizového vývoje ve straně a společnosti po XIII. sjezdu KSČ". In: „Dokumenty plenárního zasedání ÚV KSČ 10.-11. prosince 1970", Praha 1971, S. 76. Im folgenden: „Poučení". (Die Lehren aus der krisenhaften Entwicklung in der Partei und Gesellschaft nach dem XIII. Parteitag der KPČ. In: Dokumente der Plenarsitzung des ZK der KPČ vom 10.-11. Dezember 1970.)
47 „Panzer überrollen den Parteitag", S. 287.
48 Hejzlar, Z., „Reformkommunismus...", S. 270. Die Liste der gewählten ZK-Mitglieder siehe: „Panzer überrollen den Parteitag", S. 108-110.
49 „Panzer überrollen den Parteitag", S. 101-105.
50 Ibid., S. 105-107. Bezeichnenderweise ist dieser Teil des ZK trotz einer Einladung zum Parteitag nicht erschienen. Ibid., S. 106. In illegalen Ausgaben des Organes der KPČ „Rudé Právo" versuchte dieser Teil des ZK, unterstützt von der sowjetischen Seite, die Legalität des Parteitages zu leugnen. „Das tschechische Schwarzbuch", S. 281-285.
51 Hejzlar, Z., „Reformkommunismus...", S. 272 ff.
52 Siehe: „Poučení", S. 91.
53 Pelikán, J., „Panzer überrollen den Parteitag", Nachwort, S. 287. Hejzlar, Z., „Vysočanský XIV. ...", S. 16.
54 Horský, V., „Prag 1968...", S. 253. J. Smrkovský berichtet, daß Brežněv, als er von dem Parteitag hörte, von einer „schrecklichen Sache" sprach, die passiert sei. Der XIV. Parteitag wäre zusammengekommen und riefe die Arbeiter zum Streik auf. Smrkovský, J., „Významné svědectví...", S. 19.
55 Maxa, J., „Die kontrollierte Revolution...", S. 225-226.
56 Die Lageberichte über die Tage der Intervention siehe: „Rundfunkkommentare, Berichte, Interviews, Dokumentationen über die sowjetische Intervention in der Tschechoslowakei. Gesendet im DLF-Programm vom 21.-27. August 1968", Köln 1968. Bertleff, E., „Mit bloßen Händen. Der einsame

Kampf der Tschechen und Slowaken 1968". Wien-München-Zürich 1968.
57 Die Erklärung in: „Rok 68", S. 297; Skibowski, K.O., „Schicksalstage...", S. 79-80, u.a.
58 So H. Böll in: „Der Spiegel", 40/1968, 30.9., S. 148.
59 Genschel, D., „Lehren aus dem zivilen Widerstand in der Tschechoslowakei", in: „Werkkunde" 17/1968/10, S. 503. Ebenso hatte das Verhalten der sowjetischen u.a. Okkupationstruppen, das als disziplinierte Zurückhaltung bezeichnet werden kann, dazu beigetragen, daß es zu einem größeren Blutvergießen nicht kam. Dieses Verhalten gehörte zur Strategie der UdSSR, da es sich für sie im gewissen Sinne um einen „Freund-Freund-Konflikt" handelte. Siehe: Freiherr von Rothberg, W.K., „Soziale Verteidigung? Aspekte des Widerstandes gegen die sowjetische Okkupation der ČSSR", in: „Werkkunde" 17/1968/11, S. 564 ff.
60 Pelikán, J., „Ein Frühling...", S. 271 ff. Pachman, L., „Jetzt kann ich sprechen...", S. 119 ff.
61 Genschel, D., ibid.
62 Beide Zeitungsartikel in: „ČSSR – Fünf Jahre Normalisierung", Hamburg 1973, S. 136-137. Über die langen Vorbereitungen der Konterrevolution siehe das sog. „Weißbuch": „Kudálostem v Československu. Fakta, dokumenty, svědectví tisku a očitých svědků. Tisková skupina sovětských žurnalistů", Moskva 1968, S. 125. (Zu den Ereignissen in der Tschechoslowakei. Fakten, Dokumente, Presse- und Augenzeugenberichte. Hrsg. Gruppe sowjetischer Journalisten).
63 In der Propagandabroschüre: „Operace Československo. Fakta nelze zamlčet" (Operation Tschechoslowakei. Die Fakten kann man nicht verschweigen), Praha 1972, S. 61-62, wird behauptet, daß die Spezialtruppe der Bundeswehr Nr. 701 den tschechoslowakischen Rundfunk mit Verstärkern unterstützte.
64 Hejzlar, Z., „Reformkommunismus...", S. 258-259.
65 Vogt, R., „Widerstandsformen in der ČSSR als Antwort auf die Intervention der Warschauer-Pakt-Truppen vom 21. August 1968", in: „Gewaltfreie Aktion" 3, 1971, 9/10, S. 61.
66 Ebert, Th., „Der zivile Widerstand in der Tschechoslowakei 1968. Eine Analyse seiner Bedingungen und Kampftechniken", in: Ebert, Th., „Ziviler Widerstand. Fallstudien aus der innenpolitischen Friedens- und Konfliktforschung", Düsseldorf 1970, S. 296.
67 Th. Ebert spricht von einer „dialektischen Umkehrung des Generalstreiks". Ebert, Th., „Der zivile Widerstand...", S. 296.
68 Die Zahl der Todesopfer wird auf ca. 150 geschätzt. Horský, V., „Prag 1968", S. 235, Anm. 56. E. Kuby spricht von 200 Toten. Kuby, E., „Hoffnung Prag", in: „Prag und die Linke". Konkret-Extra, Hamburg 1968, S. 21.
69 Bodensieck, H., „Urteilsbildung zum Zeitgeschehen. Der Fall ČSSR 1968/69", Stuttgart 1970, S. 81-83.
70 Bertleff, E., „Mit bloßen Händen...", S. 49.
71 Ebert, Th., „Der zivile Widerstand...", S. 298-299.
72 Siehe einen der vielen Aufrufe: „Der Fall ČSSR...", S. 27, S. 65-66, u.a. Eine Analyse der Wirkung dieser Demonstrationen auf die Besatzertruppen in Horský, V., „Prag 1968", S. 234-242.
73 Vogt, R., „Widerstandsformen...", S. 68.
74 So E. Kuby in: „Prag und die Linke...", S. 22.
75 Auch die meisten kommunistischen und Arbeiterparteien haben die Intervention unmißverständlich verurteilt, siehe: Röll, R., Rosenberger, G., „ČSSR 1962-1968...", S. 356-366.

76 Horský, V., „Zur inneren Logik des Widerstandes in der ČSSR, August 1968". In: „Gewaltfreie Aktion", 3, 1971, 9/10, S. 52.
77 A. Boserup und A. Mack betonen, daß es falsch wäre, von einer Niederlage des zivilen Widerstandes in der ČSSR zu sprechen. Boserup, A., Mack, A., „Krieg ohne Waffen? Studie über Möglichkeiten und Erfolge sozialer Verteidigung", Reinbek bei Hamburg 1974, S. 96. Siehe auch Horský, V., „Prag 1968 . . .", S. 354.

4. Der Beginn des „Normalisierungsprozesses" bis April 1969

Die Verhandlungen der tschechoslowakischen Führung in Moskau und das Abkommen

Am 22. August scheiterte nach einer Unterredung Svobodas mit Červoněnko und Pavlovskij der erneute Versuch, den Präsidenten für die Bildung einer Kollaborationsregierung zu gewinnen. Noch am gleichen Tage faßte dieser den Entschluß, sich direkt an die höchsten Partei- und Staatsvertreter der UdSSR zu wenden. (1) Er nützte die Stellung, die ihm das Interventionskommando bei der vorgesehenen Einsetzung einer neuen Präsidialregierung einräumte, zur Eigeninitiative. (2) Die sowjetische Seite nahm diese Initiative an, da für sie sonst nur die Alternative der Bildung einer Militärregierung bestanden hätte. Die Sowjetunion verlangte jedoch die Teilnahme der kompromittierten und von dem XIV. außerordentlichen Parteitag aller Funktionen enthobenen Funktionäre Piller, Bilak und Indra. (3) Über das genaue Risiko der Moskau-Reise des Staatspräsidenten waren die führenden Organe unterschiedlicher Meinung. So billigte die Regierung die Initiative des Präsidenten und betraute den Vizepremier der Regierung G. Husák, den Verteidigungsminister H. Dzúr und den Justizminister Kučera mit der Begleitung des Präsidenten. Gleichzeitig betonte sie, daß keine weitere Begleitperson von der Regierung ermächtigt sei. (4) Das Präsidium der Nationalversammlung übermittelte dem Präsidenten die Empfehlung, „unter keinen Umständen das Gebiet der Republik zu verlassen". (5) Das neugewählte ZK der KPČ wurde mit dieser Tatsache konfrontiert und begnügte sich damit, nachträglich Svoboda, Husák und Dzúr das Vertrauen auszusprechen. Die übrigen Mitglieder der Delegation sollten an ihrer Haltung zu den Parteitagsbeschlüssen gemessen werden. (6) Das Parteipräsidium empfahl Svoboda, eine solche Reise nicht zu unternehmen. (7) Aus allen Stellungnahmen und aus der Erklärung des Präsidenten selbst (8) ergibt sich, daß es die Aufgabe dieser Delegation unter der Führung Svobodas war, die Freilassung der verschleppten tschechoslowakischen Führung zu erreichen und künftige Verhandlungen zwischen der UdSSR und der ČSSR zu vermitteln. Keineswegs wurde die Delegation ermächtigt, isoliert von den tschechoslowakischen Organen und vom Volk, sowie unter der Teilnahme einiger moskautreuer ZK-Mitglieder, Verhandlungen, die einer sorgfältigen politischen Vorbereitung bedurft hätten, zu führen. (9) Dieser Alleingang des Staatspräsidenten, zu dem ihn weder die tschechoslowakische Verfassung (10) noch die tschechoslowakischen Organe ermächtigten, führte zur Aufnahme von bilateralen Verhandlungen zwischen der ČSSR und der UdSSR mit einer willkürlich zusammengesetzten tschechoslowakischen Delegation, in der sich einige Mitglieder befanden, die niemanden in der ČSSR vertraten. Es fehlte außerdem ein vorbereitetes Konzept seitens der Tschechoslowakei. (11)

So wurden am 23. August 1968 die Verhandlungen eröffnet, die „in der sowjetischen Diplomatiegeschichte wahrscheinlich einen Gipfelpunkt der Unverfrorenheit und Brutalität" darstellen. (12) Nach dem Empfang des Präsidenten Svoboda, der, um den Schein der Völkerfreundschaft auch in diesem Augenblick nicht zu stören, mit allen protokollarischen Ehren durchgeführt wurde, versuchte die sowjetische Seite erneut, Svoboda dazu zu bewegen, sich an die Spitze einer neuen Regierung zu stellen. (13) Nachdem Svoboda dieses mit Entschiedenheit ablehnte und als Vorbedingung jeglicher Verhandlungen die Teilnahme von Dubček, Černik, Smrkovský und der anderen Reformer verlangte, entschloß sich die sowjetische Führung, aus den verhafteten und verschleppten „Renegaten" wieder tschechoslowakische Staatsvertreter zu machen. Zuerst wurden Dubček und Černík nach Moskau gebracht, am 24.8. auch die übrigen verschleppten Reformer mit Ausnahme Kriegels, den man die ganze Zeit an den Verhandlungen nicht teilnehmen ließ. (14) Dann wurden sie einzeln oder zu zweit den sowjetischen Führern vorgeführt, wobei es meist zu heftigen Disputen ohne Ergebnisse für beide Seiten kam. Nach der ersten Zusammenkunft erlitt Dubček einen Zusammenbruch. (15) Erst am 24.8. trafen sich alle tschechoslowakischen Vertreter im Kreml. (16) Auf Weisung der sowjetischen Seite wurden auch die übrigen Mitglieder der Parteileitung, zumeist konservative Mitglieder, nach Moskau gebracht. (17) Unter ihnen befand sich auch der Reformer Z. Mlynář, der die Dubček-Führung über die gewaltige Solidaritätswelle in der ČSSR, den außerordentlichen Parteitag und die allgemeine Lage informierte und damit merklich zur Wiederaufrichtung der deprimierten tschechoslowakischen Führung beitrug. (18) Dann legte die sowjetische Seite den 14 Punkte umfassenden Entwurf eines „Abkommens" vor, in dem die Intervention als „brüderliche Hilfe" gegen die „Konterrevolution" bezeichnet wurde. Diesen Entwurf lehnten alle, auch die konservativen Mitglieder der tschechoslowakischen Delegation, ab. Der tschechoslowakische Gegenvorschlag wurde ebenfalls abgelehnt. (19) Danach kam es zu scharfen Auseinandersetzungen um einzelne Punkte, insbesondere um die Frage der Stationierung der sowjetischen Truppen. In keinem Augenblick wurden die tschechoslowakischen Vertreter darüber in Zweifel gelassen, daß sie irgendwann unterschreiben würden. So sagte Ponomarjov ganz unverfroren:

„Wenn ihr jetzt nicht unterschreibt, so werdet ihr in einer Woche unterschreiben. Und wenn nicht in einer Woche, so in vierzehn Tagen, und wenn nicht in vierzehn Tagen, so in einem Monat!" (20)

Am 27. August wurden schließlich zwei Dokumente — ein Kommunique und ein Abkommen — von beiden Seiten unterzeichnet. Das Kommunique (21), das für die Öffentlichkeit bestimmt war, bildet einen Höhepunkt der Heuchelei. Eine Hälfte des Textes füllt die Aufzählung der Teilnehmer und ihrer Funktionen, der Rest besteht aus Phrasen. So wird kein Wort der Kritik an der tschechoslowakischen Führung geübt. Vielmehr wird der gemeinsame Wille hervorgehoben, die Beschlüsse von Čierna nad Tisou und Bratislava zu erfüllen, die Politik im Sinne des Januar und Mai-Plenums fortzuführen und die Lage in der ČSSR zu normalisieren.

Die tschechoslowakische Seite hatte sich verpflichtet, ihren Antrag auf Behandlung der Lage in der ČSSR vor dem UN-Sicherheitsrat zurückzuziehen. Die Militäreinheiten, die vorübergehend die ČSSR besetzten, „werden sich nicht in die inneren Angelegenheiten der ČSSR einmischen" (!) (22), heißt es wörtlich im Kommunique. Ihr Abzug hänge vom Grad der „Normalisierung" der Lage ab. Zum Schluß wird betont, daß die Verhandlungen „in einer Atmosphäre der Aufrichtigkeit, Kameradschaftlichkeit und Freundschaft" verliefen. (23)

Das eigentliche Abkommen, das fünfzehn Punkte umfaßt, wurde niemals offiziell veröffentlicht. (24) Hier die wesentlichen Aussagen:

1. Die Grundsätze, die bei den Verhandlungen in Čierna und Bratislava vereinbart wurden, sollen erfüllt werden.
2. Der XIV. außerordentliche Parteitag, der am 22. August 1968 eröffnet wurde, ist ungültig.
3. Eine Anzahl der Parteifunktionäre, deren Tätigkeit „den Bedürfnissen nach Festigung der führenden Rolle der Arbeiterklasse und der Kommunistischen Partei" nicht entspricht, wird ihrer Funktionen enthoben. (25)
4. Die Situation in Presse, Rundfunk und Fernsehen soll mit Hilfe neuer Gesetze „in Ordnung" gebracht werden. Antimarxistische, sozialdemokratische und andere Organisationen sollen verboten werden.
5. Die Streitkräfte der fünf Warschauer-Pakt-Staaten werden sich in die inneren Angelegenheiten der ČSSR nicht einmischen und werden etappenweise zurückgezogen, sobald der Sozialismus in der ČSSR nicht mehr bedroht wird. Über die genauen Modalitäten wird ein künftiger Vertrag geschlossen.
6. Die tschechoslowakische Seite muß Bedingungen schaffen, daß es zu keinen Zusammenstößen zwischen der Bevölkerung und den Truppen kommt.
7. Die sowjetfreundlichen Funktionäre dürfen keinen Repressalien ausgesetzt werden.
8. Verhandlungen über die wirtschaftliche Zusammenarbeit zwischen der UdSSR und der ČSSR sollen aufgenommen werden.
9. Der Warschauer Pakt muß angesichts der Tätigkeit des Imperialismus gestärkt werden.

10. Die Verpflichtungen gegenüber anderen sozialistischen Staaten müssen eingehalten werden.
11. Die sogenannte tschechoslowakische Frage darf nicht vor dem UN-Sicherheitsrat behandelt werden.
12. Auch in der Regierung und den Staatsorganen, besonders im Innenministerium, sind Kaderveränderungen vorzunehmen.
13. Zwischen der ČSSR und der UdSSR werden bald neue Verhandlungen stattfinden.
14. Das Abkommen soll geheim bleiben.
15. Die „brüderliche Freundschaft soll auf ewige Zeiten" verstärkt werden. (26)

Das Abkommen stellt zwar einen Kompromiß (27) dar, bleibt aber trotzdem ein Diktat. Sein Zustandekommen war illegal und sein Ergebnis erpreßt. Sein Inhalt zeichnet sich dadurch aus, daß die sowjetischen Forderungen präzise festgelegt, die tschechoslowakischen Forderungen wie der Truppenabzug offengeblieben und durch ein Junktim an die Erfüllung der anderen Bedingungen gebunden waren. (28)

Das mühsam errungene Abkommen wäre beinahe noch gescheitert, als sich die Sowjets weigerten, F. Kriegel, der als einziger nicht unterschrieben hatte, mit in die ČSSR fliegen zu lassen. Nur dank entschlossener Haltung der tschechoslowakischen Führung, die ohne Kriegel nicht nach Hause fahren wollte, wurde er freigelassen. (29)

Das Abkommen war zwar keine genaue Vorwegnahme des späteren Normalisierungskurses, stellte aber die Weichen dafür, indem die wichtigsten Errungenschaften der Reformbewegung beschnitten wurden.

Die ersten Schritte der „Normalisierung"

Durch die Intervention kam es zu einem Bruch der Reformpolitik, aber erst durch die Erfüllung bzw. die Übererfüllung des Moskauer Abkommens, das die Substanz der demokratischen Politik angriff, konnte es zu einer Niederlage kommen. Der erste Schritt dazu war die Legalisierung des Abkommens und damit der Erpressungspolitik der UdSSR auch für die Zukunft. (30) Außerdem wurde damit ein Keil zwischen die Partei- und Staatsführung und die einmütige Widerstandsbewegung in der ČSSR getrieben, denn die Stärke des tschechoslowakischen Volkswiderstandes bestand gerade in der Geschlossenheit bei der Ablehnung jeder Art von Kompromiß- und Kollaborationsbereitschaft. (31) Mit der Legalisierung des Abkommens begann für die Dubček-Führung ein unlösbares Dilemma: den Freiheitswillen des tschechoslowakischen Volkes mit den Interessen der Führung der UdSSR zu vereinen, die zur Bekämpfung der Freiheit Panzer mobilisierte. In dieser Zeit schrieb der radikale Prager Philosoph I. Sviták:

„Jeder Aggressor hat nach der Aggression ein Hauptinteresse: die Aggression zu legalisieren.... Jede Regierung des besetzten Landes hat immer nur zwei mögliche Perspektiven: die Kollaboration oder den Widerstand. Ohne Rücksicht auf persönliche Motivierungen muß jede Regierung zwangsläufig zu einer Kollaborationsregierung werden, wenn sie den realistischen Ausweg des kleineren Übels wählt. Die Helden von gestern können sich in offensichtliche Quislinge verwandeln, ohne Rücksicht auf ihr persönliches Prestige und frühere Verdienste. Die Geschichte ist grausam.... Die Prager Regierung hat immer noch einen gewissen Spielraum.... Sie kann das Volk zum passiven Widerstand aufrufen und die Legalisierung der Aggression ablehnen, und das Parlament kann die Moskauer Vereinbarungen aufheben. Diese Schritte erwarten die Nation, das Volk und auch die Mitglieder der Kommunistischen Partei." (32)

Die erste gemeinsame Erklärung von Dubček, Svoboda, Smrkovský u. Černik, d.h. der höchsten Partei- und Staatsvertreter, vom 28. Augu_ fiel sehr dürftig aus und bestand hauptsächlich in einer Aufforder_ g zur Besonnenheit und zur Unterstützung der „Bemühu. n um ne Konsolidierung der Lage". (33) Erst aus den Ausführungen rei_ elnen führenden Repräsentanten der Tschechoslowakei wurde de tlicher, daß sie bereit waren, wenn auch einige von ihnen mit großen Zweifeln, die Legalität der Verhandlungen und ihre Ergebnisse anzuerkennen. Dubcek brach bei seiner ersten Rundfunkrede in Tränen aus und mußte sie mehrfach unterbrechen. Smrkovský, der am offensten sprach, räumte ein, daß „unsere Entscheidung vom Volke unseres Landes und von der Geschichte sowohl als annehmbar als auch als Verrat würde angesehen werden können". (34) Die meisten von ihnen schienen sich jedoch der Tragweite dieser Entscheidung nicht bewußt zu sein. Ihre Stellungnahmen spiegelten ihren psychischen Zustand nach den Tagen der Isolation und der Drohungen wider (35) und standen im krassen Gegensatz zu den Erfahrungen des Widerstandes in der Tschechoslowakei selbst. Die Betonung lag auf der Vermeidung eines Blutbades, und die Lösung hieß, Ruhe zu bewahren, die Lage zu normalisieren, um den raschen Abzug der fremden Truppen zu ermöglichen. Sie hatten die Hoffnung nicht aufgegeben, daß die Substanz der Nach-Januar-Politik gerettet werden könnte. (36)

Obwohl das eigentliche Abkommen gar nicht veröffentlicht wurde (37), sondern lediglich das relativ harmlose Kommunique, und obwohl einige Aspekte des Abkommens von Svoboda, Dubček und anderen in einer nur sehr abgeschwächten Form wiedergegeben wurden, wirkten diese Erklärungen wie ein Schock. Die Bevölkerung war auch mit dieser abgeschwächten Version nicht einverstanden. Noch am gleichen Abend wurde eine Demonstration veranstaltet, in der die Forderung nach der „ganzen Wahrheit" über die Moskauer Verhandlungen erhoben wurde. (38) Hunderte von Erklärungen verschiedener Parteigremien, Verbände, Betriebsbelegschaften, Gewerkschaften usw. protestierten gegen die Rechtmäßigkeit der Moskauer Verhandlungen, und die meisten von ihnen stellten sich hinter die Ergebnisse des XIV. Parteitages. (38a) So schrieb z.B. das Historische Institut der tschechoslowakischen Akademie:

„Wir unterstützen vorbehaltlos alle Beschlüsse des außerordentlichen XIV. Parteitages der KPČ und das dort gewählte Zentralkommitee... Wir sind für Ruhe und Besonnenheit. Wir sind keine Abenteurer und wollen keine sinnlosen Opfer. Die historischen Erfahrungen der ältesten sowohl als auch der jüngsten Vergangenheit sagen eindeutig: Jeder Rückzug in prinzipiellen Fragen bei Unterhandlungen mit der Macht bedeuten einen Schritt auf die schiefe Ebene, einen Schritt auf einen Weg, dessen Ende unabsehbar ist. Was heute wie ein unvermeidlicher Akt der Realpolitik aussehen mag, kann sich morgen als Beginn der Kapitulation erweisen... Es gibt keine Versöhnung mit Okkupanten. Ein freies Volk kann nicht auf den Knien leben." (39)

Auch das neugewählte ZK der KPČ nahm „mit Bitterkeit" und „Enttäuschung" das „Kommunique über die Verhandlungen unserer Vertreter in Moskau" auf. In seiner Erklärung wurde betont, daß das ZK die „Forderung nach Souveränität und Freiheit" niemals aufgeben werde. (40) Aber bald danach fand eine Sitzung der aus Moskau zurückgekehrten Dubček-Gruppe und einer Delegation des neugewählten ZK der KPČ statt, bei der eine Kompromißlösung vereinbart wurde. Auf dieser Sitzung fiel die Entscheidung, den in Permanenz tagenden außerordentlichen XIV. Parteitag zu beenden und das von ihm gewählte ZK der KPČ formell aufzulösen. Die Mehrzahl des neugewählten ZK sollte in das alte ZK aufgenommen werden. Dafür wurde ein neues Kommunique des ZK der KPČ verabschiedet (41), das die Erklärung vom 27.8.1968 aufhob. Nun hieß es:

„Die Mitglieder des Zentralkomitees und der Zentralen Kontroll- und Revisionskommission der KPČ, die auf der dringenden Sitzung des XIV. Parteitages gewählt wurden, haben auf ihrer Sitzung am 28. August 1968 beschlossen, die Parteiführung unter Alexander Dubček diszipliniert zu unterstützen..., um die komplizierten Aufgaben der gegenwärtigen schwierigen Situation in unserem Lande zu bewältigen." (42)

Diese Lösung, die manchen ZK-Mitgliedern als eine List erscheinen mochte, war in Wirklichkeit ein schwerwiegender Schritt in Richtung auf eine Untergrabung der Reformbewegung und Schwächung des Widerstandes. Auf dem Wege der Kabinettspolitik wurde eine der Säulen des Widerstandes – der XIV. Parteitag – eliminiert, ohne daß seine Delegierten mit diesem Beschluß konfrontiert, geschweige denn mit dem Inhalt des Abkommens bekannt gemacht worden wären, aus dem sich die „Notwendigkeit" dieser Maßnahme legitimierte. Es überrascht deshalb nicht, daß sich gegen ein solches Vorgehen eine Opposition im ZK bildete. (43) Ihre Ansicht kam in der Stellungnahme des Prager Stadtkomitees zum Ausdruck. Darin wurde der sofortige und restlose Abzug der fremden Truppen verlangt, das Moskauer Kommunique nicht als Ausdruck des freien Willens der tschechoslowakischen Repräsentanten anerkannt und die Wiederaufnahme der Tagung des XIV. Parteitages unter dem Vorsitz von Dubček verlangt. (44)

Die Regierung unter dem Vorsitz Černíks und unter der Teilnahme Svobodas schien mit der Annahme des Moskauer Abkommens keinerlei Schwierigkeiten zu haben. In ihrer Erklärung riefen beide die Bevölkerung zur Ruhe auf, um die „Konsolidierung" der Lage zu unterstützen. Außerdem beschäftigte sich die Regierung mit Vorschlägen zur Wiederaufnahme der Produktion, des Verkehrs und zur Sicherung der Ruhe und Ordnung. (45)

Die Nationalversammlung unter dem Vorsitz von Smrkovský erklärte, nachdem sie eine Teilauskunft von ihm erhalten hatte (46), daß sie sich das Recht vorbehalte, die Regierungsvorschläge so zu beurteilen, daß die „Souveränität und Freiheit" des Landes bewahrt bleibe. Ebenso wurden alle Organe, die auf dem XIV. Parteitag gewählt worden waren, als legal anerkannt. (47)

Die eifrigste Befürwortung der Ergebnisse der Moskauer Verhandlungen kam aus der Slowakei, wo gerade in Bratislava der außerordentliche Parteitag der KP der Slowakei tagte. Dieser Landesparteitag lief im Gegensatz zu dem XIV. außerordentlichen Parteitag planmäßig in den Tagen vom 26. bis 29. August ab. (48) Bis zur Rückkehr Husáks aus Moskau stellte er sich eindeutig hinter den Prager Parteitag der KPČ, aber nach seiner Ankunft vermochte Husák die Delegierten davon zu überzeugen, daß es keinen anderen Weg gebe als den der Anerkennung der Moskauer Verhandlungen. So hieß es in der Abschlußerklärung:

„Im Interesse der Entwicklung unserer Heimat... sah der außerordentliche Parteitag keine anderen Möglichkeiten, als sich hinter die Realisierung der Ergebnisse der Moskauer Verhandlungen zu stellen." (49)

Diese Erklärung ist keineswegs als eine Gegenfront zu den tschechischen Kommunisten zu sehen, sondern das Resultat der Intervention von Husák, der als einziger Teilnehmer des Parteitages eine Interpretation der Verhandlungen geben konnte und der sich als ein konsequenter Anhänger der Reformbewegung und Dubčeks präsentierte. Angesichts der späteren radikalen politischen Wendung Husáks zum harten Verfechter des sowjetischen Normalisierungsverständnisses ist es unerläßlich, seine Position in jener Zeit, in der er an Stelle von Bilak zum Ersten Sekretär der KSS gewählt wurde, wiederzugeben. In seiner Rede auf dem außerordentlichen Parteitag der KSS sagte Husák:

„Es gibt heute Zweifel, ob wir nicht den Weg, den wir im Januar dieses Jahres eingeschlagen haben, verraten oder es tun werden... Das, was seit dem Januar bei uns geschah, war im breitesten Sinn eine Revolte gegen all die Deformationen, Übergriffe, gegen alles, was bei den Menschen, in ihrem Gewissen und Verstand auf Unverständnis oder Widerstand stieß. Es ging um eine Erneuerung des Gedankens des Sozialismus, des Kommunismus, des Marxismus... Diese acht Monate stellten in der Entwicklung unserer Partei und unserer Völker einen großen und hellen Zeitabschnitt dar ... All das Positive ..., unser Aktionsprogramm, das alles wollen wir bewahren ... Wir gerieten ohne unser Verschulden (!) in eine Lage, in der das Gebiet der Tschechoslowakei von den Armeen der fünf befreundeten Staaten besetzt wurde." (50)

Husaks Auslegung der Ergebnisse der Moskauer Verhandlungen glich einer bewußten Täuschung der Delegierten. So sagte er:

„Wir wünschten die Rückkehr all jener Leute, die von unserem Territorium deportiert wurden. Sind sie zurückgekehrt? Ja, alle ohne Ausnahme ... Wir forderten die Wiedereinsetzung der legalen Organe ... Arbeiten sie? Ja. Wir verlangten, daß die Streitkräfte der fünf sozialistischen Länder unser Land verlassen. Eine klare Vereinbarung besagt, daß diese Streitkräfte allmählich, in dem Maße, in dem sich die Situation konsolidiert, abziehen sollen ... Wo ist dieser schreckliche Verrat, über den manche Leute reden? Wo ist der schreckliche Kompromiß?" (51)

Die über das Moskauer Abkommen ahnungslosen Delegierten mußten den Eindruck gewinnen, als sei es der tschechoslowakischen Führung in Moskau gelungen, die sowjetische Führung endlich von der Richtigkeit der Nach-Januar-Politik zu überzeugen. In demagogischer Weise griff dann Husak den außerordentlichen XIV. Parteitag der KPČ an, als wäre dieser ein Versuch gewesen, die slowakischen Delegierten zu überrumpeln, und plädierte für seine Nichtanerkennung. (52) Zum Schluß stellte er sich voll hinter Dubček:

„Ich stehe voll hinter der Konzeption von Dubček, die ich mitgestaltet habe, ich werde ihn voll unterstützen, entweder stehe ich mit ihm oder ich gehe." (53)

Diese Attacken Husáks riefen vor allem in den tschechischen Ländern Empörung und Mißtrauen hervor, denn er war der erste führende Politiker, der sich offen gegen den XIV. Parteitag aussprach. (54) Auch der Zentralrat der Gewerkschaften zeigte Verständnis für das Verhalten der tschechoslowakischen Delegation. (55) Die Bevölkerung konnte aus den Erklärungen der führenden Partei- und Staatsfunktionäre zunächst nichts Eindeutiges erfahren, schenkte jedoch laut Meinungsumfrage vom 28. August 1968 Dubcek nach seiner Rundfunkansprache weiterhin das Vertrauen, wenn auch nicht mehr so vorbehaltlos. (56)

Mit der Beschwörung der nationalen Einheit, des gegenseitigen Vertrauens und der Verbundenheit zwischen Volk und Partei- und Staatsführung gelang es der tschechoslowakischen Führung — allerdings nur aufgrund falscher Informationen über das Ausmaß der Verpflichtungen, die sich aus dem Moskauer Abkommen ergaben — den Eindruck zu vermitteln, als gäbe es eine reale Chance, die Reformen in ihrer Substanz fortzuführen, und zwar im Einklang mit dem Moskauer Abkommen. Da aber das Votum für Dubček keineswegs ein Votum für die Preisgabe der Reformen und der Prinzipien, auf denen der Widerstand beruhte, bedeutete, sondern umgekehrt eine eindeutige Ablehnung der tatsächlichen Forderungen des Moskauer Abkommens implizierte, war nur eine

Scheinübereinstimmung erzielt worden, deren Inkonsequenz letztendlich die Widerstandsfront schwächte. (57)

Die Umsetzung und Konkretsierung dieser Strategie der tschechoslowakischen Führung wurde auf dem Plenum des ZK der KPČ am 31.8. 1968 vollzogen. An dieser Plenarsitzung nahmen „einige Delegierte des außerordentlichen XIV. Parteitages teil." (58) Zuerst gab Dubček einen Bericht über die Verhandlungen in Moskau. Er stellte fest, daß die KPČ die internationalen Faktoren und die Tatsache der Mitgliedschaft im Warschauer Pakt unterschätzt und nicht verstanden habe, daß die Interessen seiner Mitglieder die innere Entwicklung in der ČSSR limitieren. So sei es zu einer Schwächung des Vertrauens der sowjetischen Führung in die Fähigkeit der KPČ-Führung, die anstehenden Probleme zu lösen, gekommen. Die dringlichste Aufgabe sei deshalb, dieses Mißtrauen zu beseitigen. Er betonte: „Auf gar keinen Fall dürfen wir . . . den Verdacht aufkommen lassen, daß wir . . . den angenommenen Verpflichtungen nicht nachkommen wollen." (59) Dubček vermied es einerseits, die sowjetische Interpretation der Ereignisse zu bewerten, andererseits unterließ er den Versuch, den außerordentlichen XIV. Parteitag zu qualifizieren. (60) Stattdessen betonte er die Notwendigkeit der Normalisierung der Lage, um den raschen Abzug der Truppen zu ermöglichen. Unter Normalisierung verstand er die Wiederherstellung der Funktionsfähigkeit aller Partei- und Staatsorgane, die Stärkung der Armee- und Staatssicherheitsorgane, die strenge Einhaltung der Gesetze, die Unterbindung jeglicher politischer Tätigkeit außerhalb der Nationalen Front und die Einführung einer Teilzensur. (61) Dann schlug er vor, eine Ergänzung des ZK vorzunehmen, damit dieses, da der XIV. Parteitag verschoben werden müsse, die Überzeugung der Parteimehrheit besser vertreten könne. Er plädierte jedoch für die rasche Vorbereitung des tschechischen Landesparteitages. Zum Schluß betonte er, daß die erste Etappe des Abzuges der Truppen bereits begonnen habe und die weiteren zwei Etappen vom Grad der „Konsolidierung" abhingen. Sein Glaube an die Möglichkeit der Fortsetzung der Nach-Januar-Politik mit anderen Mitteln gipfelte in der Feststellung, daß die „Verhandlung in Moskau eine neue, weitaus günstigere (!) Situation schuf, der das politische Vorgehen der gesamten Partei konsequent angepaßt werden muß." (62) Allerdings blieb Dubček die Antwort schuldig, worin die „günstigere Situation" bestand. Die einzige Erklärung mag darin bestehen, daß er dabei an seine Verhaftung dachte. Nur im Vergleich dazu brachte die Verhandlung eine Verbesserung. Aber es änderte sich nichts an der grundsätzlich negativen Bedeutung ihrer Ergebnisse.

Nach Dubček sprach Präsident Svoboda. In einem paternalistischen Auftritt rechtfertigte er seine Eigeninitiative bei den Verhandlungen in Moskau. Er habe in seinem Leben genug „Blutvergießen" gesehen und deshalb habe er so handeln müssen. (63) Svoboda sprach sich für ein

„empfindsames Vorgehen" bei der Verwirklichung der Moskauer Verpflichtungen aus, da sie eine Reihe unpopulärer Maßnahmen mit einschlössen. Dabei gelte das kategorische Postulat der Einheit in der Partei. (64)

Als letzter erläuterte Smrkovský den Inhalt des Moskauer Abkommens. (65) In der darauffolgenden Diskussion traten 29 Mitglieder des ZK auf. Neben zwei konservativen Mitgliedern, die sich gegen die vorgeschlagene Kooptierung der Mitglieder des neuen ZK ins alte aussprachen, stellte sich der Brünner Parteisekretär J. Šabata unmißverständlich gegen das Moskauer Abkommen. (66) Er sagte:

„Ich bin der Ansicht, daß unsere nationale und staatliche Souveränität aufs gröblichste verletzt worden ist und daß eine Normalisierung vom Abzug der fremden Truppen abhängt, nicht umgekehrt. Die Normalisierung kann nicht die Vorbedingung des Truppenabzuges sein. Wir können nicht zuerst normalisieren und danach den Abzug der Truppen erreichen... Wir sprechen vom Realismus, über den Sinn für die Realität. Ich weiß nicht, ob das Diktat, unter dem unsere Partei steht und dem sie sich beugen muß, einen guten Ausweg zu einer realen Politik darstellt... Ich bin zutiefst überzeugt, daß eine Politik, die von den Grundsätzen des Dokuments, das Genosse Smrkovský hier vorgelesen hat, ausgeht, nicht durchführbar ist." (67)

Aber Šabatas Stimme blieb einsam. Svoboda griff ihn hysterisch an, und auch andere Mitglieder des ZK warfen ihm „Radikalismus" vor. Mlynář meinte, daß zwar „nicht viel Spielraum" vorhanden sei, befürwortete jedoch die eingeschlagene Linie der Dubček-Führung. Husák griff Šabata an, er möge gütigst die sowjetische Führung davon überzeugen, daß der Truppenabzug die Bedingung für die Normalisierung sei. Da aber die tschechoslowakische Seite dazu nicht „stark genug" sei, solle er „die Leute mit solchen abenteuerlichen Lösungen verschonen!" (68) Die ZK-Sitzung endete mit der Annahme der „realistischen" Linie und verpflichtete damit die Partei, die Ergebnisse der Moskauer Verhandlungen zur Grundlage der weiteren Politik und der sogenannten „Normalisierung" der Verhältnisse in der Tschechoslowakei zu machen. Als ein Bestandteil der Erfüllung der Forderungen Moskaus wurde Kriegel seines Postens als Vorsitzender der Nationalen Front enthoben und durch den ehemaligen Sozialdemokraten Eban ersetzt. Ebenso wurde der Reformer Císař von seinem Posten abgelöst. Auch einige der moskautreuen ZK-Mitglieder, Kolder, Švestka, Rigo, Kapek u.a., wurden aus dem ZK-Präsidium abberufen. Insgesamt wurden 80 neue Mitglieder, darunter 46 aus dem neugewählten ZK des außerordentlichen Parteitages der KPČ, in das alte ZK kooptiert. (69) Damit verbesserte sich eindeutig die personelle Vertretung der Reformanhänger im ZK und im Präsidium der KPČ. Die Strategie der tschechoslowakischen Regierung war auf eine Verteidigung der höchsten Partei- und Staatsorgane und -apparate ausgerichtet. Die personelle Kontinuität der Führung sollte die Garantie für die Fortsetzung der Reformpolitik sein.

Obwohl Dubček erkannte, daß „das teuerste Kapital unserer Partei" das Vertrauen der Bevölkerung in die Partei war (70), bedeutete die Legalisierung des Moskauer Abkommens hinter dem Rücken des Volkes einen entscheidenden Bruch in diesem Verhältnis. Von nun an begann die Niederlage der Reformbewegung und die persönliche Tragödie seiner führenden Protagonisten, insbesondere von Alexander Dubček, der in den Augusttagen zum nationalen Symbol geworden war und der jetzt eine politische Strategie wählte, die ihn immer mehr zum Vollstrecker der Interessen der UdSSR machte. (71) Ohne es vielleicht zu diesem Zeitpunkt zu wissen, führte die Dubček-Führung binnen fünf Tagen die UdSSR aus einer politischen Sackgasse. Die tschechoslowakische Regierung zog ihre Beschwerde vor der UNO-Vollversammlung zurück und legalisierte damit die Intervention. Es gelang, die Bevölkerung zu beschwichtigen und damit die Geschlossenheit der Widerstandsfront aufzuweichen. Mit einem Schlag wurden eine Reihe von Beschlüssen der höchsten Partei- und Staatsorgane teilweise oder ganz revidiert. Für die sowjetische Seite bestätigte sich, daß die tschechoslowakische Führung dem Machtdruck nachgab und prinzipiell konzessionsbereit war. Für die Zukunft waren weitere Zugeständnisse gegenüber der UdSSR nur noch eine Frage der Dosierung und des Zeitpunktes neuer Erpressungen. Mit diesem ZK-Plenum begann der Weg immer größerer Abstriche der Reformer; von nun an gewannen sie keinen Millimeter an Boden dazu, sondern verloren beständig. (72)

Die Dubček-Führung unter sowjetischem Druck

Für die Bevölkerung schien es zuerst so, als hätte die tschechoslowakische Führung in Moskau tatsächlich einen annehmbaren Kompromiß erreicht. Die Truppen der fünf Warschauer-Pakt-Staaten zogen sich aus dem Stadtzentrum zurück und räumten die besetzten Regierungsgebäude, Redaktionen usw. Rundfunk und Fernsehen konnten wieder senden, die Zeitungen erschienen, und bis auf einige Personaländerungen (73), das Verbot aller Organisationen außerhalb der Nationalversammlung und die Drosselung der Polemik mit den fünf Interventionsstaaten konnte die Bevölkerung kaum Änderungen gegenüber der Zeit vor dem August feststellen; auch das beliebte „Vierergespann" Dubček, Svoboda, Smrkovský, Černík war in seinen Ämtern geblieben. Aber sehr schnell wurde klar, daß die ČSSR ein besetztes Land war und daß der Konflikt mit der UdSSR nicht beendet war, sondern erst richtig begonnen hatte. Die Angriffe und Verleumdungskampagnen in den Medien der fünf Warschauer-Pakt-Staaten gegen die Tschechoslowakei und ihre führenden Repräsentanten hörten nicht auf. So meldete z.B. am 31. August die Moskauer *Prawda*, daß es in der Tschechoslowakei über „40.000 bewaffnete Konterrevolutionäre" gebe. (74) Ende September erschien in der ČSSR in hunderttausenden Exemplaren das sogenannte „Weißbuch", eine Publikation sowjetischer Journalisten. (75) Diese Kompilation aus Lügen und Verdrehungen bewies, daß Lüge und Verleumdung ein integraler Bestandteil der offiziellen sowjetischen Propaganda blieb. Das „Weißbuch" versuchte, „konkret" die sowjetische These der drohenden Konterrevolution zu untermauern. So wurde anhand von Zitaten, die prinzipiell aus dem Kontext herausgerissen waren, gezeigt, wie die „Konterrevolutionäre" auf dem Gebiet der Massenmedien, der Außenpolitik u.a. gearbeitet, wie sie „geheime Zentren" aufgebaut und eine „bewaffnete Konterrevolution" vorbereitet hätten. Die Beschuldigungen in diesem „Weißbuch" sind sofort nach seinem Erscheinen von tschechoslowakischen Wissenschaftlern, Publizisten usw. widerlegt worden. (76) Sie kamen zu dem Schluß, daß das „Weißbuch" nach den gleichen Methoden vorging wie die „politischen Prozesse der 50er Jahre". (77) Am 3. September 1968 beschuldigte die Moskauer *Izvestija* den tschechoslowakischen Außenminister Hájek der Kollaboration mit der Gestapo. In Wirklichkeit hieße er Karpeles und habe sich zur Tarnung einen neuen Namen zugelegt. Der tschechoslowakische Verband der antifaschistischen Kämpfer schickte daraufhin an die *Izvestija* einen offenen Brief, in dem klargestellt wurde, daß Hajek einer der wichtigsten Organisatoren des antifaschistischen Widerstandes war. Er war 1939 von der Gestapo verhaftet und 1940 zu 12 Jahren Gefängnis verurteilt worden. Anhand von Archivmaterial stellten die Verfasser des Briefes fest, daß es sich um eine Namensverwechslung handelte. Aber auch die andere Person habe nie mit der Gestapo kollaboriert. (78) Diese Richtigstellung wurde von der sowjetischen Seite nie veröffentlicht. Stattdessen hörten gezielte Verleumdungskampagnen, die oft antisemitisch gefärbt waren (79), gegen mißliebige Politiker, Journalisten, Künstler und Wissenschaftler nicht auf, sondern wurden zum Bestandteil der sowjetischen Strategie. Zu diesem Zweck wurde in Dresden der Sender „Vltava" (Moldau) eingerichtet. In schlechtem Tschechisch wurde der staunenden tschechoslowakischen Bevölkerung weißgemacht, daß sie sich inmitten einer „konterrevolutionären Verschwörung", die bis in die höchsten Partei- und Staatsorgane reiche, befände. (80) Mit gleichem Auftrag erschien seit dem 30. August 1968, ebenfalls in Dresden hergestellt, die Zeitung *Zprávy* (Nachrichten), die mit einer Auflage von 300.000 Exemplaren „einen Durchbruch in das Monopol der Vorherrschaft antisozialistischer und rechtsgerichteter Kräfte über die Komunikationsmittel" zu erzielen suchte. (81) Statt des Durchbruchs erzielten diese Propagandamittel eine gegenteilige Wirkung. Die tschechoslowakische Bevölkerung boykottierte sie. Die Station „Vltava" wurde in der Regel sofort abgeschaltet und die aus den Militärfahrzeugen abgeworfenen kostenlosen Ausgaben der *Zprávy* wurden meisten auf der Stelle gesammelt und angezündet. Diese Propagandamittel erfüllten höchstens eine Provokationsfunktion und schürten damit bei den tschechoslowakischen Bürgern antisowjetische Gefühle und Emotionen. Die seit Januar 1968 an eine differenzierte politische Argumentation gewöhnte tschechoslowakische Bevölkerung erkannte in der dogmatischen, polizeilich trockenen Sprache mühelos die Gruppe der politisch kompromittierten Kräfte im Partei- und Staatsapparat. Es gehört zu den charakteristischen Momenten des Konfliktes, daß es den Interventionsstaaten und ihren Mithelfern in der ČSSR bis zum Sturz von Dubček und der Wiedereinführung der Zensur zu keinem Zeitpunkt gelang, eine effiziente Propaganda, die zumindest bei einem Teil der Bevölkerung Anklang gefunden hätte, herzustellen. (82)

Neben dieser offenen Front waren die sowjetische Botschaft und die militärischen Stützpunkte zu Zentren geworden, von denen aus die sowjetischen Berater, Offiziere und Funktionäre versuchten, Kollaborationswillige aus den Reihen des tschechoslowakischen Partei- und Staatsapparates anzuwerben und weitere Beweise der „Konterrevolution" zu finden. Besondere Dienste erwies ihnen dabei eine Gruppe von alten Dogmatikern und Novotný-Anhängern (83) unter der Führung von Jodas und dem ZK-Mitglied Nový. An ihrer Gründungsversammlung am 9. Oktober 1968 nahmen ca. 500 „alte Kommunisten" teil. In ihrer Resolution kritisierten sie das Präsidium des ZK der KPČ scharf, das schweigend mitansehe, wie sich „der weiße Terror" nach und nach ausbreite. Sie warfen einigen Mitgliedern des Parteipräsidiums Unfähigkeit und Schwäche vor und stellten sich hinter die rettende „brüderliche Hilfe". Zum Schluß schrieben sie drohend:

„Bald kommt die Zeit, in der die Partei jeden von uns fragen wird: ‚Genosse, wie hast Du Dich im Jahre 1968 verhalten?' Jeder von uns wird seine Rechnung... begleichen müssen." (84)

Diese sektiererische Gruppe war zwar für die UdSSR keine Alternative zur Dubček-Führung, aber zusammen mit den kompromittierten hohen Funktionären in der Parteispitze bildete sie eine offene Opposition zur Parteimehrheit, und indem sie die Machtlosigkeit der Parteiführung jedem vor Augen führte, wurde sie zum ständigen Provokations- und Unsicherheitsfaktor für die Reformer.

Seit der Rückkehr der tschechoslowakischen Führung aus Moskau herrschte in der Tschechoslowakei ein Zustand der Doppelherrschaft, und die sowjetische Führung ließ keinen Augenblick auch nur den geringsten Zweifel zu, daß sie nicht zu Kompromissen bereit sei, sondern die Substanz der Reformen zu zerstören gedachte. (85) Schon am 4. Oktober wurden in Moskau Verhandlungen über die Grundzüge des Truppenstationierungsvertrages geführt, die den Reformern hätten klarmachen müssen, daß die Hoffnungen auf einen baldigen Abzug der sowjetischen Truppen einer realistischen Grundlage entbehrten. (86) Am

16. Oktober wurde der Vertrag in Prag unterzeichnet; er nannte keinen Termin des endgültigen Abzuges, beinhaltete dafür aber eine ganze Reihe von Maßnahmen, die auf einen jahrelangen Aufenthalt der sowjetischen Truppen schließen ließen. (87) Am 18. Oktober 1968 wurde in der Nationalversammlung der Vertrag gegen 4 Stimmen angenommen. (88) Parallel zu derartigem Druck bemühte sich die UdSSR, die Zahl der Kollaborationswilligen in den höchsten Partei- und Staatsorganen zu vergrößern, denn bisher hatte sie die Tschechoslowakei zwar militärisch, keineswegs aber politisch unter Kontrolle. Die Gruppe der Moskau-Anhänger im ZK der KPČ hatte kläglich versagt und war immer noch nicht in der Lage — zumindest nicht in der Partei selbst —, über eine nennenswerte Anhängerschaft zu verfügen. Deshalb entschloß sich die Sowjetunion, das Kräfteverhältnis in den höchsten Partei- und Staatsorganen stärker als vor der Intervention zu beeinflussen, um gezielter in die Kaderpolitik der KPČ eingreifen zu können. Zu diesem Zweck entsandte die sowjetische Führung den stellvertretenden Außenminister der UdSSR, Kuznécov, in die ČSSR. Er begutachtete während seiner Mission (vom 6. September bis zum 3. Dezember) mit einem ganzen Stab von Mitarbeitern die Lage in der ČSSR und führte ausführliche Unterredungen mit Svoboda, Dubček, Černík, Smrkovský, Husák und anderen führenden tschechoslowakischen Funktionären. (89)

In einem Gespräch, das er am 11. September 1968 mit dem Vorsitzenden der Nationalversammlung, Smrkovský, führte und das ein bedeutsames zeitgeschichtliches Dokument der Großmachtpolitik der UdSSR ist (90), machte er unmißverständlich klar, daß der UdSSR die bisherige Politik der Dubček-Führung mißfiel. Die sowjetische Führung sei „überrascht" gewesen, daß ohne Absprache mit der sowjetischen Führung achtzig neue Mitglieder ins ZK der KPČ kooptiert wurden. Die sowjetische Führung habe das Gefühl, die tschechoslowakische Seite wolle das „Abkommen" umgehen. (91) In dem langen Gespräch gab Kuznécov deutlich zu verstehen, daß die UdSSR die bisherige „Normalisierung der Lage", wie sie die Dubček-Führung durchgeführt habe, für nicht ausreichend hielt.

Als es am 7. November, dem Jahrestag der Oktoberrevolution, in Prag zu Straßendemonstrationen kam und die Parteipresse der „Warschauer Fünf" eine neue Pressekampagne gegen die Dubček-Führung startete, sah sich die tschechoslowakische Führung gezwungen, hart gegen einige Zeitschriften, die offensiv gegen die Verleumdungen Stellung bezogen hatten, durchzugreifen. *Reportér* und *Politika* wurden für einen Monat verboten. (92) Auf dem darauffolgenden ZK-Plenum, das vom 14. bis 16. November stattfand, kam es zur ersten grundsätzlichen Abkehr vom Reformkurs. Es wurde eine Art Krisenprogramm aufgestellt, mit dessen Hilfe der neue „Normalisierungskurs" der KPČ unter Führung Dubčeks konkretisiert und die explosive Lage in der ČSSR wieder stabilisiert werden sollte. In seinem Grundsatzreferat nannte Dubček zehn Punkte, in denen das positive Erbe des Jahres 1968 zusammengefaßt wurde (93) und die eine sichtbare Reduzierung des Aktionsprogramms vom April 1968 darstellten. (94) Ein Großteil seines Referats war der Konkretisierung des Begriffs der ,,Gefahr von rechts" gewidmet. Dubček übernahm einen Teil der sowjetischen Vorwürfe (95), und nachdem er die Existenz von ,,rechtsgerichteten antisozialistischen Kräften" im Jahre 1968 zugegeben hatte, begann er mit einer Selbstbezichtigung der KPČ, die nicht immer genügend ,,Entschlossenheit" gegenüber diesen Kräften gezeigt habe. Er gab zu, daß ,,einige Kommunisten in den Staats- und Parteiorganen" die Disziplin nicht eingehalten und damit die ,,führende Rolle der Partei" und einiger Teile des Staatsapparates geschwächt hätten. Damit wurde der Begriff der ,,rechtsgerichteten Kräfte" auf die KPČ ausgedehnt, namentlich auf die radikalsten Verfechter der Reform. Obwohl sich Dubček gegen die Angriffe von Ulbricht zur Wehr setzte und die Einstellung der Zeitung *Zprávy* und des Senders *Vltava* verlangte, rechtfertigte er gleichzeitig die Zensurmaßnahmen in der ČSSR und sprach sich für die weitere Verschiebung des XIV. Parteitags der KPČ und des tschechischen Landesparteitags sowie für ein Moratorium bei der Gründung der Arbeiterräte aus. Seine Beteuerungen, keine Kabinettspolitik machen, sondern das demokratische Leben in der Partei erhalten zu wollen, waren zu diesem Zeitpunkt nur noch Wunschvorstellungen, denn die Teilnahme der Parteibasis bestand darin, immer weitere restriktive Maßnahmen der Parteispitze nachträglich ,,demokratisch" per Akklamation zu bestätigen. (96) Dubčeks Fazit auf diesem Plenum war, daß vor allem die ,,antikommunistischen und antisowjetischen Kräfte" die ,,Normalisierung der Lage" verhinderten. (97)

Der Widerstand gegen den Normalisierungskurs bis zum April-Plenum des ZK der KPČ 1969

Die Zeit von November 1968 bis April 1969 stand im Zeichen der zunehmenden Abnutzung der Dubček-Führung und einer Verschiebung des Widerstandszentrums gegen die Preisgabe der Reformen nach außerhalb der Partei. Zu Beginn des Jahres 1969 waren die Arbeiterschaft, die Gewerkschaften und die Jugend Subjekt des Widerstands geworden. (98) Obwohl Dubček, Svoboda, Černík und Smrkovský ihr Charisma in den Augen der Bevölkerung nicht verloren hatten (99), regte sich gegen konkrete Maßnahmen der Partei und Regierung immer stärkerer Widerstand. Die Aufrufe der führenden Reformer an die Bevölkerung, in denen sie für ,,Ruhe und Ordnung" plädierten und um ,,Vertrauen" in die Partei- und Staatsführung baten, ohne der Bevölkerung mehr als die Rolle des Zuschauers anzubieten, befriedigten immer weniger. Zu deutlich war zu diesem Zeitpunkt das immer größer werdende Abrücken von Inhalt und Prinzipien der Reformpolitik. Da nur die höchsten Funktionäre die Ergebnisse des „Moskauer Abkommens" und die laufenden Konsultationen mit der sowjetischen Führung kannten, war es für die Bevölkerung immer schwieriger, einzusehen, weshalb z.B. in der ČSSR eine Teilzensur eingeführt werden mußte, obwohl die Parteizeitschriften der Warschauer-Pakt-Staaten offensichtliche Lügen über die ČSSR verbreiten, die Zeitung *Zprávy* und der Sender *Vltava* ungestört antisemitische Kampagnen gegen führende tschechoslowakische Politiker führen konnten. Zudem wurden kompromittierte Politiker von der Dubček-Führung in Schutz genommen, obwohl sie bei der ČSSR-Bevölkerung kein Vertrauen genossen (100), weil sie nach geltendem Recht und laut Parteistatuten mehrfach Verrat, schweren Disziplinbruch und offene Fraktionsarbeit betrieben hatten. Dagegen wurden beliebte Politiker und konsequente Reformer wie Hájek und Kriegel ihrer Posten enthoben. (101) Diese völlige Einseitigkeit des Normalisierungskurses und die Wiederherstellung der Kabinettspolitik führte zum Vertrauensschwund in den Normalisierungskurs. So klagte ein Brünner Gewerkschaftsfunktionär:

„Wir erfahren wieder nichts mehr. Die Regierung sagt: ‚Im Augenblick können wir euch nicht die volle Wahrheit sagen, und lügen wollen wir nicht. Vertraut uns!' Aber ohne Information können wir uns kein Urteil bilden. Wie lange können wir noch vertrauen?" (102)

Am 18. November 1968 riefen die Studenten zu einem Generalstreik an allen Universitäten auf, der auch von den Professoren (100 %ig) befolgt und von vielen Intellektuellen, Schriftstellern und vor allem Arbeitern unterstützt wurde. (103) Sie erhoben zehn Forderungen. Die wichtigsten davon waren: Das Aktionsprogramm sollte weiterhin die Grundlage der Politik bleiben; die „Kabinettspolitik" dürfte nicht die offene Politik ersetzen; die Zensur sollte aufgehoben und die Versammlungsfreiheit garantiert werden; die Rechtssicherheit dürfte nicht angetastet werden; die Personen, die nicht das Vertrauen der Bevölkerung genössen, sollten von ihren Ämtern und Funktionen zurücktreten; die Wahl von Arbeiterräten sollte fortgesetzt werden. (104) Eine ähnliche Stoßrichtung hatte die Erklärung einer Versammlung der Wissenschaftler, Kulturschaffenden und Schriftsteller vom 26. November 1968. (105) Überall im Land wurden Unterschriften für das Wiedererscheinen von *Reportér* und *Politika* gesammelt. (106) Statt diese Unterstützung aus der Bevölkerung aufzunehmen und sie als Gegendruck gegen die konservativen Mitglieder im ZK der KPČ und gegen weitere Forderungen der UdSSR -einzusetzen, wandte sich die Dubček-Führung gegen die Gefahr des „Aventurismus" und verurteilte alle Formen des Drucks seitens der Bevölkerung. (107) Mit diesem Vorgehen verzichtete sie auf den einzigen Trumpf, den sie gegenüber den konservativen Moskau-Anhängern im ZK der KPČ besaß. Sie überließ die Interpretation der Ereignisse der UdSSR und ermunterte sie zu weiteren Forderungen. (108)

Politisches Kapital aus diesen Ereignissen schlug die sowjetische Seite. Bei einem halboffiziellen Treffen vom 7. bis 8. Dezember 1968 in Kiew, zu dem heimlich eine tschechoslowakische Delegation mit Svoboda, Dubček, Černík, Husák und Štrougal (109) eingeladen wurde, hatten die Teilnehmer beider Delegationen eine weitere Kaderveränderung abgesprochen. Hinter dem Rücken der Bevölkerung, der Partei, der Nationalversammlung und ohne Wissen von Smrkovský, der von diesem Treffen aus dem Fernsehen erfuhr (110), war dessen Absetzung vom Posten des Vorsitzenden der Nationalversammlung beschlossen worden. Die vielbeschworene Einheit der Partei und die feste Verbundenheit mit dem Volk stellte sich als Heuchelei heraus. Diese „Einheit der Partei" hatte es zu keinem Zeitpunkt des Jahres 1968 gegeben.

Unter einem formellen Vorwand machte sich Husák an die Erfüllung dieser sowjetischen Forderung. Am 27. Oktober 1968 wurde das Föderalisierungsgesetz in der Nationalversammlung verabschiedet. (111) Damit wurde die ČSSR am 1.1.1969 eine gleichberechtigte Föderation von Tschechen und Slowaken. Aus der Nationalversammlung wurde eine Bundesversammlung und bei der Wahl des neuen Vorsitzenden erhob Husak den Anspruch auf einen slowakischen Vertreter für dieses Amt. (112) Die Scheinheiligkeit dieser Argumentation war für jedermann offenbar. Smrkovský gehörte nach der Intervention zu den offensten und beliebtesten Reformern. Seine Popularität übertraf um vieles die von Husák — selbst in der Slowakei. (113) Trotzdem gelang es Husák, das ZK der slowakischen KP zur Annahme seiner Forderungen zu bewegen. Damit verpflichtete er die slowakischen Kommunisten dazu, treibende Kraft eines härteren Normalisierungskurses zu sein. (114) So stellte die slowakische KP der Föderalversammlung ein Ultimatum. (115) Gegen dieses Vorgehen erhob sich im tschechischen Landesteil eine Welle von Protesten. Der gerade tagende Kongreß der Metallarbeiter, der mit seinen 900.000 Mitgliedern zu den stärksten und radikalsten Verbänden gehörte, drohte mit einem Generalstreik, falls Smrkovský degradiert werde. (116) Die Delegierten schlossen einen Vertrag über die Zusammenarbeit mit dem tschechischen Verband der Hochschulstudenten, in dem ein politisches Bündnis für die Verteidigung der Errungenschaften der Nach-Januar-Politik hergestellt wurde. Darin kritisierten beide Seiten die Politik der ständigen Zurückweisung des äußeren Drucks und der gezielten Unterbrechung des Informationsflusses zwischen der Staats- und Parteiführung und der Öffentlichkeit. Sie protestierten gegen die Anhäufung der Funktionen der Macht und der Information in der Hand einer kleinen Gruppe führender Funktionäre. (117) Die Arbeiter und Studenten stellten sich gemeinsam hinter das Aktionsprogramm der KPČ vom April 1968 und die Ergebnisse des XIV. außerordentlichen Parteitages, verlangten die sofortige Einberufung des tschechischen Landesparteitags, warnten vor weiteren Einschränkungen der Pressefreiheit und äußerten sich „verbittert" über die ständige Verschiebung des Gesetzes über das sozialistische Unternehmen. In ihrer gemeinsamen Erklärung forderten sie den sofortigen Abzug der fremden Truppen und Neuwahlen für sämtliche Vertretungsorgane. (118) Diese Forderungen dokumentierten mit aller Deutlichkeit, daß nicht mehr die KPČ, sondern die organisierten Arbeiter, die Jugend und die kritische Intelligenz die Kontinuität und das Erbe der progressiven Reforminhalte des Jahres 1968 darstellten. (119) Die Dubček-Führung zeigte zwar „Verständnis" für die Forderungen der Arbeiter und Studenten, ließ aber Smrkovský, der am 4. Januar 1969 seine Absetzung öffentlich befürwortete, fallen. (120) Hier bewies die Dubček-Führung deutlich, daß sie entschlossen war, die Forderungen der sowjetischen Führung selbst um den Preis eines Konfliktes mit den tschechischen Arbeitern zu erfüllen. Von nun an konnten die Aktionen der Arbeiter von der UdSSR und den Moskau-Anhängern als Aktionen gegen die Beschlüsse des ZK der KPČ gebrandmarkt werden.

Aber die tschechoslowakischen Arbeiter zeigten weiterhin ihre Entschlossenheit, das Reformwerk fortzuführen. Am 10. Januar 1969 trafen sich in Pilsen die Vertreter der 200 bereits gegründeten Arbeiterräte und diskutierten über die Ergebnisse und die Entwicklung der Selbstverwaltung. (121) Es wurde die Gründung eines nationalen Koordinationsrates der Arbeiterräte vorgeschlagen und damit der erste wichtige Schritt, über die bloße Betriebsebene hinaus, zu einer horizontalen Verbindung der Räte getan. Dieser Schritt war umso bedeutsamer, da er auf der Eigeninitiative der Werktätigen beruhte und so das wachsende *politische* Bewußtsein der tschechoslowakischen Arbeiter dokumentierte. Damit wurde der Prozeß eines organischen Hinauswachsens (anders als in Jugoslawien, wo die Selbstverwaltung von „oben" eingeführt wurde) der Arbeiterräte über die Ebene einer einfachen betrieblichen Mitbestimmung eingeleitet. Auch die Zusammensetzung der Räte hatte sich im Vergleich zu den ersten Wahlen vom Sommer 1968, bei denen ca. 70 % der Techniker gegenüber ca. 25 % der Arbeiter (den Rest bildeten Angestellte) eine eindeutige Mehrheit besaßen, geändert. (122) Im ZK-Bericht der KPČ vom Dezember 1969 hieß es, daß die „sehr großzügigen Kompetenzen der Räte die Positionen und die Möglichkeiten einer durchgreifenden Arbeit der Leitungen der Unternehmen geschwächt" hätten, „weil die Räte in großer Mehrheit (in gewissen Fällen bis zu 90 %) aus Arbeitern der Unternehmen bestanden." (123) Die konsequente Verwirklichung der Selbstverwaltung war in jener Situation die beste Antwort der Arbeiter auf die schleichende bürokratische Restauration.

Kaum war die Krise um Smrkovský abgeklungen, kam es zu einer neuen, noch heftigeren Erschütterung. Am 16. Januar 1969 übergoß sich der Philosophiestudent Jan Palach mit Benzin und zündete sich an, um als „Menschenfackel" gegen die „Normalisierung" der Tschechoslowakei zu protestieren. In einem hinterlassenen Brief schrieb er: „Angesichts dessen, daß unsere beiden Völker sich am Abgrund der Hoffnungslosigkeit befinden", hätte eine Gruppe junger Menschen „das Volk erwecken" wollen. Er habe zufällig das Los gezogen, und wenn innerhalb von fünf Tagen nicht die Okkupationszeitung *Zprávy* eingestellt und die Zensur aufgehoben würden, folgten ihm weitere Fackeln. (124)

Seine Tat wirkte schockierend und mobilisierend zugleich. Es gab niemanden in der ČSSR, außer einer kleinen Gruppe von Altstalinisten (125), der den hohen moralischen Wert der Tat des zwanzigjährigen Studenten angezweifelt hätte. Eine machtvolle Demonstration der Solidarität mit J. Palach und der Wille, die Werte und Prinzipien der Reformbewegung zu erhalten, breiteten sich in der ganzen Tschechoslowakei aus. Hunderttausende Bürger nahmen an Palachs Begräbnis teil. (126)

Aber auch diese mächtige Demonstration, die letzte ihrer Art, endete erfolglos. Wieder einmal unternahmen die übriggebliebenen Reformer alles in ihren Kräften Stehende, um die Bevölkerung zu beruhigen und die Jugend zu überreden, keine „ultimativen Forderungen" zu stellen, da sonst „an unserer Stelle jemand anderes die Regierung übernehmen müßte". (127) Wieder wußte die Dubček-Führung nichts mit dieser riesigen Kraft aus der Bevölkerung anzufangen. Sie versuchte nicht einmal, resolut und öffentlich gegen die ständige Einmischung der fünf Interventionsstaaten zu protestieren, obwohl dies durchaus im Einklang mit dem „Moskauer Abkommen" gestanden hätte. Die *Zprávy* erschien weiter, die konservativen Moskau-Anhänger durften weiterhin Angriffe gegen die Führung der KPČ unternehmen (128), und die Zermürbungsstrategie der UdSSR zeigte ihre Früchte. In den höchsten Partei- und Staatsorganen bildete sich allmählich ein Kern heraus, der zu gegebener Zeit die Niederlage der Dubček-Führung besiegeln und die Parteiführung „übernehmen" konnte. Die alten Novotný-Anhänger im ZK und die wenigen Kollaborateure wie Indra, Kolder, Bilak u.a. erwiesen sich als schwach und isoliert, aber zusammen mit Politikern wie Husák und Štrougal (129) stellten sie in den Augen der SU-Führung eine aktionsfähige Gruppe dar. (130) Besonders Husák, der als einziger von den Anhängern einer „Normalisierung" im Sinne Moskaus mit einem Legalitätsanspruch bezüglich seiner Funktion auftreten konnte und der die Mehrheit der slowakischen KP hinter sich hatte, schien dazu prädestiniert zu sein, die Niederlage der Reformer zu vollenden.

Die Lage in der Slowakei unterschied sich im Jahre 1968 von der im tschechischen Landesteil. Aufgrund der langen nationalen Unterdrückung während der Novotný-Ära stand 1968 für die meisten Slowaken vor allem die Durchsetzung der Föderalisierung im Vordergrund. Dieses

Primärinteresse verlangsamte den politischen Differenzierungsprozeß in der Slowakei, so daß die KP-Führung dort die Parteibasis stärker unter Kontrolle hielt, als es im tschechischen Landesteil der Fall war. Bezeichnend für diese politische Ungleichzeitigkeit ist auch, daß z.B. die Trauerfeier für J. Palach vom slowakischen Fernsehen nicht übertragen wurde. Die Zensur war in der Slowakei schärfer, und es war schwieriger, dort tschechische Zeitschriften zu bekommen. (131)

Noch aber war die Lage nicht „reif" genug für die endgültige Ablösung der Reformer. Auf dem VII. Gewerkschaftskongreß im März 1969 zeigte sich die tschechoslowakische Arbeiterschaft entschlossen, das Reformwerk nicht aufzugeben. Die Zahl der Arbeiterräte stieg bis März 1969 auf 500, und das verabschiedete „Programm" sowie die „Charta" der Gewerkschaften waren auch ohne das explizit verankerte Streikrecht ein klarer Ausdruck der Reformen des Vorjahres. (132) Unter der Teilnahme von Dubček, Svoboda, Smrkovský und Černík wurde praktisch die gesamte alte Führungsgarnitur abgewählt und durch konsequentere Reformer ersetzt. (133) Aber auch hier versäumten es die Reformer nicht, vor einer „übereilten" Gründung neuer Arbeiterräte zu warnen.

Der Zeitpunkt für einen Machtwechsel in der Parteispitze schien der sowjetischen Führung am 28. März gekommen zu sein, als nach einem Sieg der tschechoslowakischen über die sowjetische Eishockeymannschaft von begeisterten Prager Bürgern das sowjetische Büro der „Aeroflot" verwüstet wurde. (134)

Nach einer Kampagne gegen den „Antisowjetismus" und gegen die „zerrütteten politischen Verhältnisse" in der ČSSR landete am 31. März ohne Einladung der tschechoslowakischen Staatsorgane der sowjetische Marschall Grečko auf dem Militärflughafen Milovice und brachte ein Ultimatum der UdSSR mit: Entweder trete Dubček von seiner Funktion zurück oder die sowjetische Armee übernehme die Regierung in der Tschechoslowakei. (135) Nach etwa einwöchigen Besprechungen hinter den Kulissen, bei denen insbesondere Husák, Štrougal und Svoboda mit der sowjetischen Seite verhandelten, wurde beschlossen, daß Dubček seines Postens enthoben werden sollte. (136)

Auf dem ZK-Plenum der KPČ am 17. April 1969 ließ sich Dubček widerstandslos absetzen. (137) An seine Stelle wurde mit großer Mehrheit Husak in die Funktion des Ersten Sekretärs der Partei gewählt. (138) In seiner Rede bedankte sich Husák bei Dubček für die „große Arbeit", die er geleistet habe. Gleichzeitig verlangte er ein „resolutes" und „energisches" Vorgehen gegen „konterrevolutionäre" Aktionen wie die vom März. In aller Schärfe wandte er sich gegen die Presse. Er sprach von einer „Mafia", die die Presse beherrsche, und von der Notwendigkeit von Kaderveränderungen. Besonders beunruhigt zeigte sich Husák über das Bündnis der Arbeiter mit den Studenten und über die Gefahr neuer Streiks in Verbindung mit den geplanten Kaderveränderungen, und er betonte seine Entschlossenheit zur konsequenten „Normalisierung der Lage". (139)

Seine Befürchtungen erwiesen sich zu diesem Zeitpunkt als unbegründet. Das Vertrauen in die Dubček-Führung war seit dem Fall von Smrkovský deutlich gesunken, und die Arbeiter waren nicht mehr bereit, zum Generalstreik aufzurufen.

Anmerkungen:
1 Siehe Bericht einer „vertrauten" Person des Präsidenten in: „Das tschechische Schwarzbuch", S. 255.
2 Hejzlar, Z., „Reformkommunismus...", S. 263.
3 „Das tschechische Schwarzbuch", S. 149.
4 Ibid., S. 138.
5 Ibid., S. 142.
6 „Panzer...", S. 265.
7 Horský, V., „Prag 1968", S. 258.
8 „Das tschechische Schwarzbuch", S. 148-149.
9 Horský, V., „Prag 1968", S. 259.
10 Siehe: „Ústava československé socialistické republiky" (Die Verfassung der tschechoslowakischen sozialistischen Republik). Hrsg. Flegl, V., Praha 1974, S. 112-114.
11 Brahm, H., „Der Kreml und die ČSSR...", S. 85.
12 Horský, V., „Prag 1968", S. 260.
13 Tigrid, P., „S Rusy jednati...", S. 223-224. Tigrid zitiert Teile eines Augenzeugenberichtes.
14 Die ersten Anzeichen einer veränderten Lage für die Verhafteten, die nicht mehr damit rechneten, jemals die Tschechoslowakei wiederzusehen, und nichts von dem Fiasko der Intervention erfuhren, machten sich in der besseren Behandlung und Nahrung, die ihnen von ihren Bewachern zuteil wurde, bemerkbar. Smrkovský, J., „Das unvollendete Gespräch", (s. im Anhang).
15 Ibid., S. 19-20.
16 „Und dann haben sie uns entlassen, um in den Kreml zu fahren. Na, schon die Wachen an den Türen... haben uns sehr höflich gegrüßt und salutierten uns. Da wurde uns klar, seit diesem Augenblick wurde mir bewußt, daß ich wieder für den Vorsitzenden der Nationalversammlung gehalten werde und nicht für einen Gefangenen." Smrkovský, J., ibid., S. 20.
17 Hejzlar, Z., „Reformkommunismus...", S. 265.
18 Smrkovský, J., ibid., S. 20. Die Teilnahme von Mlynář wird irrtümlicherweise deshalb in einigen Darstellungen als eine „List" bezeichnet. S.z.B. Kusák, A., Künzel, F.P., „Der Sozialismus...", S. 207.
19 Smrkovský, J., ibid., S. 20.
20 Smrkovský, J., ibid.
21 „Das tschechische Schwarzbuch", S. 299-303.
22 Ibid., S. 302.
23 Ibid., S. 303.
24 Die Echtheit des im Westen veröffentlichten Abkommens wird vom Verfas-

ser dieser Arbeit nicht angezweifelt, da keiner der führenden Reformpolitiker der ČSSR seine Authentizität je bestritt. Tschechisch wurde es publiziert in: „Svědectví" 34-36, 1969, S. 228-231. Deutsch publiziert in: Löbel, W., Grünwald, L., „Die intellektuelle Revolution . . .", S. 302-308 und in „Der Spiegel" vom 7.4.1969, in: „ČSSR — Fünf Jahre Normalisierung...", S. 158-159.
25 Hier müßte noch eine Ergänzungsliste existieren. Wer damit gemeint war, wird aus der Umsetzung des Abkommens ersichtlich. Siehe das Kapitel 4 dieser Arbeit, den Abschnitt „Die ersten Schritte der ‚Normalisierung' ".
26 „ČSSR — Fünf Jahre Normalisierung...", S. 158-159. Löbel, W., Grünwald, L., „Die intellektuelle Revolution...", S. 302-308.
27 A. Ostrý bemerkt richtig, daß es zwar ein Kompromiß ist, daß Dubček von der UdSSR vom „Renegaten" wieder zum Parteichef gemacht wurde, aber das verdankt er nicht den Verhandlungen in Moskau, sondern ausschließlich dem zivilen Widerstand in der ČSSR. Ostrý, A., „Československý problem..", S. 176.
28 Zur Analyse des Abkommens s. Horský, V., „Prag 1968", S. 276-284.
29 Smrkovský, J., „Das unvollendete Gespräch" (s. im Anhang), Laut Maxa hatten die Sowjets der tschechoslowakischen Führung eine „Hilfestellung" für einen Prozeß gegen die „Konterrevolutionäre und Zionisten" Kriegel und Goldstücker angeboten. Maxa, J., „Die kontrollierte Revolution...", S. 238.
30 So meint I. Bystřina, „daß die Moskauer Protokolle nicht nur das Ende der radikalen, demokratischen und der Reformbewegung schlechthin . . . , sondern auch einen Bankrott und Fall . . . beinahe der ganzen führenden Gruppe der Reformpolitiker, ihr Versagen als Politiker . . ., herbeiführte". Bystřina, I., „Sociální stratifikace ...", S. 43.
31 Ostrý, A., „Československý problem...", S. 175.
32 Sviták, I., „Verbotene Horizonte. Prag zwischen zwei Wintern", Freiburg 1969, S. 184-185.
33 „Rok 68", S. 298; „Das tschechische Schwarzbuch", S. 316-317.
34 „Das tschechische Schwarzbuch", S. 313, 331.
35 Horský, V., „Prag 1968", S. 287.
36 Alle Erklärungen in: „Das tschechische Schwarzbuch", S. 303-338.
37 Punkt 14 des Abkommens verpflichtete beide Seiten zur Geheimhaltung.
38 Haefs, H., „Die Ereignisse ...", S. 178.
38a Ibid., „Das tschechische Schwarzbuch", S. 338-368.
39 Ibid., S. 351-352.
40 „Panzer ...", S. 283.
41 Horský, V., „Prag 1968", S. 301.
42 „Das tschechische Schwarzbuch", S. 315.
43 Horský, V., „Prag 1968", S. 300. Zu dieser Gruppe radikaler Parteiintellektueller gehörten die Philosophen Kalivoda und Kosík sowie Sochor und Šabata. Sie waren gleichzeitig Mitglieder des Prager Stadtkomitees, das zu den treibenden Kräften des Reformprozesses gehörte.
44 „Das tschechische Schwarzbuch", S. 346-347.
45 Ibid., S. 299.
46 Smrkovský stützte sich in seiner Rede auf das Moskauer Kommunique und nicht auf das Abkommen, den eigentlichen Inhalt der Verhandlungen.
47 „Das tschechische Schwarzbuch", S. 305-306.
48 Ursprünglich sollte der Landesparteitag der slowakischen KP im Oktober 1968 stattfinden. Aufgrund der Entscheidung des Juli-Plenums des ZK der KSS wurde auf Drängen von Husák der Termin auf den 26. August vorverlegt. Siehe Pasko, J., „Před mimořádným sjezdem KSS" (Vor dem außeror-

dentlichen Parteitag der KPS), in: „Život strany" (Parteileben) 17, 1968, S. 5.
49 Die Erklärung in: Skibowski, K.O., „Schicksalstage . . .", S. 189-190, Zitat S. 190.
50 Zitiert nach den Auszügen aus dem slowakischen Original seiner Rede in: Mlynář, Z., „Československý pokus . . .", S. 263-264. Einen Auszug aus seiner Rede siehe auch Haefs, H., „Die Ereignisse . . .", S. 181-183. Auszüge auch in Ostrý, A., „Československý problém . . .", S. 174.
51 Haefs, H., „Die Ereignisse . . .", S. 182.
52 Ostrý, A., „Československý problém . . .", S. 174-175. Siehe auch Haefs, H., ibid.
53 Mlynář, Z., „Československý pokus . . .", S. 264. Diese Worte hat G. Husák später bereut.
54 Seine Argumente für die Nichtrechtmäßigkeit des Parteitages stützten sich auf eine bewußte Lüge, niemand habe ihn persönlich über die Einberufung informiert. Horský, V., „Prag 1968", S. 131.
55 Hejzlar, Z., „Reformkommunismus . . .", S. 289.
56 24 % der Befragten haben eindeutig Dubčeks Ansprache gebilligt, 71 % bedingt und 5 % nicht zugestimmt. Horský, V., „Prag 1968", S. 310.
57 Horský, V., ibid., S. 314-318.
58 Der Bericht über die Plenartagung des ZK in: „Rok 68", S. 299-308.
59 „Rok 68", S. 300; Haefs, H., „Die Ereignisse . . .", S. 189.
60 Hejzlar, Z., „Reformkommunismus . . .", S. 292.
61 „Rok 68", S. 300.
62 Ibid., S. 301.
63 Trotz der Würdigung des persönlichen Mutes des Präsidenten kommt V. Horský in seiner Analyse zu dem Ergebnis, daß die Reise von Svoboda zu den größten Fehlern der ČSSR-Führung gehörte, da sie unter denkbar ungünstigen Bedingungen eine Verhandlung einleitete, die über das Schicksal der Tschechoslowakei entschied. Horský, V., „Prag 1968".
64 „Rok 68", S. 302-303.
65 Ibid., S. 303. Das Abkommen durfte nicht einmal dem ZK schriftlich vorgelegt werden. Hejzlar, Z., „Reformkommunismus . . .", S. 283.
66 A. Ostrý bemerkt dazu, daß J. Šabata eine „ehrenhafte Ausnahme" in der Gruppe der kooptierten Delegierten des XIV. außerordentlichen Parteitages darstellt. Die meisten anderen Mitglieder haben lautlos die kompromißlose Linie des Parteitages aufgegeben und nicht den „Geist des Parteitages" in die ZK-Sitzung übertragen. Dies war ihre eigentliche Aufgabe. Stattdessen haben sie in einer „unwürdigen" Weise das Abrücken von den Grundsätzen der Nach-Januar-Politik unterstützt. Ostrý, A., „Československý problém . . .", S. 186.
67 Auszug aus seiner ZK-Rede in: „Listy" 4-5/1971, S. 23. Von den führenden Politikern war nur F. Kriegel, der zwar nicht an der Diskussion teilnahm, derselben Meinung. In seiner letzten Rede im ZK im Mai 1969 stellte er eindeutig fest: „Dieser Vertrag wurde nicht mit Federn unterzeichnet, sondern mit den Mündungen von Kanonen und Maschinengewehren". Deshalb unterschrieb er in Moskau nicht und stimmte gegen seine Legalisierung. Er stellte fest, daß dieses Dokument „unserer Republik in jeder Hinsicht die Hände fesselt". „Svědectví" 37, 1969, S. 148-150. Ebenso: „ČSSR – Fünf Jahre Normalisierung . . .", S. 159-161, (s. auch Anhang). Bezeichnend ist das Schicksal dieser beiden Politiker. J. Šabata wurde 1972 zu 6 1/2 Jahren Gefängnis verurteilt, und F. Kriegel ist ein ständiges Ziel verschiedener Verleumdungskampagnen, die meistens eine antisemitische Note beinhalten.

68 Hejzlar, Z., „Reformkommunismus . . .", S. 294-295. Hejzlar, der damals wie heute ein Vertreter der gemäßigten Gruppe um Dubček ist, hält diese Kritiker für „vernünftig".
69 Die Übersicht der Kaderveränderungen in: „Rok 68", S. 304-308. Eine Übersicht der Mitglieder des ZK der KPČ von Januar bis November 1968 in: „Reportér" 1/1969, VI-VII.
70 „Rok 68", S. 302.
71 Dubčeks Biograph W. Shawcross sagt dazu: „Dubček muß sehr wohl gewußt haben, daß seine Wiedereinsetzung in den Augen der Sowjets nur eine zeitweilige und höchst unerwünschte Zweckmaßnahme war. Man würde ihn beseitigen, sobald seine endgültige Absetzung politisch vertretbar war. Das heißt mit anderen Worten, sobald er sein Charisma verloren habe, Einigkeit und Widerstandsgeist des Volkes gebrochen und willfährige Kollaborateure gefunden sein würden. Man schickte ihn am 26. August aus Moskau zurück, damit er sich selbst, seine Reformbewegung und seine Ausstrahlungskraft zerstöre. Er wurde zurückgeschickt, um seine Ideale selbst zu vernichten." Shawcross, W., „Dubček. Der Mann, der die Freiheit wollte", München/Zürich 1970, S. 245.
72 I. Bystřina meint, daß das gesamte weitere Bemühen der Dubček-Führung objektiv eine „ratlose, fehlerhafte und sträfliche Kapitulationsillusion" gewesen ist, die zwar die totale Niederlage um einige Monate verschob, dafür aber die UdSSR von einer moralischen Niederlage befreite und es ihr ermöglichte, „eine Salami-Taktik" anzuwenden. Bystřina, I., „Sociální stratifikace . . .", S. 43.
I. Sviták nennt es „eine Selbstvernichtungstaktik der Konzessionen gegenüber den Okkupanten in dem naiven Glauben, daß man auf diese Art die Demokratisierung retten könne". Sviták, I., „Dialektika moci" (Dialektik der Macht), Köln 1973, S. 26.
J. Pelikán schreibt dazu, er habe sich nach dieser ZK-Sitzung außerstande gefühlt, seinen Mitarbeitern im Fernsehen zu sagen: „Ihr müßt dieses Diktat akzeptieren". Pelikán, J., „Ein Frühling . . .", S. 283. Dagegen meint Hejzlar, der diesen Dubček-Kurs für richtig hielt: „Diese Hoffnung scheiterte nicht am Buchstaben des ‚Moskauer Abkommens', sondern an der brutalen Politik der sowjetischen Führung, die — im Gegensatz (!) zum Wortlaut des ‚Abkommens' — weiterhin durch gröbste Einmischung einen Umsturz in der KPČ anstrebte". Hejzlar, Z., „Reformkommunismus . . .", S. 279.
73 Die Direktoren des tschechoslowakischen Fernsehens und Rundfunks J. Pelikán und Z. Hejzlar wurden sofort abgesetzt. J. Pelikán schreibt dazu, daß der ZK-Sekretär ihm sagte: „Brežněv ist wütend auf dich und auf den Direktor des Rundfunks, Hejzlar, auch auf den Genossen Pavel, den Innenminister, und den Außenminister Hájek, der vor der UNO unsere Sache verteidigt hat. Ihr müßt also einen Monat Urlaub nehmen . . ." Pelikán, J., ibid., S. 283. Zu diesen beiden Ministern gehörte noch O. Šik. Alle drei Minister demissionierten.
74 Hejzlar, Z., „Reformkommunismus . . .", S. 309.
75 „Weißbuch", vgl. dazu den Abschnitt „Der zivile Widerstand gegen die Intervention" im 3. Kapitel dieser Arbeit.
76 „Politika" 10/1968, S. 9-12; „Reportér" 42/1968 IX-XIV. Als Antwort auf das „Weißbuch" erschien in der Akademie der Wissenschaften das sogenannte „tschechische Schwarzbuch". Dazu „Reportér" 3/1969, S. 15-16.
77 „Reportér" 42/1968 XII.

78 Den Brief siehe „Politika" 7/1968, S. 7. Die Stellungnahme von J. Hájek in: „Reportér" 40/1968, S. 4-5. Hájek widerlegt auch die Beschuldigungen im „Weißbuch". Er führt ein Gespräch an, das er mit dem Sowjetbotschafter Červoněnko am 13. August 1968 über die tschechoslowakische Außenpolitik führte und in dem dieser bestätigte, daß man an der außenpolitischen Linie der ČSSR nichts auszusetzen habe.

79 So veröffentlicht z.B. die Agentur TASS die Meldung einer libanesischen Zeitung, die – wie man später festgestellt hat – gar nicht existierte, nach der der stellvertretende Minister O. Šik und der Vorsitzende des Schriftstellerverbandes E. Goldstücker in London eine geheime „zionistische Verschwörung" mit Hilfe der USA und Israel gegen die ČSSR planten. O. Šik schreibt dazu: „Es ist etwas peinlich, wenn ein Kommunist eine solche rassistisch gefärbte Lüge von einer kommunistischen Presseagentur widerlegen muß." Aber „erschütternd" werde es, wenn man sich klar mache, daß er sogar im KZ Mauthausen nach den damaligen „Rassengesetzen" nicht als „Jude" bezeichnet worden sei. „Es geht nicht nur um mich. In der Gegenwart werden bei uns die Opfer . . . der Prozesse in den 50er Jahren rehabilitiert. Manche der Argumente . . . der TASS erinnern uns stark an diese Zeit. Soll etwa die Zeit der Rehabilitierung gleichzeitig ein Beginn neuer politischer Persekutionen . . . sein?" „Reportér" 12/1969, S. 12.

80 Pelikán, J., „Ein Frühling . . .", S. 286. Viele Tschechoslowaken erinnerten diese Sendungen an die ehemaligen Wiener Nazi-Stationen, die in den 30er Jahren Hitlers Einmarsch vorbereiteten. Ibid.

81 „Zprávy v boji proti Kontrarevoluci" (Zprávy im Kampf gegen die Konterrevolution), Praha 1971, S. 6. Ein Sammelband der wichtigsten Aufsätze.

82 Laut der Meldung des tschechoslowakischen Fernsehens vom 2. Dezember 1968 hatte in Prag die Zeitung „Zprávy" ganze 33 Abonnenten, davon nur 3 Privatpersonen. In: „Osteuropäische Rundschau" (OR) 1/1969/15, I/19.

83 Das ZK-Mitglied M. Hübl nannte sie den „sektiererischen Untergrund". „Život strany" 4/1969, S. 1.

84 Der Text dieser Resolution in: „Život strany" 41/1969, S. 3-4. Ein Bericht über eine andere Sitzung am 22.1.1969, die wie üblich unter dem Ausschluß der tschechoslowakischen (!) Presse stattfand, siehe „Reportér" 8/1969, S. 13-14.

85 Viele führende Reformer versuchten diesen Zustand zu verharmlosen. Auf die Frage, wieso die Presse der Warschauer-Pakt-Staaten offen führende Politiker der ČSSR angreife, antwortete Z. Mlynář, man könne die Propaganda in der Presse dieser Länder „nicht mit den offiziellen Stellungnahmen der Parteien und Regierungen dieser Länder identifizieren". (!) „Politika" 7/1968, S. 37.

86 Das Kommuniqué in: „Politika" 7/1968, S. 4. Ebenso: „Im Interesse des Sozialismus. Sammlung von Dokumenten, Stellungnahmen sowjetischer und tschechoslowakischer Partei- und Staatsfunktionäre sowie Pressematerialien". Moskau o.J., S. 3-5. Typisch für die Verharmlosung der wirklichen Absichten der UdSSR ist das Gespräch mit dem Regierungsvorsitzenden O. Černík. Auf die Frage nach dem Inhalt der Verhandlungen antwortete er den Journalisten: „Ihr seht alle irgendwie traurig aus. Ich bin sehr zufrieden mit den Verhandlungsergebnissen, die sehr fruchtbar waren . . . ich denke, daß die Ergebnisse sehr hoffnungsvoll sind . . . Es handelt sich um reale Schritte zum schrittweisen Abzug der Armeen . . ." „Politika", ibid.

87 Der Text des Vertrages in: „Im Interesse des Sozialismus". S. 11-20.

88 F. Kriegel, V. Prchlík, F. Vodsloň und G. Sekaninová stimmten dagegen.

Zehn Abgeordnete enthielten sich der Stimme. Brahm, H., „Der Kreml ...", S. 104-105.
89 Hejzlar, Z., „Reformkommunismus ...", S. 310.
90 Die Aufzeichnung dieses Gesprächs gelangte in den Westen und wurde im „Spiegel" veröffentlicht, wahrscheinlich um J. Smrkovský zu diskreditieren. Siehe: „Der Spiegel", 14.10.1968, S. 160-175. Siehe auch Tigrid, P., „Why Dubček fell", London 1971, S. 215-229. Er fiel als erster von dem „Vierergespann" der sowjetischen „Salami-Taktik" zum Opfer.
91 „Der Spiegel", ibid., S. 162.
92 Brahm, H., „Der Kreml...", S. 110.
93 „Rok 68", S. 344. Die Rede Dubčeks auf S. 338-367.
94 A. Ostrý meint, daß die Allgemeinheit bei der Formulierung dieser Punkte die offiziellen Prinzipien der Vor-Januar-Zeit nicht überschreite. Ostrý, A., „Československý problém ...", S. 191.
95 Insbesondere werden die nichtkommunistischen Klubs KAN, K 231 und seine Exponenten Sviták, Janýr u.a., die Zeitschrift „Student" und das „Manifest der 2.000 Worte" genannt. „Rok 68", S. 346 ff.
96 Für die gemäßigten Reformer um Dubček bedeutete das November-Plenum die Erfüllung des Moskauer Abkommens. Mlynář, Z., „Československý pokus ...", S. 264. Obwohl Z. Mlynář diese Einschränkungen damals wie heute für vernünftig hielt und diesen Kurs bejahte, trat er damals von seiner Funktion im Parteipräsidium zurück. Siehe „Rok 68", S. 337.
97 „Rok 68", S. 341. Die Beschlüsse des ZK-Plenums ibid., S. 367-393.
98 Maxa, J., „Die kontrollierte Revolution ...", S. 250.
99 In der Meinungsumfrage gegen Ende des Jahres 1968 haben 85 % der Bevölkerung Vertrauen in die Staats- und Parteiführung, 12 % nur bedingtes und 1 % kein Vertrauen. „Politika" 5/1969, S. 11. Eine andere Umfrage unter den Studenten ergab, daß 70 % der Studenten die Ergebnisse der Verhandlungen in Moskau gutheißen, 16 % sie eher positiv als negativ sehen, 4,7 % hielten sie für eine Kapitulation. Gleichzeitig betrachten 64,6 % weitere Perspektiven pessimistisch, 25,3 % eher optimistisch. „Doba" 11/69.
100 Im August 1968 wurden in den Wahlkreisen, in denen Indra und Kolder kandidierten, je 80.000 Unterschriften für die Niederlegung ihrer Mandate in der Nationalversammlung gesammelt. Brahm, H., „Der Kreml ...", S.97.
101 A. Ostrý kritisiert die „Zweideutigkeit" der Politik der Dubček-Führung und betrachtet sie als eine „Demobilisierung" des Widerstandes. Ostrý, A., „Československý problém ...", S. 187.
102 Beer, F., „Die Zukunft funktioniert noch nicht", Frankfurt/M., 1969, S. 367.
103 Pelikán, J., „Sozialistische Opposition in der ČSSR. Analyse und Dokumente des Widerstandes seit dem Prager Frühling", Frankfurt/M.-Köln 1974, S. 29. Auch die Bauern unterstützten diesen Streik. In Prag übernahmen einige „Genossenschaften" die Verpflegung der Studenten.
104 Der Text des Aufrufes in Hejzlar, Z., „Reformkommunismus ...",S.318-319.
105 Löbel, W., Grünwald, L., „Die intellektuelle ...", S. 164-165.
106 „Reportér" 1/1969, IV; es wurden 70 000 Unterschriften für das Wiedererscheinen von „Reportér" gesammelt.
107 „Rok 68", S. 293-294.
108 Pelikán, J., „Sozialistische Opposition ...", S. 29. Sviták, I., „Dialektika moci ...", S. 27. Sviták nennt das Vorgehen der Dubček-Führung einen „meisterhaften Betrug des Vertrauens" der Bevölkerung. Ibid.
109 Die letzteren beiden Politiker haben sich durch ihr Auftreten besonders als „Ordnungshüter" und eifrige Vertreter der raschen Erfüllung sowjetischer Forderungen hervorgetan.

110 Smrkovský, J., „Das unvollendete Gespräch" (s. im Anhang).
111 Das Gesetz u.a. siehe Haefs, H., „Die Ereignisse . . .", S. 32-41.
112 Smrkovský, J., ibid., S. 24-25. Svoboda, Černík und Smrkovský sind Tschechen, nur Dubček war Slowake. Husák verlangte, Smrkovský durch einen Slowaken zu ersetzen.
113 Das zeigte eine demoskopische Umfrage vom Dezember 1968, die in Bratislava durchgeführt wurde. Shawcross, W., „Dubček . . .", S. 334. Später störte es Husák nicht, daß 1971 der Tscheche A. Indra Vorsitzender der Föderalversammlung wurde.
114 Seit dem Landesparteitag der KP der Slowakei im August 1968 gab es eine politisch bedingte Asymmetrie in der ČSSR, weil auf Drängen der UdSSR kein Landesparteitag der tschechischen KP, der gleichzeitig ihr Gründungskongreß wäre, stattfinden durfte. So gab es eine slowakische, aber keine tschechische KP. Die Gewerkschaften im tschechischen Teil übernahmen teilweise diese Rolle. Siehe: „Reportér" 5/1969, S. 6.
115 Smrkovský, J., „Das unvollendete Gespräch" (s. Anhang). Ebenso wurde von den slowakischen Mitgliedern im Vollzugsausschuß des Präsidiums des ZK und vom Präsidenten Svoboda auf Smrkovský Druck ausgeübt, nachzugeben. Sie alle drohten mit einem Austritt aus diesem Organ. Svoboda wollte demissionieren, wenn Smrkovský nicht nachgebe. Ibid.
116 Brahm, H., „Der Kreml . . .", S. 114.
117 Den Text des Vertrages siehe „ČSSR – Fünf Jahre . . .", im Anhang.
118 Ibid., S. 264.
119 So stellt F. Beer fest, daß „im Herbst (1968, d.V.) ein neuer Faktor von überraschender Stärke und Vehemenz (auftauchte, d.V.): die politische Initiative der Betriebsarbeiter". Beer, F., „Die Zukunft . . .", S. 376. Beer zitiert auch den Vorsitzenden der Metallarbeiter, Toman: „Wir unterstützen weiterhin die Arbeit unserer Genossen in der Partei und Regierung. Aber wir sagen ganz entschieden, daß wir ihnen niemals blinde Gefolgschaft leisten werden und auch nicht daran denken, uns befehlen zu lassen." Ibid., S. 381.
120 Smrkovský, J., „Das unvollendete Gespräch" (s. Anhang). Auszug aus seiner Stellungnahme vom 4.1.1969 in: „Osteuropäische Rundschau" 1/1969/15, S. 16. Siehe auch Hochman, J., „Pripad Smrkovský" (Der Fall Smrkovský) in: „Reportér" 1/1969, S. 3.
121 Fisera J. und V., „Die tschechoslowakischen Arbeiterräte", in: „ČSSR – Fünf Jahre . . .", S. 64-66. Eine Diskussion der Vertreter einiger Großbetriebe siehe „Reportér" 5/1969, I-VII.
122 Kosta, J., „Sozialismus und Selbstverwaltung" in: „ČSSR – Fünf Jahre . . .", S. 69.
123 Zitiert nach Fisera J. und V., ibid.
124 Der Text seines Briefes in: „Reportér" 4/1969, S. 5.
125 Die Jodas-Gruppe der „Altkommunisten" vertrat eine These, die in den Zeitungen der Warschauer Fünf zu Palach veröffentlicht wurde. Palach sei ein Opfer „staatsfeindlicher Wühlarbeit" und man habe ihm versprochen, daß der Brennstoff nur eine „kalte Flamme" hervorrufe. „Im Interesse des Sozialismus", S. 214-217.
126 Eine eindrucksvolle Schilderung der Atmosphäre jener Zeit in: Pachman, L., „Jetzt kann ich sprechen . . .", S. 146 ff. Die Stellungnahme verschiedener tschechoslowakischer Schriftsteller, Künstler u.a. siehe „Wissenschaftlicher Dienst für Ost-Mitteleuropa (WDO)" 19/1969, S. 125-127.
127 So die Ansprache des Präsidenten Svoboda in: „Czechoslovak Digest" 1/1969/4, S. 30-31.
128 Der frühere Chefredakteur von „Rudé právo", O. Švestka, machte aus der

Zeitung „Tribuna" ein Kampfblatt der moskautreuen Mitglieder der KPČ. Die Drucker weigerten sich, solche Inhalte zu drucken. Siehe Oschliess, W., „Die Tschechoslowakei nach Dubček". Der „verspätete" Januar. In: „Osteuropa" 1969, S. 577.
129 L. Štrougal war 1968 Stellvertretender Ministerpräsident und seit September 1968 ZK-Mitglied, seit November 1968 Vorsitzender des tschechischen Parteibüros.
130 Zur Einschätzung der Gruppen in den höchsten Parteiorganen siehe Hejzlar, Z., „K politice a vývoji KSČ ...", in: „Systémové změny.", S. 97.
130a Siehe: „O politickej situacii na Slovensku roku 1968" (Über die politische Situation in der Slowakei im Jahr 1968), Bratislava 1970, S. 9 ff; siehe auch Bilak, V., „Pravda zůstala pravdou", Praha 1974, S. 336-337.
131 Siehe: „Reportér" 5/1969, S. 8-10.
132 „VII. Allgewerkschaftskongreß der ROH. Dokumente. Prag 4.-7. III. 1969".
133 „Die tschechoslowakischen Gewerkschaften 1870-1970", S. 39; siehe auch „Der Gewerkschaftler" IV/1969, S. 146-147.
134 Viele hielten damals wie heute die Vorkommnisse für eine geplante „Provokation". Pelikán, J., „Sozialistische Opposition ...", S. 30.
135 Oschliess, W., „Die Tschechoslowakei ...", S. 579.
136 Hejzlar, Z., „Reformkommunismus ...", S. 333-334.
137 Shawcross, W., „Dubček ...", S. 278.
138 Das Kommunique der ZK-Sitzung in: „Im Interesse des Sozialismus ...", S. 253-255.
139 Seine Rede in: Husák, G., „Projevy a stati. Duben 1969 – Leden 1970", Praha 1970, S. 10-34. Ebenso „Zvýšit akceschopnost a bojovnost KSČ. Dokumenty z dubnového, květnového a zářijového zasedání ÚV KSČ" (Die Aktions- und Kampffähigkeit der KPČ erhöhen. Dokumente des April-, Mai- und September-Plenums des ZK der KPČ), November 1969, o.O., S. 5-21. Die DDR-Ausgabe Husák, G., „Ausgewählte Reden und Aufsätze 1969-1971", Berlin-Ost 1971, gibt die Rede Husáks mit 16 Fälschungen wieder. Besonders achtete die DDR-Zensur darauf, daß alle Namen der Reformer verschwinden. Ebenso die Beschreibung von Unruhen und Widerstand gegen die Normalisierung. Ibid., S. 10-30.

5. Die Durchsetzung des Normalisierungskurses 1969-1970

Der neue Normalisierungskurs unter Husák und die Säuberungen

Das April-Plenum bedeutete einen Bruch im Normalisierungsprozeß und markierte die vollständige Niederlage des Reformflügels der Partei. Es beendete auch die Illusion, bestimmte Prinzipien des gesellschaftspolitischen Lebens auf dem Wege der Kabinettspolitik und der Sicherung persönlicher Kontinuität fortführen und retten zu wollen. Nicht Dubček oder Svoboda, sondern die Presse- und Versammlungsfreiheit waren Garanten gegen die Wiedereinführung eines zentralistisch-bürokratischen Regimes. Mit dem Grad der Veränderung oder Abschaffung bestimmter Prinzipien änderte sich zwangsläufig der Charakter der politischen Praxis. Waren einige radikale Reformer der Ansicht, daß mit der Legalisierung des „Moskauer Abkommens" die Niederlage beginne (Kriegel, Šabata u.a.), so glaubte die Mehrheit der Reformanhänger in der KPČ gemeinsam mit Dubček, Smrkovský u.a., daß man auf der Grundlage des November-Plenums der KPČ die Substanz der Reform retten könnte. (1) Ein weiterer Teil der Reformer mit besonders robustem Gewissen (Svoboda, Černík u.a.) glaubte schließlich, auch bei restloser Erfüllung der sowjetischen Forderungen und selbst mit politischen Inhalten, die noch vor einem halben Jahr von der tschechoslowakischen Bevölkerung als Verrat angesehen wurden, die Grundsätze der Nach-Januar-Politik keineswegs zu negieren. (2) Wie richtig es auch ist, von einem Bruch im Normalisierungsprozeß zu sprechen, so ist es grundsätzlich falsch, von einem „Sieg" der „marxistisch-leninistischen Kräfte" in der Partei zu sprechen, wie es die Normalisierungspropaganda tut. (3) Die Gruppe der Funktionäre, die seit dem April-Plenum 1969 die Partei- und Staatsführung übernahm, hatte ihren politischen Kampf bereits im Jahre 1968 verloren. Sie repräsentierte in der KPČ eine kleine Minderheit und ihre politische Stellung hielt sie ausschließlich dank der sowjetischen Panzer. Aber selbst nach der Intervention blieb sie, solange eine kritische Öffentlichkeit und die Pressefreiheit vorhanden waren, hoffnungslos isoliert. Erst nach siebenmonatiger Neutralisierung und Beruhigung des Widerstandes in der ČSSR durch die Dubček-Führung gelang ein Machtwechsel in der Partei- und Staatsspitze. (4) Jenseits der Beschlüsse des November-Plenums des ZK der KPČ von 1968 gab es nur den politischen „Freiraum" für die restlose Liquidierung der Reformen. Der Husáksche „Realismus" bestand in der Einsicht, daß es einfacher sei, mit und nicht gegen den Strom zu schwimmen. (5)

Die erste politische Tat von Husák war das Verbot der unbequemsten Zeitschriften (Reportér, Listy, Politika u.a.), eine Verschärfung der Zensur und eine Reihe personeller Veränderungen in Rundfunk, Fernsehen und einigen wichtigen Redaktionen. Im Verlauf des Sommers 1969 wurde eine Reihe anderer Zeitschriften eingestellt. (6) Auch die Zeitung *Zprávy* erschien nun nicht mehr. (7) Auf dem Mai-Plenum des ZK der KPČ kam es zu den ersten Ausschlüssen der konsequentesten Reformer aus dem ZK und sogar aus der Partei, womit ein grundsätzlicher Differenzierungsprozeß innerhalb der KPČ eingeleitet wurde. Mit dem Abgang von Dubček und der Aufhebung des November-Plenums als der Grundsatzplattform für die weitere Arbeit der KPČ, war engültig der Versuch einer Integration der verschiedenen Strömungen in der Partei begraben worden. (8) Die Rede Kriegels im ZK am 30. Mai setzte dafür ein deutliches Zeichen. Klar und konsequent verurteilte er die Okkupation der Tschechoslowakei und die Politik der Husák-Führung, die die Partei vom Volk und die Führung von den Parteimitgliedern isoliere. Die Partei verwandle sich „aus einer moralisch und politisch führenden Kraft in eine, die fast ausschließlich Machtapparat ist". Er lehnte auch den Antrag auf seinen Ausschluß als formell falsch und politisch unbegründet ab und wies darauf hin, daß bisher niemand aus dem ZK ausgeschlossen worden sei, der Verantwortung dafür getragen habe,

„daß Dutzenden unschuldiger Menschen ein unwürdiger Tod durch Henkershand bereitet wurde, daß Tausende und Zehntausende zu langen Jahren der Folter und des Kerkers verurteilt wurden". (9)

Genauso kämpferisch war die Rede des ZK-Mitglieds Vodsloň. Er warnte davor, die repressiven Maßnahmen fortzusetzen. Die „Zusicherungen", daß man nicht in die Vor-Januar-Zeit abgleite, reichten nicht aus, wenn das „System" der Angst und Repression wiederhergestellt werde. Er fragte:

„Soll durch unsere Verurteilung vielleicht ein Exempel statuiert werden, soll sie ein Signal für eine politische Vendetta gegen . . . jene Kommunisten sein, die im Januar . . . bemüht waren, eine Korrektur der Fehler . . . und des Unrechts der vergangenen Jahre herbeizuführen?" (10)

Die Position der konsequenten Reformer war mit der Politik der Husák-Führung nicht mehr zu vereinbaren. Ein Teil der radikalen Gegner der Normalisierung der ČSSR im Sinne Moskaus wurde aus dem ZK ausgeschlossen. Gegen eine Reihe weiterer ZK-Mitglieder wurde ein Parteiverfahren eingeleitet. (11) In seinem Grundsatzreferat auf dem Mai-Plenum formulierte Husák die Hauptaufgaben der weiteren Politik der KPČ, die in den Richtlinien des ZK der KPČ ihren Ausdruck fanden. An erster Stelle wurde die Wiederherstellung der Einheit innerhalb der KPČ auf der Grundlage des „Marxismus-Leninismus" und der „führenden Rolle der Kommunistischen Partei" in allen gesellschaftlichen Organen genannt. Die Konkretisierung dieser Schlagworte richtete sich deutlich gegen die „Rechtsopportunisten", d.h. die konsequenten Reformer in Partei und Gewerkschaften. (12) Neben der Lösung der dringenden wirtschaftlichen Fragen wurde die „Stärkung des sozialistischen Staates" genannt. (13) Eine deutliche Warnung wurde an die Adresse der Jugend- und Studentenverbände gerichtet, in denen „antisozialistische Tendenzen" die Oberhand gewonnen hätten. (14) Die Räte der Werktätigen sollten bis zur „Klärung" der Stellung des „sozialistischen Unternehmens" in der Gesellschaft nicht mehr gegründet werden. (15) Als Termin für den XIV. Parteitag der KPČ und den tschechischen Landesparteitag wurde die erste Hälfte des Jahres 1970 genannt. (16) Zur weiteren Hauptaufgabe wurde die konsequente „Festigung der Freundschaft" zu den „Bruderparteien" erhoben. Husák vermied zwar jegliche Wertung der Intervention, aber bereits in seinem Aufsatz in der *Pravda* vom 9.5.1969 — „Den sowjetischen Freunden" — bezeichnete er die UdSSR als den „Garanten der sozialistischen Souveränität" der Tschechoslowakei. (17)

Unter den Bedingungen der Zensur und dem Anwachsen von Pressestimmen, die sich auf dem Niveau von *Zprávy* befanden, änderte sich die politische Situation schlagartig. Für viele Dogmatiker, die 1968 versucht hatten, still auf ihrem Posten zu verharren und den „Prager Frühling" zu „überwintern", schlug jetzt die Stunde der „siegreichen Rückkehr" in die Politik. Mit einem durch die sowjetischen Panzer gestärkten Selbstbewußtsein zogen sie an die „ideologische Front". Mit einer unverkennbaren Sprache (18) wurden in Rundfunk und einigen Zeitungen zur gleichen Zeit, in der die Rehabilitierungen durchgeführt wurden (19), Kampagnen gestartet, die den Boden für neue politische Verbrechen vorbereiteten. So wurde z.B. das Opfer des „Slánský-Prozesses", A. London (20), mit noch schlimmeren Vorwürfen diffamiert als in der Anklageschrift der 50er Jahre. Verschiedene Persönlichkeiten des politischen und kulturellen Lebens wurden in diskriminierender Weise angegriffen, ohne die Möglichkeit einer Richtigstellung zu haben. Einige Zeitungen und Redaktionen gelangten in die Hand von militant-konservativen Kreisen des Partei- und Staatsapparates, die in ihrer Radikalität der Negation der Reformen und in ihrer Kritik an den führenden Protagonisten des „Prager Frühlings" den Stellungnahmen der Parteiführung voraus waren. Der neue Kurs von Husák stärkte die ultrakonservativen Kreise in der KPČ, die aufgrund ihrer bedingungslosen Politik im Sinne der UdSSR zu einer „pressure group" auch gegen Husák selbst geworden waren. So haben z.B. jene 500 Altkommunisten unter der Führung von Jodas bis 1970 die illegale Zeitschrift *Jiskra* (Der Funke) herausgegeben (21), und seit März 1969 existierte die sogenannte „Linke Front", eine Vereinigung „ehrlicher Angehöriger der Intelligenz", die — mit eigenen Statuten ausgestattet — neben der KPČ für eine konsequente Durchsetzung des „Marxismus-Leninismus" in Wissenschaft und Kultur eintrat. (22)

Aber diese politische Tendenz konnte sich noch nicht voll entfalten, denn es gab immer noch einen starken Widerstand in der Bevölkerung gegen den neuen Normalisierungskurs. Die Gewerkschaften verteidigten ihre neugewonnenen Freiheiten (23), und die Arbeiter waren nicht bereit, auf die Wirtschaftsreform und die damit verbundene Legalisierung der bereits vorhandenen Arbeiterräte zu verzichten. Es war wieder ein Reformer, Černík, der schon im Mai 1969 vor die Arbeiter trat und für die Auflösung der Arbeiterräte plädierte. (24) Auch die Wissenschaftler, Journalisten, Künstler und Studenten waren nicht bereit, sich in die Illegalität drängen zu lassen. Es gab immer noch rege Kontakte zwischen Intellektuellen und Arbeitern. Ihre Versammlungen, auf denen wie im Jahre 1968 offen die aktuellen politischen Probleme diskutiert wurden, konnten im Sommer 1969 nur noch in einer Halblegalität stattfinden. (25) Seit Juni tauchten Flugblätter auf, in denen die Bevölkerung zum passiven Widerstand am Jahrestag der Intervention aufgerufen wurde, beispielsweise keine öffentlichen Verkehrsmittel zu benutzen und kein Restaurant zu besuchen, und im August verfaßten einige Persönlichkeiten des politischen und kulturellen Lebens das „Manifest — 10 Punkte". In diesem offenen Brief an die höchsten Partei- und Staatsorgane protestierten die Signatare in scharfer Form gegen die „Normalisierung" der Tschechoslowakei. (26) Aber diese mutigen Bemühungen waren nicht mehr imstande, die Niederlage der Reformbewegung aufzuhalten.

Am Jahrestag der Intervention kam es in den meisten Großstädten der ČSSR zu aktiven und passiven Protesten gegen die Okkupation des Landes und die Politik der Normalisierung. Schon Tage vor dem 21. August wurde durch offizielle Warnungen, polizeiliche Vorkehrungen und durch die Mobilisierung der Armee und der Volksmilizen Hysterie erzeugt. (27) Die Bevölkerung befolgte den Aufruf zum passiven Widerstand, und so blieben am 21. August 1969 alle öffentlichen Lokale und ca. 80 % der öffentlichen Verkehrsmittel unbenutzt. (28) In 31 Städten demonstrierten Zehntausende von Bürgern und bei den Zusammenstößen mit der Polizei, die mit Wasserwerfern und Schlagstöcken gegen die Demonstranten vorging, ertönte der Schimpfruf „Gustapo" (29), in dem sich der höchste Grad der Entfremdung der Parteiführung von Teilen der Bevölkerung widerspiegelte. Nach den Demonstrationen wurden etwa 2 000 Personen verhaftet. (30) Die offizielle Propaganda sprach von „konterrevolutionären Sturmtruppen" und „Vandalismus", und nach Art des „Weißbuches" hatte man sogar „Waffen der Konterrevolutionäre" entdeckt. (31) Am 22. August erließ die Bundesversammlung gesetzliche Sondermaßnahmen „zum Schutze der öffentlichen Ordnung", die drakonische Strafen gegen jegliche Beteiligung an „störenden Aktionen" vorsahen. (32) Mit Verbitterung sah die Bevölkerung, daß diese Sondergesetze die Unterschrift von drei der „Großen Vier" des Jahres 1968 (Dubček, Svoboda, Černík) trugen. (33)

Auf dem September-Plenum des ZK der KPČ holten die moskautreuen Dogmatiker unter der Führung von Husák zum endgültigen Schlag gegen die Reformanhänger im ZK der KPČ aus. Das ZK widerrief die Stellungnahme des Parteipräsidiums zur Intervention vom 21.8.1968 und bezeichnete sie als „unmarxistisch". Der Einmarsch sei keineswegs ein „Akt der Aggression" gewesen, sondern wurde von der „Sorge um die Verteidigung des Sozialismus" in der ČSSR getragen. Der XIV. außerordentliche Parteitag wurde als ein Werk der „rechtsopportunistischen Kräfte" verurteilt und annulliert. Mit einem Federstrich und entgegen den Parteistatuten wurde den legal gewählten Delegierten das Mandat entzogen, weil die Wahlen in einer „Atmosphäre" des Druckes der „Rechtsopportunisten" stattgefunden hätten. (34) Nach einer demagogischen Kritik von Husák wurden die Reformer Smrkovský, Hübl, Mlynář, Miková, Hájek u.a. aus dem ZK, Dubček aus dem Präsidium und Černý, Slavík und General Prchlík aus der Partei ausgeschlossen. (35) Dubček wehrte sich in seiner ZK-Rede gegen einige Lügen, Unterstellungen und Vorwürfe, die gegen ihn erhoben wurden. Er lehnte den vorgeschlagenen „Umtausch der Parteibücher" ab und wies dabei auf den Demoralisierungsprozeß hin. Nur 16 % der Parteimitglieder nahmen noch an den Parteiversammlungen teil. Er stellte fest, daß in der Partei wieder „das Freistilringen" zu beginnen drohe, und warnte davor, eine „Lawine" in Bewegung zu setzen, die von niemandem mehr aufgehalten werden könne. Gleichzeitig zeigte er „Verständnis" für den Kampf der Partei gegen den „Rechtsopportunismus" und beteuerte, daß er stets den Grundsatz der klaren „Orientierung unserer Partei auf die Sowjetunion" aktiv verteidigte. Halb entschuldigend bat er, daß bei der Beurteilung der Erklärung des Präsidiums der KPČ vom 21.8.1968, in der die Intervention verurteilt wurde, die besonderen Umstände, unter denen sie zustande gekommen sei, berücksichtigt werden müßten. Sie sei das Ergebnis des „Schocks" gewesen. In seiner Rede kam er zu der überraschenden Feststellung, daß die „sowjetischen Soldaten nicht gekommen sind, um bei uns die Entwicklung des Sozialismus zu verhindern." Er wehrte sich dagegen, gemeinsam mit Menschen, „die mit ihren aventuristischen, aber auch rechtsorientierten Abenteuern oft unsere Arbeit erschwert haben", in einen Topf geworfen zu werden. Weiterhin beteuerte er seine Verbundenheit mit dem neuen Kurs der Partei und betonte, daß er ein „nützliches Parteimitglied" bleiben und sich an „der Stärkung unserer internationalen Bindungen zu den sozialistischen Ländern, vor allem zu der UdSSR, die . . . ihm aufgrund seiner Überzeugung besonders nahe steht", beteiligen möchte. Als Beweis seines guten Willens führte er an, daß er im August 1969 bereit war, öffentlich gegen die geplanten Aktionen des „Vandalismus" aufzutreten. (36) Noch schlimmer war die Rede des einstigen Idols des „Prager Frühlings", L. Svoboda. Zwei Drittel seiner Rede widmete er etwas senilen Ausführungen über seine Rolle bei der Machtübernahme der KPČ im Jahre 1948. Zur Gegenwart fiel ihm nichts ein. Das einzige, was er zu sagen hatte, war, daß „die August-Verhandlungen in Moskau . . . eine offene, unter Genossen geführte Verhandlung zwischen unserer und der sowjetischen Führung war", deren „Ergebnisse" den „richtigen Ausweg aus der komplizierten Lage" wiesen. Es war ein „grundsatztreuer, internationalistischer und würdiger (!) Ausweg". Für ihn sei eine andere Lösung „undenkbar" gewesen. (36a) Diese Reden dokumentieren nur, daß „das Ende derer, die es versäumen oder absichtlich den Augenblick ihrer eigenen Destruktion übersehen, genau so unwürdig ist wie das Schicksal dessen, was sie früher repräsentierten." (36b) Etwas unmißverständlicher äußerte sich M. Hübl. Antizipierend warnte er davor, den von Husák eingeschlagenen Weg fortzuführen. Er sagte:

„Im Verlauf dieser letzten Monate hat man einen Mechanismus in Gang gesetzt, der — wenn es nicht gelingt, ihn in letzter Minute zu stoppen — genauso funktionieren wird wie die berühmten Mühlen der 50er Jahre ..." (37)

In seinem Schlußwort bezeichnete Husák diese Stellungnahmen als „unmarxistisch" und „bar jeden Klassenstandpunkts" und kündigte an, daß man in der Partei „reinen Tisch" machen müsse. All diejenigen, die sich weigerten, die ZK-Beschlüsse zu akzeptieren und die zur „Selbstkritik" unfähig seien, müßten die Folgen tragen. Aber selbst Husak mußte — an die „gesunden Kräfte" im ZK gewandt — klarstellen,

„daß wir keine Metzger sind. Unsere Partei ist kein Schlachthof . . . Die Politik der Kommunistischen Partei wird nicht mit Säbeln gemacht. Und die Erziehung — sie ist auch keine Frage des Hackens, keine Frage der Rache, der Revanche, sie ist keine Frage der persönlichen Abrechnungen; es gibt auch solche Gefahren, deshalb spreche ich darüber." (38)

Nach diesem Plenum der KPČ widerriefen auch andere Staatsorgane, die Gewerkschaften und Verbände ihre Dokumente und Erklärungen zum Einmarsch der fünf Warschauer-Pakt-Staaten. (39) Es kam zu einer Regierungsumbildung (40), und das Zentralkomitee der KPČ ermächtigte — wider die Parteistatuten — alle Parteileitungen, Funktionäre abzusetzen und neue zu kooptieren. Ebenso wurden vielen Abgeordneten der Nationalversammlung die Mandate entzogen. (41) Eine wahre Flut von Kampagnen gegen konterrevolutionäre Kräfte in Gesellschaft und Partei wurde in Rundfunk, Fernsehen und Zeitungen entfacht. Eine Art von „Orwellschem Wahrheitsministerium" (Ostrý) machte sich daran, das Geschichtsbild der Ereignisse des Jahres 1968 den neuen ZK-Beschlüssen anzupassen. (42) Die Hochschulausschüsse in Prag, Brünn und Bratislava wurden per Beschluß des Parteipräsidiums aufgelöst, das Institut für Gesellschaftswissenschaften beim ZK der KPČ und die militärpolitische Akademie in Prag geschlossen. (43) Es kam zu den ersten Verhaftungen politisch unbequemer Personen (44), und im Dezember wurde eine oppositionelle „trotzkistische" Gruppe festgenommen. (45) Von Ende 1969 bis Ende 1970 wurden in der ganzen Tschechoslowakei Massensäuberungen durchgeführt. Die treibende Kraft und gleichzeitig ein Musterbeispiel für die Durchführung solcher Säuberungen war die KPČ. Nachdem die höchsten Organe fest in der Hand der moskautreuen Dogmatiker waren, wurden Kommissionen gebildet, die politische Fragebögen ausarbeiteten (46) und Kader für die Durchführung des „Legitimationsausschusses" in den unteren Organen bestimmten. Nachdem alle Beschlüsse, programmatische Dokumente und Erklärungen aus dem Jahre 1968 widerrufen worden waren, wurde das alte bürokratisch-zentralistische Prinzip, das den jeweiligen Leitungsorganen gegenüber ihren untergeordneten Organen und Grundorganisationen volle Macht gab, wiedereingeführt. Danach wurden auf allen Ebenen Einzelgespräche mit den Mitgliedern durchgeführt. Dort, wo sich die Mitglieder weigerten, den neuen Beschlüssen von oben zuzustimmen, wurden ganze Grundorganisationen oder Verbände aufgelöst. (47) Die Ergebnisse der Säuberungen waren imposant. Die Kommunistische Partei verlor fast eine halbe Million (genau 473 731) Parteimitglieder, d.h. 28 % (48). 67 147 Parteimitglieder wurden ausgeschlossen, 259 670 Parteimitgliedern wurde die Mitgliedschaft „gestrichen" (49), und der Rest, 146 914 Parteimitglieder, verließ die Partei freiwillig, so daß die KPČ auf 1 200 000 Mitglieder zusammenschrumpfte. Unter denen, die die KPČ freiwillig verließen, war ein hoher Anteil von Arbeitern. Im Gegensatz zu einem Teil der reformkommunistischen Parteifunktionäre, die an der Farce des „Parteibuchaustausches" teilnahmen und oft sogar eine Selbstkritik unternahmen, verhielten sich die Arbeiter in ihrer Mehrheit eindeutiger. So schickten z.B. die Arbeiter der großen Eisenhüttenwerke von Kladno ihre Parteibücher in Kisten verpackt an Husák. (50) In der slowakischen KP wurden 17,5 % der Parteimitglieder und 46 % des ZK der KPS hinausgesäubert. Das Durchschnittsalter der Parteimitglieder betrug nach der Säuberung über 50 Jahre, in Prag sogar 57, der Anteil der Arbeiter ging von 30 % im Jahr 1968 auf 18 %, in Prag auf 12 % zurück. Ebenso wurden in der Bundesregierung und den beiden Landesregierungen 44 Minister ausgewechselt, 25 000 Abgeordnete mußten die Nationalausschüsse aller Grade verlassen und für einen Teil wurden neue kooptiert. Aus dem Bundesparlament und den beiden Nationalräten wurden 270 Abgeordnete abberufen. In den tschechischen Gewerkschaften wurden bis Ende Januar 1970 51 490, in den slowakischen 13 740 Funktionäre ausgewechselt. 20 % der Mitglieder des Zentralrates der Gewerkschaften, je 30 % des tschechischen und slowakischen Gewerkschaftsrates und in einigen Verbänden (z.B. Metaller) sogar 50 % der Leitungsmitglieder mußten ausgetauscht werden. Etwa ein Drittel der Offiziere, 40 % aller Journalisten, 40 % leitender Wirtschaftsfunktionäre, 9 000 Hochschullehrer, alle leitenden Mitglieder der Akademie der Wissenschaften und annähernd die Hälfte der Fachleute, Dutzende Richter der obersten Gerichte, 1 500 Angestellte des Rundfunks und viele mehr mußten infolge der Säuberungen entlassen oder ausgewechselt werden.

Nach dieser Radikalkur wurde die polizeilich-bürokratische Machtgrundlage gefestigt, und die KPČ erhielt ihre neostalinistische Jungfräulichkeit zurück, die sie für Jahrzehnte von jeglichen Reformsünden befreien sollte. Die Stunde des Konjunkturalismus hatte geschlagen, und die Hauptaktivität der KPČ konzentrierte sich neben der Machtsicherung auf die Neubesetzung der leergewordenen attraktiven Funktionärsposten in allen Gesellschaftsbereichen.

Die „Lehren aus der krisenhaften Entwicklung"

Auf dem Dezember-Plenum der KPČ wurde der seit langer Zeit angekündigte Text der offiziellen Deutung der politischen Ereignisse des Jahres 1968 verabschiedet — „Die Lehren aus der krisenhaften Entwicklung in der Partei und in der Gesellschaft nach dem XIII. Parteitag der KPČ". (51) Das Dokument sollte „der Partei, der Arbeiterklasse und allen Bürgern die Ursachen der Krise in unserer Gesellschaft" (52) erklären. Da die „Lehren" die offizielle nachträgliche ideologische Legitimation lieferten, ist es notwendig, die wichtigsten Thesen darzustellen.

In seiner zentralen These übernimmt das Dokument die sowjetische Beschuldigung aus dem Jahre 1968. Demnach handelte es sich in der Tschechoslowakei in dem Zeitraum von Januar bis August 1968 um eine „konterrevolutionäre Entwicklung", die zu einem „Blutbad" und „brudermörderischen Kampf" geführt hätte. Nur die „internationalistische Hilfe zur Rettung des Sozialismus in der ČSSR", die von den „Bruderländern" durchgeführt wurde, rettete „Tausenden von Menschen das Leben" und sicherte die „sozialistische Souveränität" des tschechoslowakischen Staates. (53) Schlüsselbegriffe des Dokuments sind die „konterrevolutionären" und „rechtsopportunistischen Kräfte". Zu den „konterrevolutionären Kräften" hätten die Organisationen KAN, K 231, die Repräsentanten des „Zionismus" F. Kriegel, J. Pelikán, E. Goldstücker, E. Löbl, A.J. Liehm u.a. und der katholische Klerus gehört. Sie alle hätten eine Verbindung zu „imperialistischen Zentren" gehabt, von denen sie Unterstützung erhielten. (54) Zu den „rechtsopportunistischen Kräften" hätten fast alle bekannten Protagonisten des „Prager Frühlings" (Dubček, Smrkovský, Kriegel, Šik, Mlynář, Prchlík, Černík u.a.) gehört, die sich um das sogenannte „zweite Zentrum" in der Partei gruppierten. Das „zweite Zentrum" hatte seine Basis im Prager Stadtteilkomitee der KPČ, in der Parteihochschule, im Institut der Geschichte der KPČ und in der militärpolitischen Akademie.

Diese beiden Kräfte hätten die Krise um Novotný ausgenutzt und unter dem Mantel des „demokratischen Sozialismus" versucht, die Tschechoslowakei aus der Gemeinschaft der sozialistischen Staaten herauszubrechen und ein bürgerliches System, wie vor 1948, wiedereinzuführen. (55) Es sei den „rechten Kräften" mit der Unterstützung der Dubček-Führung gelungen, die Massenmedien unter ihre Kontrolle zu bringen. Ebenso seien sie in die Regierung, Nationalversammlung, Nationale Front, Gewerkschaften, Jugendverbände usw. eingedrungen, bis es ihnen im April 1968 gelungen sei, die Macht in der Partei nach und nach an sich zu reißen. Die „führende Rolle der Partei" in der Gesellschaft sei untergraben, die Regierungs- und Staatsorgane zerrüttet worden. Insbesondere wird die „uferlose Liberalisierung der Staatssicherheits- und Justizorgane" kritisiert. Auch die Auflösung der berüchtigten 8. Abteilung des ZK der KPČ, die in den 50er Jahren die Schauprozesse vorbereitete, wird als „Verlust" eines „wichtigen Organes für die Leitung der Kommunisten in der Armee, Staatssicherheit, den Gerichten und der Prokuratur" bezeichnet. (56) Das „Aktionsprogramm" vom April 1968 habe bereits starke „opportunistische" und „revisionistische" Inhalte gehabt. (Dabei störte die Verfasser der „Lehren" keineswegs, daß drei der neun Mitglieder der Arbeitsgruppe — J. Fojtík, R. Richta und P. Augsperg —, die 1968 das Aktionsprogramm der KPČ verfaßte, inzwischen zu den führenden Protagonisten der Normalisierungspolitik zählten (57).) Mit demagogischer Propaganda sei es den Rechtskräften gelungen, die Arbeiterklasse zu betrügen und mit der Forderung nach Arbeiterräten die Position der Partei in den Betrieben zu schwächen. O. Šik u.a. hätten eine „Welle sozialer Demagogie" entfacht. Das habe sogar dazu geführt, daß unter der Drohung „wilder Streiks" Lohnerhöhungen verlangt wurden. (58)

In einer Atmosphäre des „Terrors" und der „Hysterie" hätten — gleichzeitig mit dem Erscheinen des konterrevolutionären Manifestes „2 000 Worte" — im Sommer 1968 die Wahlen in den Bezirks- und Kreiskonferenzen der KPČ für den außerordentlichen XIV. Parteitag stattgefunden, bei denen die „Rechtsopportunisten" eine Mehrheit erlangen konnten. Nur 17,4 % der Parteidelegierten seien Arbeiter gewesen, was in der Geschichte der KPČ ohne Beispiel sei. (59) Auf diesem Parteitag habe es zur endgültigen Machtergreifung der Rechtskräfte und danach zu einer allseitigen Mobilisierung zum Kampf gegen die Sowjetunion kommen sollen. (60) Nach dem Einmarsch der „Bruderländer" hätten die „rechtsopportunistischen Kräfte" auf dem „illegalen" Parteitag am 22. August 1968 versucht, den Konflikt mit der UdSSR zu schüren. (61) Bis April 1969 hätten sie ihre Tätigkeit fortgeführt. Erst mit der Wahl Husáks zum Ersten Sekretär der KPČ habe eine „neue Etappe" in der politischen Entwicklung der Tschechoslowakei begonnen. (62) Und erst in den Jahren 1969 bis 1970 sei es nach dem Parteibuchaustausch in der KPČ zu einer Konsolidierung der Gesellschaft und zur Normalisierung der Beziehungen zur Sowjetunion und den übrigen sozialistischen Staaten gekommen. (63)

Die „Lehren aus der krisenhaften Entwicklung" stellten eine nachträgliche Rechtfertigung der Okkupation und der folgenden „Normalisierung" der Tschechoslowakei dar. Eine solche Deutung der politischen Ereignisse von 1968 entspricht dem Geist und dem Niveau des „Weißbuchs", und ebenso wie dieses hielten die Thesen der „Lehren" keiner ernsthafteren Überprüfung stand. Es war ein Dokument, in dem die Erniedrigung, die vollständige Niederlage der Reformbewegung und der Verlust der nationalen Souveränität zum Ausdruck kamen. So stellte Smrkovský mit Recht die Frage, weshalb nach der offiziellen Rechtfertigung des Einmarsches

„Kommunisten wie Nichtkommunisten in der Tschechoslowakei . . . gezwungen (werden – J.S.) zu erklären, daß sie die militärische Besetzung ihres Landes gutheißen . . . ? Weil sie (die Husák-Führung – J.S.), wenn auch nachträglich, das ganze Volk mit Schande bedecken wollte, um in der Zukunft behaupten zu können, daß ‚wir uns alle geirrt haben, alle schuldig sind' – und so wie man schon über die dunklen 50er Jahre sprach." (64)

Die Rücknahme der Wirtschaftsreform

Die Lage in der Wirtschaft war nach der Intervention sehr verworren. Der Einmarsch der Truppen der Warschauer-Pakt-Staaten wirkte sich negativ auf die ökonomische Lage in der ČSSR aus. Neben direkten Sachschäden, besonders im Bereich der Infrastruktur, kam es zu einem hohen Arbeitsausfall. Infolge der politischen Entwicklung sank die Arbeitsbereitschaft rapide. (65) Die Verluste, die durch die Emigration der ca. 150 000 tschechoslowakischen Staatsbürger, von denen 4 % Arbeiter waren, die Mehrheit aber mittlere oder höhere Schulausbildung besaß, hervorgerufen wurden, lassen sich volkswirtschaftlich kaum erfassen. Die politisch bedingte Verunsicherung in der Bevölkerung führte zu extremen Schwankungen im Konsumverhalten (z.B. verschiedenen Einkaufspsychosen) und verursachte Engpässe in der Versorgung und unerwünschte Preisschwankungen. (66) Bei vielen Ökonomen und leitenden Funktionären mehrten sich die Zweifel, ob unter den neuen politischen Bedingungen die Durchführung der Reformen möglich sein würde. (67) Auch die Verzögerung wichtiger gesetzgeberischer Vorhaben, insbesondere der Verabschiedung des geplanten Gesetzes über das „sozialistische

Unternehmen", führte dazu, daß die Umsetzung der Reformen in die Praxis ins Stocken kam. Diese Faktoren verstärkten die inflatorischen Tendenzen. (68)

Indikator	Zuwachs gegenüber gleichem Zeitraum des Jahres 1967 in %	
Zeit	Januar – Juli (1968)	August – Dez. (1968)
Leistungen insges.	8,7	4,5
Kosten insgesamt	7,9	7,2
Anteil der Löhne	6,3	10,6

Diese Tabelle zeigt deutlich, daß seit August 1968 die günstige Entwicklung der wirtschaftlichen Gesamtgrößen im ersten Halbjahr unterbrochen wurde und die inflationären Tendenzen stark zunahmen. Die negative Auswirkung der Intervention auf das wirtschaftliche Gleichgewicht der ČSSR ist unbestreitbar. (69) Hinzu kam, daß mit dem praktischen Abbruch des laufenden Fünfjahresplans seit Ende 1967 eine langfristige Richtschnur für die Erstellung der Jahrespläne fehlte. (70) Auch in dieser Hinsicht war die Unterbrechung bei der Einführung der Wirtschaftsreform negativ. Und auch die institutionellen Probleme, die mit der Föderalisierung verbunden waren, verstärkten die Unklarheiten über die Verfügungskompetenzen der nationalen Wirtschaftsorgane. Das ganze Jahr 1969 stand im Zeichen der Inflation, der Störung des wirtschaftlichen Gleichgewichts und einer Konzeptionslosigkeit der Wirtschaftspolitik. Praktisch in allen ökonomischen Bereichen überstieg die Nachfrage das Angebot. (71) Die Stabilisierungsrichtlinien der Regierung für das Jahr 1969 waren noch im Geiste der Reformen des Jahres 1968 erstellt und schlossen eine Anwendung der administrativen und dirigistischen Methoden aus. Als Hauptinstrumente der staatlichen Wirtschaftslenkung galten eine restriktive Kreditpolitik sowie eine Reihe von steuerlichen Maßnahmen. (72) Nach dem Mai-Plenum des ZK der KPČ wurde aufgrund der festgestellten Diskrepanzen zwischen staatlichen Wirtschaftslinien und den Plänen der Betriebe die Selbständigkeit der Unternehmen angegriffen. Die endgültige Abrechnung mit dem Selbstverwaltungskonzept erfolgte im Oktober 1969. (73) Die Stabilisierungsmaßnahmen führten 1969 nicht zu den gewünschten Ergebnissen, und so entschied sich die Regierung, zu Beginn des Jahres 1970 eine Reihe von Sparmaßnahmen durchzuführen:
— Die im Jahre 1968/69 eingeführten freien Samstage wurden wieder zu Arbeitstagen erklärt.
— Die Ausgaben für Dienstreisen, Repräsentationen, Büroeinrichtungen u.a. wurden gekürzt.
— Neue „unproduktive" Einrichtungen (Forschungsinstitute u.a.) sollten nicht mehr errichtet werden.

- Der durch die Föderalisierung aufgeblähte Verwaltungsapparat sollte um 10 %, d.h. um ca. 60 000 Beschäftigte, verringert werden, womit zumindest auf dem Arbeitsmarkt eine antiinflatorische Wirkung erzielt werden konnte.
- Die staatlichen Dotationen für die Wirtschaft wurden um 3 % gekürzt. (74)

Parallel zu diesen Sparmaßnahmen wurde die Rolle des einheitlichen zentralen Planes mit verbindlichen Kennziffern wiedereingeführt. (75) Damit wurde teilweise eine Rückkehr zum zentralen Wirtschaftsdirigismus vollzogen. Zu den Hauptinstrumenten der wirtschaftlichen Lenkung gehörten neben einem Preismoratorium auch eine Verstärkung der zentralen Investitionslenkung und eine Erweiterung der Vollmachten der Generaldirektionen. Ein neues Besteuerungssystem der Gewinne statt des Bruttoeinkommens wurde eingeführt. (76) Diese Maßnahmen verfehlten ihre stabilisierende Wirkung nicht (77):

Indikator   *Zuwachs gegenüber dem Vorjahr in %*

	1968	1969	1970
Nationaleinkommen	7,2 (8,4)	7,4 (6,5)	5,8 (5,1)
Industrieproduktion	5,8	4,6	8,2
Landwirtschaftl. Produktion	5,7	1,2	1,1
Arbeitsproduktivität	5,7	6,2	4,5
Fondseffektivität	1,7	2,3	0,3
Investitionen	10,4	13,2	6,0
Individueller Konsum	10,7 (11,1)	6,3	1,1
Reallöhne	8,0	6,0	1,0

Beim stetigen Wachstum des Nationaleinkommens und einer weiteren Steigerung der Arbeitsproduktivität gelang es gleichzeitig, die unproduktiven Investitionen einzudämmen (z.B. die hohe Zahl der unvollendeten Bauten), was maßgeblich zur Bewältigung der Inflation beitrug. Da die Steigerung der Arbeitsproduktivität (menschliche Arbeit) von einem Rückgang der Fondseffektivität (Kapital) begleitet war, ergibt sich, daß die Inflation auf Kosten der langsameren Steigerung des individuellen Lebensstandards gestoppt wurde. (78) So gelang es der Husák-Führung mit Hilfe einer restriktiven zentralistischen Wirtschaftspolitik, das wirtschaftliche Gleichgewicht wiederherzustellen. (79)

Auch wenn im Verlauf der „Normalisierung" eine Restauration der zentralistisch-dirigistischen Planung und damit eine Preisgabe der wesentlichen Elemente der Wirtschaftsreform der Jahre 1967/68 vollzogen wurde, vermied es die Husák-Führung – im Gegensatz zu der politischen Restauration –, das alte bürokratisch-zentralistische System aus der Novotný-Ära wiedereinzuführen. Vielmehr scheint es, daß das tschechoslowakische Wirtschaftssystem, das sich während der „Normalisierung" herausbildete, eine Kombination aus einer administrativen und ökonomischen Wirtschaftslenkung darstellt, wobei die administrativen Elemente deutlich überwiegen. (80) Dieser „aufgeklärte Dirigismus" (Kosta/Sláma) ist am DDR-Wirtschaftsmodell orientiert und wird — trotz der Betonung der Rolle des „technischen Fortschritts" in der Wirtschaft — ständig an seine Systemgrenzen stoßen. (81)

Anmerkungen:

1 So betonte J. Smrkovský in seiner Selbstkritik am 15. April 1969: „Ich hatte und habe auch nicht die Absicht, Sinn und Gesamtwertung der November-Revolution ‚zu verbessern' ". In: „Czechoslovak Digest" 4/1969, S. 6. Auch A. Dubček betont in seinem Brief an die Föderalversammlung der ČSSR vom 28.10.1974: „Der Ausweg aus der nach dem August entstandenen Krisenlage war die November-Resolution des ZK der KPČ vom Jahr 1968. Ich sagte es damals und sage es auch heute, daß ich nicht darüber hinausgehen konnte und wollte." „Listy" 3/1975, S. 9.

2 In seiner Rundfunk- und Fernsehrede vom 30. April 1969 betonte Husák, es handele sich keineswegs um eine „Rückkehr" zum alten System. „Die Fortsetzung dieser Politik (von 1968, d.V.), all des Positiven, was nach dem Januar 1968 in unserer Gesellschaft zum Ausdruck kam, ist eine gesetzmäßige Notwendigkeit, wenn unsere Gesellschaft nicht erneut in irgendwelche degenerativen Verhältnisse . . . geraten soll". Husák, G., „Projevy a stati . . .", S. 36. In der DDR-Ausgabe ist diese Rede nicht abgedruckt. Auch die bekannte Persönlichkeit des slowakischen Kulturlebens, der Dichter und Publizist L. Novomeský, setzte sich für Husák ein und schrieb am 24.4.1969, daß die Art des Abgangs von Dubček für ihn einen Beweis liefere, daß eine Neuauflage der 50er Jahre unmöglich sei: „Stellt euch vor, wir beschimpfen ihn (Dubček, d.V.) nicht! . . . Er wurde nicht gegangen, ermordet, vernichtet. Er entschied sich selbst." (!) „WDO" 19/1969, S. 314-317.

3 „Přehled dějin KSČ" (Abriß der Geschichte der KPČ), Praha 1976, S. 329-330. „Příručka k dějinám KSČ" (Handbuch der Geschichte der KPČ), Praha 1975, S. 120-121.

4 A. Ostrý bemerkt, daß man nicht von einem Sieg über die sogenannten „rechtsopportunistischen Kräfte" in der Partei sprechen kann, wenn man nicht die Mitarbeit derselben an der eigenen Niederlage miteinbezieht. Denn erst „ihr Realismus schuf die Bedingungen für die Husáksche Initiative". Ostrý, A., „Československý problém . . .", S. 223.

5 Damit stellte sich Husák zwangsweise an die Spitze der Reformgegner der Partei. A. Dubček schreibt dazu, daß sich die neue Führung sofort mit dem „sektiererischen" Flügel der KPČ vereinigte und unter dem „Deckmantel eines Kampfes gegen den Rechtsopportunismus" die Nach-Januar-Politik liquidierte. Dubček, A., „Dopis . . .", „Listy" 3/1975, S. 10.

6 Genaue Übersicht in Hejzlar, Z., Kusin, V., „Czechoslovakia 1968-1969, Chronology, Bibliography, Annotation", New-York 1975, S. 166-180.

7   Die Redaktion hatte freiwillig auf weitere Herausgabe verzichtet, weil sie „begriff, daß mit dem Antritt der neuen Parteiführung eine neue Zeit beginnt, für die die ‚Zprávy' den Boden bereitet hatte", in: „Zprávy v boji...", S. 8.
8   Dubček betont noch in seinem Brief an die Föderalversammlung (1974), daß die November-Resolution des ZK der KPČ eine „Plattform der Vereinheitlichung" der Partei auf der Grundlage des Programms von 1968 gewesen sei. Dagegen sei die „April-Linie von 1968 mit der Linie vom April 1969 unvereinbar." Dubček, A., „Dopis . . .", S. 10. Dubček bleibt die Antwort schuldig, weshalb er bis zu seinem Ausschluß aus dem Parteipräsidium und dem ZK diese neue Linie widerstandslos hinnahm, obwohl ihm seit April 1969 alle öffentlichen Auftritte auch in der Presse verboten waren. Shawcross, W., „Dubček . . .", S. 281.
9   Kriegel, F., „Letzte Rede im ZK", in: „ČSSR — Fünf Jahre . . .", S. 159-161. Ebenso in: „Osteuropäische Rundschau" 8/1969/15, S. 10-11. Tschechisch durfte sie nicht mehr erscheinen, wurde jedoch hektographiert überall in der ČSSR verbreitet. (s. auch Anhang).
10 „Osteuropäische Rundschau" 8/1969/15, S. 11-13. (s. auch Anhang).
11 Bei diesem Ausschluß handelt es sich um Parteimitglieder, die sich gegen das „Moskauer Abkommen" stellten. Aus dem ZK sind Šik, Vodsloň, Slavík u.a. ausgeschlossen worden; F. Kriegel sogar aus der Partei! Hejzlar, Z., „Reformkommunismus . . .", S. 345-346.
12 Die Rede Husáks in: Husák, G., „Projevy . . .", S. 65-112. „Dokumenty zasedaní ÚV KSČ . . .", S. 33-68; „Realizační směrnice květnového pléna ÚV KSČ pro další postup strany v příštím období" (Realisierungsrichtlinien des Mai-Plenums des ZK der KPČ für das weitere Vorgehen der Partei in der nächsten Zeit) in: „Dokumenty zasedání ÚV KSČ . . .", S. 69.
13 „Realizační směrnice . . .", Ibid.
14 Ibid., S. 76.
15 Ibid., S. 80.
16 Husák, G., „Projevy . . .", S. 112.
17 Ibid., S. 63.
18 Der marxistische Philosoph K. Kosík analysierte in einem der brillantesten und politisch brisantesten Aufsätze des Jahres 1968 — „Die Krise unserer Gegenwart" — die moralische und politische Deformation der Persönlichkeit und des Bewußtseins in der stalinistischen Phase in der ČSSR. Seine Schlußfolgerungen blieben in der Phase der Restauration des Vor-Januar-Regimes unvermindert aktuell: „Wenn in einem bestimmten politischen System . . . in die führenden Positionen Leute mit durchschnittlicher Intelligenz gelangen und verbogenem Rückgrat, mit labilem Charakter, gehorsame und gläubige, mit Vorurteilen belastete und von Ressentiments beherrschte Leute, so folgt daraus . . ., daß das eingeführte System zu seinem Funktionieren gerade solche Eigenschaften . . . erfordert . . . Sprache . . . verrät alles, und vor ihrer aufklärenden Macht gibt es kein Entkommen . . ., in den Worten ist nicht nur ausgedrückt, was die Menschen wissen (und sagen), sondern auch, was sie sind . . .". „Nachrichten aus der ČSSR", S. 58, S. 60.
19 Bis Juli 1969 sind 15 000 Anträge auf gerichtliche Rehabilitationen gestellt worden, und im ersten Halbjahr 1969 wurden 16 Mio. Kronen Entschädigung zugesprochen. „Czechoslovak Digest" 53/1969, S. 19.
20 Sein Buch „Ich gestehe" ist 1968 in der ČSSR erschienen. Zu den Angriffen gegen ihn siehe Ostrý, A., „Československý problém . . .", S. 226-227.
21 Ostrý, A., „Československý problém . . .", S. 225.
22 Die Plattform und die Statuten der „Linken Front", in: „Zpravodaj KSČ"

(Der Bote der KPČ), 2/1970, S. 33-35. Zu ihrer Tätigkeit siehe auch „WDO" 19/1969, S. 654-659.
23 Oschliess, W., „Die Liquidation einer eigenständigen politischen Kraft. Berichte des Bundesinstituts für ostwissenschaftliche und internationale Studien", 23/1970, Köln, S. 8 ff.
24 Černík bezeichnete die Existenz der Räte als die „Wiederaufrollung der Machtfrage". Hejzlar, Z., „Reformkommunismus...", S. 345.
25 L. Pachman, ein Journalist, der oft von den Arbeitern zur Diskussion eingeladen wurde, berichtet in seinem Buch, wie eine Arbeiterversammlung von der Polizei behindert wurde. Pachman, L., „Jetzt kann ich...", S. 173 ff.
26 Darin heißt es: „Ein Jahr... leben wir... unter aufgezwungenen Verhältnissen... Das Aktionsprogramm (der KPČ, d.V.)... wurde Punkt für Punkt annulliert, die Massenorganisationen wurden durch gewaltsame Eingriffe lahmgelegt, die Öffentlichkeit von der politischen Willensbildung ausgeschlossen... Kein einziges Machtorgan ist aus dem Volkswillen hervorgegangen. Das Mandat des gesamtstaatlichen Parlaments ist abgelaufen. Die Zensur macht es unmöglich, über diese Dinge öffentlich zu reden, und das paßt den Leuten mit beschränktem Geist und despotischem Charakter ..., so können sie behaupten, was sie wollen, Tatsachen verdrehen, andere Menschen verleumden und eine Pressekampagne veranstalten, auf die niemand antworten kann". Zitiert nach Pelikán, J., „Sozialistische Opposition ...", S. 121.
27 Hejzlar, Z., „Reformkommunismus...", S. 347.
28 Brahm, H., „Der Kreml...", S. 124.
29 Clemens, Walter C. Jr., „Die Tschechoslowakei unter Husák", in: „Aus Politik und Zeitgeschichte". Beilage zur Wochenzeitung „Das Parlament" 24/1970, S. 16 ff. Mit dem Ruf „Gustapo" wird der Vorname von Husák – Gustáv – mit dem Wort „Gestapo" vereint.
30 Clemens, Walter C. Jr., ibid., S. 17. Brahm, H., „Der Kreml...", S. 124.
31 Das ZK-Organ der KPČ „Rudé Právo" veröffentlichte dazu eine Dokumentation – „Neprošli. Dokumentární reportáž ze srpnových dnů 1969" (Sie kamen nicht durch. Dokumentarische Reportage aus den Augusttagen 1969), R. P. Beilage vom 13.9.1969. Siehe auch Oschliess, W., „Prags schwarzes Jubiläum. Die Tschechoslowakei vor und nach dem 21. August 1969", in: „Osteuropa" 20/1970, S. 18 ff.
32 Den Wortlaut der „gesetzlichen Verfügung" in: „Osteuropäische Rundschau" 9/1969/15, S. 29. (Siehe Anhang).
33 Ibid. Für Dubček, der im Unterschied zu Svoboda und Černík praktisch entmachtet war und sich nicht mit der Husákschen Politik identifizierte, war es eine besondere Erniedrigung, die jedoch eine logische Konsequenz seiner bedingungslosen Loyalität zur Parteiführung war.
34 „Usnesení zářijového pléna ÚV KSČ" (Beschlüsse des September-Plenums des ZK der KPČ) in: „Dokumenty zasedání ÚV KSČ...", S. 137-139.
35 Oschliess, W.: „Prags schwarzes Jubiläum...", S. 24; Clemens, Walter C. Jr.: „Tschechoslowakei unter Husák...", S. 18 ff.
36 Seine Rede siehe Anhang.
36a Vgl. Anhang.
36b Das sind Worte des bekannten tschechischen Regisseurs O. Krejčí aus einer Rede, die er im Frühjahr 1969 vor der Versammlung der tschechischen Theaterkünstler in Prag hielt. In: „Svědectví" 37/1969, S. 142.
37 Zitiert nach Pelikán, J., „Sozialistische Opposition...", S. 35. Siehe auch Ostrý, A., „Československý problém...", S. 241.
38 Die Reden von Husák auf dem September-Plenum in: „Dokumenty zasedání

ÚV KSČ...", S. 84-136, ebenso in: Husák, G., „Projevy a stati...", S. 252-320; in der DDR-Ausgabe ist nur sein Grundsatzreferat abgedruckt, nicht aber die Polemik mit Dubček u.a. Vgl. Husák, G., „Ausgewählte Reden und Aufsätze...", S. 228-272.

39 „Die Annullierung der Beschlüsse der Prager Nationalversammlung vom August 1968", in: „Osteuropa Archiv" 1970, S. 139-141.
40 Clemens, Walter C. Jr., „Die Tschechoslowakei unter Husák...", S. 19.
41 Hejzlar, Z., „Reformkommunismus...", S. 350.
42 Ostrý, A., „Československý problém...", S. 224 ff. W. Oschliess bemerkt, daß er erst auf dem Hintergrund dieser Welle der Widerrufserklärungen und Geschichtsklitterungen den Wert solcher Quellen wie das „tschechische Schwarzbuch" ermessen konnte. Oschliess, W., „Prags schwarzes Jubiläum...", S. 24.
43 Hejzlar, Z., „Reformkommunismus...", S. 349 ff.
44 So sind einige der Verfasser des 10-Punkte-Manifestes bereits Ende September verhaftet (Pachman, Tesař, Battěk) und ein Jahr im Gefängnis gehalten worden. Pachman, L., „Jetzt kann ich...", S. 179 ff. Pelikán, J., „Sozialistische Opposition...", S. 33.
45 Es handelte sich um eine linkssozialistische Gruppe junger Menschen. Dokumente über ihre politische Tätigkeit, Programm, Verhaftung und Verurteilung in: „Informační materiály" 1/1971, S. 13-29. Pelikán, J., ibid., S. 33-34. „ČSSR – Fünf Jahre...", S. 229-241. Die offizielle Meldung über die Verhaftung in: „Czechoslovak Digest" 1/1970, S. 12-15.
46 Ein Beispiel für solche Fragebögen in: „ČSSR – Fünf Jahre...", S. 201. Besonders berüchtigt ist in dieser Hinsicht der Unterrichtsminister Hrbek, der die Denunziation zur „nationalen Pflicht" gemacht hat, wie der kommunistische Schriftsteller Aragon feststellte. Aragon, L., „Spitzelkommunismus. Mit einem Fragebogen des cs-Unterrichtsministeriums". In: „Neues Forum" 191/1969/19, S. 593-595.
47 Müller, A., „Zur Lage in der Tschechoslowakei", in: „Osteuropa" 23/1973, S. 606 ff. Skála, J., „Der Normalisierungsprozeß in der ČSSR", in: „Menschenrechte. Ein Jahrbuch zu Osteuropa". Hrsg. von Pelikán, J., Wilke, M., Reinbek bei Hamburg 1977, S. 186 ff.
48 Die folgenden Angaben stützen sich auf offizielle Quellen. „Život strany" 26/1970, S. 11-14. „Dokumenty plenárního zasedání ústředního výboru komunistické strany Československa 10.-11. prosince 1970" (Dokumente der Plenartagung des ZK der KPČ 10.-11. Dezember 1970), o.O. 1971, S. 10-12. Für die Slowakei: „Zjazd komunistickej strany Slovenska, Bratislava 13.-15. maja 1971" (Der Parteitag der KP der Slowakei), S. 59-65. Eine systematische Auswertung der tschechoslowakischen Quellen zur Säuberung in: Hejzlar, Z., „Reformkommunismus...", S. 352-357; partielle Angaben in: „Listy" 6/1971; über die Säuberungen in den Gewerkschaften: „Informační materiály" 4/5/1972. „Die tschechoslowakischen Gewerkschaften 1870-1970", S. 45-46. Siehe auch Müller, A., ibid., S. 606-609. „ČSSR – Fünf Jahre...", S. 216-217; Skála, J., ibid., S. 187 ff. U.a.
49 Die Differenzierung zwischen den „ausgeschlossenen" und „gestrichenen" soll den Grad der politischen Abweichung von der Partei darstellen. Der Ausschluß bedeutet die schärfste Sanktion.
50 Borin, M., Plogen, V., „Management...", S. 36.
51 „Poučení z krizového vývoje...", ibid.
52 Ibid., S. 63.
53 „Poučení...", S. 89. Es wird zwar nicht ausdrücklich von einer „bewaffneten Konterrevolution" gesprochen, aber die Unterschiede zur Konter-

revolution in Ungarn seien nur in der Wahl der taktischen Mittel festzustellen. Bei einer Verschärfung der Krise wäre auch „physischer Terror" entfacht worden. Ibid., S. 80. In den Propagandamaterialien und Broschüren, die – wie das „Weißbuch" – meistens aus eher peinlich wirkenden, weil zusammenhanglos aufgeführten Zitaten aus westlicher Presse und von verschiedenen Politikern (z.B. F.J. Strauß, Z. Brzezinski u.a.) bestanden, wurde die These von einer „bewaffneten Konterrevolution" aufrechterhalten. Siehe z.B. „Rok 68. Necht' v mluví Fakta" (Das Jahr 1968. Laßt die Fakten sprechen), Hrsg. Dr. B. Fabiánová, Praha 1970. „Operace Československo. Fakta nelze zamlčet" (Operation Tschechoslowakei. Fakten lassen sich nicht verschweigen), Hrsg. „Rudé Právo", o.O., 1972. „Fakta nelze zamlcet. Svědectví lidí a dokumentů" (Zeugnisse von Menschen und Dokumente), 3. Bd. Hrsg. „Rudé Právo" 1971. Michalík, M., „Koncepce psychologick³ války a československý experiment". (Die Konzeption der psychologischen Kriegsführung und das tschechoslowakische Experiment), o.O. 1970.

54 „Poučení . . .", S. 77-78. Fast alle der „Zionisten" sind Juden. Als „Zentren" im Ausland werden z.B. die Sozialistische Internationale, BBC, aber auch das Osteuropa-Institut und Süd-Ost-Institut (München), H rder-Institut u.a. betrachtet. „Operace Československo . . .", S. 154.
55 „Poučení . . .", S. 85.
56 Ibid., S. 82-83.
57 Vgl. Mlynář, Z., „Zehn Jahre nach dem Aktionsprogramm der KPČ". Erscheint demnächst bei Rowohlt.
58 „Poučení . . .", S. 76.
59 Ibid., S. 77. Am 1.1.1968 war der Anteil der Arbeiter in der KPČ 30,4 %. Ostrý, A., „Československý problém . . .", S. 175; Hejzlar stellte in seiner Analyse der Mitgliedschaft der KPČ fest, daß vor 1968 (und heute wieder) auch ehemalige Arbeiter als Arbeiter geführt werden. Hejzlar, Z., „K politice KSČ . . .", in: „Systémové změny", S. 80.
60 „Poučení . . .", S. 90.
61 Ibid., S. 91. Die „Konterrevolution" ging 1968 so raffiniert vor, daß sie sogar die klare politische Sicht des führenden Protagonisten der „Normalisierung", L. Štrougal (seit 1970 Ministerpräsident), trübte. Am 25.8.1968 schrieb er als Stellvertretender Ministerpräsident in einem Brief an den Präsidenten Svoboda: „Unser Volk – in völliger und fester Einheit, die im Einklang mit der Einstellung des neuen Zentralkomitees der KPČ, das vom legalen (!) außerordentlichen Parteitag gewählt wurde . . ., lehnt die Okkupation entschieden als gesetzwidrig, verfassungswidrig, durch nichts begründet ab und verlangt den Abzug der Besatzertruppen." „Das tschechische Schwarzbuch", S. 233-236.
62 „Poučení . . .", S. 97.
63 Ibid., S. 99. Die Normalisierung der Beziehungen zwischen der ČSSR und der UdSSR spiegelt der Bündnisvertrag der beiden Länder vom 6. Mai 1970 wider. Zur Einschätzung des Vertrages siehe Frenzke, D., „Der neue Bündnisvertrag ČSSR-UdSSR", in: „Außenpolitik" 21/1970/7, S. 406-415.
64 Interview mit „Giorni-Vie Nuove", ibid., S. 6.
65 Altmann, F.L., „Die Wirtschaft der ČSSR – Zwei Jahre danach", in: „Wirtschaftsdienst" 50/1970/11, S. 657.
66 Kosta, J., Sláma, J., „Ekonomická reforma . . .", S. 121.
67 Globokar, T., „Der Ausgang der Wirtschaftsreform in der ČSSR. Eine Bilanz der wirtschaftlichen Entwicklung von 1967 bis 1970. Berichte des Bundesinstituts für ostwissenschaftliche und internationale Studien" 68/1970, S. 31.
68 Folgende Tabellen aus: Kosta, J., Sláma, J., Ibid., S. 120.

69 Die „normalisierte" Version gibt die Schuld an der inflationären Entwicklung 1968/69 den „rechtsopportunistischen Kräften" in der Wirtschaft. Siehe z.B. das Referat von L. Štrougal, „Über die Grundlagen des Wirtschaftsplanes für das Jahr 1971", in: „Dokumenty zasedání ÚV KSČ . . .", S. 36; Kosta, Sláma vertreten die These, die Inflation sei eine ausschließliche Folge der Intervention. Kosta, J., Sláma, J., „Ekonomická reforma . . .", S. 121. Meiner Ansicht nach ist der hohe Anteil der Löhne an der Inflation nicht als bloße Folge der Intervention zu werten, vielmehr hängt er mit der Stärkung der Gewerkschaften zusammen.
70 Wessely, K., „Die Wirtschaft der Tschechoslowakei im Jahre 1970", in: „Bohemia" 12/1971, S. 388.
71 Souček, M., „K pojetí programu konsolidace" (Zur Auffassung eines Konsolidierungsprogramms), in: „Plánované hospodářství" (Planwirtschaft) 11/1969, S. 2-3. Souček spricht von einer „trabenden Inflation". Ibid., S. 5.
72 Dvořák, D., „Národní hospodářství v roce 1969" (Die Volkswirtschaft im Jahre 1969), in: ibid., 1/1969, S. 1-11.
73 Globokar, T., „Der Ausgang der Wirtschaftsreform . . .", S. 34, 38.
74 Altmann, F.L., „Die Wirtschaft der ČSSR . . .", S. 658-659. Wessely, K., „Die Wirtschaft der Tschechoslowakei . . .", S. 389 ff.
75 Bondyová, J., Čáp, V., in: „Čs. ekonomika 1970" (Die tschechoslowakische Ökonomik 1970), in: „Plánované hospodářství" 4/1971, S. 8; Globokar, T., „Der Ausgang der Wirtschaftsreform . . .", S. 50.
76 Kosta, J., Sláma, J., „Ekonomická reforma . . .", S. 125. Globokar, T., Ibid., S. 48 ff.
77 Die Tabelle aus: Kosta, J., Sláma, J., ibid., S. 124. Die Angaben in Klammern geben die statistischen Werte von 1968 an. Diese wurden nachträglich korrigiert. Kosta u. Sláma halten diese „Korrektur" für eine Manipulation der Statistik, um den hohen Zuwachs des Nationaleinkommens von 1968 herabzudrücken. Ibid., S. 108.
78 So entspricht es nur z.T. der Wahrheit, wenn L. Štrougal auf der ZK-Sitzung der KPČ im Dezember 1970 stolz verkündete, daß es gelungen sei, die Inflation ohne Senkung des Lebensstandards der Bevölkerung zu beseitigen. In: „Dokumenty zasedání ÚV KSČ . . .", S. 36.
79 Wessely, K., „Die Wirtschaft der Tschechoslowakei . . .", S. 390.
80 Globokar, T., „Der Ausgang der Wirtschaftsreform . . .", S. 52 ff.
81 So stellt in der wohl mutigsten Analyse, die seit der Gleichschaltung der wissenschaftlichen Diskussion in der ČSSR geschrieben wurde, T. Ježek fest, daß bei einer Untersuchung über die Effektivität der technischen Entwicklung aus dem Jahre 1970 festgestellt wurde, daß die durchschnittliche Dauer der Veränderung von ca. 400 000 Produktentypen in den Jahren 1966 bis 1970 in der ČSSR 17,8 Jahre beträgt, während in der Welt die ökonomische Lebensdauer der gleichen Produkte nur 5 Jahre beträgt. Dabei liegt die ČSSR in der Zahl der Erfindungen pro 100 000 Einwohner an 3. Stelle in der Welt hinter der Schweiz und Belgien. Ježek kommt zu der Schlußfolgerung, daß das Desinteresse der Betriebe an Innovation am System liegt! Ježek, T., „Ekonomická zainteresovanost na inovačním procesu (Ökonomische Interessiertheit am Innovationsprozeß), in: „Plánované hospodářství" 24/1976/4, S. 327-338.

6. Die bürokratische Restauration

Der zweite XIV. Parteitag der KPČ im Mai 1971

Zwei Jahre nach dem Machtantritt Husáks fand zum 50. Gründungsjahr der KPČ vom 25. bis 29. Mai 1971 in Prag der zweite XIV. Parteitag der KPČ statt. (1) Husák konnte sein Versprechen vom April bzw. Mai 1969 nicht halten (2), und es bedurfte eines zusätzlichen Jahres, bis sich die Lage in der ČSSR soweit „normalisiert" hatte, daß ohne Risiko neue Delegiertenwahlen und der Parteitag durchgeführt werden konnten. Den Parteistatuten gemäß sollte der XIV. Parteitag 1970 stattfinden. (3) Auf dem Programm standen:
1. Bericht über die Parteitätigkeit und die Entwicklung der Gesellschaft seit dem XIII. Parteitag der KPČ sowie über die weiteren Aufgaben der Partei (referiert von G. Husák).
2. Bericht über die Hauptrichtungen der Wirtschaftspolitik der KPČ in den Jahren 1971-1975 (referiert von L. Štrougal). (4)
4. Behandlung und Verabschiedung der Parteidokumente.
5. Die Wahlen in das ZK der KPČ und die zentrale Kontroll- und Revisionskommission. (5)

In der Eröffnungsrede würdigte der letzte der „großen Vier" des Jahres 1968, Präsident Svoboda (6), die Arbeit der Partei, seit Husák zum Ersten Sekretär der KPČ gewählt wurde, bedankte sich für die „internationale Hilfe" der Sowjetunion und prägte die Parole des Parteitages — „Ewige Freundschaft mit der Sowjetunion". (7)

In seinem Grundsatzreferat stellte Husák fest, daß sich die KPČ in den vergangenen Jahren in einer der schwersten Krisen ihrer fünfzigjährigen Geschichte befunden und erst nach zwei Jahren der „anstrengenden politischen und organisatorischen Arbeit" wieder „vereint und aktionsfähig" geworden sei. Der XIV. Parteitag bedeute den „Abschluß" der Krisenetappe in der Geschichte der Partei und der Gesellschaft. (8)

Husáks Rede war eine modifizierte Wiedergabe der „Lehren aus der krisenhaften Entwicklung". Nur sehr unbestimmt wies er auf einige „Schwierigkeiten" und „Hindernisse" beim Aufbau des Sozialismus in der ČSSR hin, und trotz der erwiesenen Hauptverantwortung K. Gottwalds für die Inszenierung und Durchführung der politischen Prozesse der 50er Jahre würdigte das ehemalige Opfer dieser Prozesse dessen historische Rolle. (9) Die „Entstalinisierung" in der Tschechoslowakei wurde zum zweiten Mal gestoppt. (10) Die tiefe gesellschaftliche Krise und Deformation des politischen Lebens begann für Husák erst in den 60er Jahren unter Novotný und mündete in eine offene „Konterrevolution" im Jahre 1968. Husák bezeichnete Novotný als den Hauptverantwortlichen für die Prozesse in den 50er Jahren und für die Verzögerung der Rehabilitierungen. Er warf ihm „Subjektivismus" und „Voluntarismus" in der Führung, eine „prinzipienlose" Nationalitätenpolitik und Unterschätzung des „Klassenkampfes" in der Phase des Aufbaus des Sozialismus vor. (11) Aus diesen Ausführungen ergab sich, daß der schwerwiegendste Fehler Novotnýs die Unfähigkeit war, rechtzeitige Maßnahmen gegen die Ausbreitung der „rechtsopportunistischen Tendenzen" in der KPČ zu treffen. Seine Absetzung wurde deshalb notwendig. In diesem Sinne war das Januar-Plenum des ZK der KPČ 1968 ein „Ausdruck der Bemühungen, die entstandene Krise zu lösen." (12) Die weitere Deutung der politischen Ereignisse des Jahres 1968 deckt sich voll mit den Thesen der „Lehren". Auch Husák, und nach ihm alle Redner von Rang, bedankten sich für die Intervention und zogen die Bilanz der bisherigen Politik. Die Etappe der Parteisäuberungen sei beendet und die KPČ mit 1 200 000 Mitgliedern weiterhin eine Massenpartei geblieben. Nun ginge es darum, den Arbeitsstil zu ändern, anstelle der Kampagnen wieder Planmäßigkeit einzuführen und vor allem dafür zu sorgen, daß der Ausdruck „passiver Kommunist" aus der Parteipraxis verschwinde. (13) Auch Jakeš, der mit aller Offenheit aussprach, daß der Parteitag „unter dem unmittelbaren Einfluß des XXIV. Parteitages der KPdSU" stattfinde, konnte bestimmte Probleme, wie z.B. die Vergreisung der KPČ und den niedrigen Anteil der Arbeiter in der Partei, nicht übergehen. (14) In seinem Bericht über die innerparteiliche Lage, der nur dürftige Auskünfte gab, bezifferte er die Zahl der eingegangenen Rehabilitierungsanträge in der Partei auf insgesamt 5 354, von denen 3 120 positiv beschieden worden seien. Ein Teil der rehabilitierten Parteimitglieder habe sich jedoch in den Jahren 1968-1969 auf die Seite des „Rechtsopportunismus" gestellt und mußte wieder aus der Partei ausgeschlossen werden. Bezeichnend für die Atmosphäre der Angst war die Tatsache, daß 12 % aller Beschwerdebriefe der Parteimitglieder anonym blieben. Diese Andeutungen von Schwierigkeiten gingen in der ständigen Beteuerung der einmütigen Unterstützung der Parteilinie durch die gesamte tschechoslowakische Bevölkerung unter.

L. Brežněv, der von den Delegierten stürmisch begrüßt wurde, räumte dem XIV. Parteitag der KPČ einen besonderen Platz in der Geschichte der KPČ ein und bezeichnete ihn als „Parteitag des Sieges" und „Triumph des Sozialismus" (15) Die Tschechoslowakei habe in der „Bruderfamilie der sozialistischen Völker zum ersten Mal (!) eine wirkliche Sicherheit, wirkliche Garantie ihrer Unabhängigkeit und Unantastbarkeit ihrer Grenze (!)" erlangt. (16) Die KPČ habe eine schwere Prüfung bestanden, aus der mit „Ehre ihre besten Kräfte" siegreich hervorgingen. Deshalb genössen ihre führenden Vertreter wie Svoboda und Husák so hohe Autorität in der Tschechoslowakei und der internationalen kommunistischen Bewegung. (17) Aber diese Siegesbeteuerungen konnten nicht die tiefen Meinungsverschiedenheiten über die Intervention und Normalisierung der ČSSR verbergen, die in der internationalen kommunistischen Bewegung bestanden. So durfte der Delegierte der KP Italiens seine Grußadresse, in der er die Intervention verurteilte, nicht verlesen. (18) Die KPen Spaniens und Großbritanniens schickten keine Delegationen (19), und die französischen und jugoslawischen Delegierten beharrten auf ihrer Mißbilligung der Intervention. (20) Die Frage der Haltung gegenüber der Intervention in der ČSSR führte zu einer tiefen Krise der internationalen kommunistischen Bewegung. (21)

Der Parteitag bestätigte die politische Linie der KPČ seit April 1969 und das Dokument „Die Lehren aus der krisenhaften Entwicklung...". Als letzter Schritt auf dem Wege der Negation aller Errungenschaften der Reformphase in der KPČ wurde die Veränderung der Parteistatuten vorgenommen. Praktisch alle demokratischen Elemente der Parteistatuten des ersten XIV. Parteitages wurden abgeschafft und das Prinzip eines straffen Zentralismus wieder eingeführt. So war jeder Ansatz von Fraktionsbildung mit der Mitgliedschaft in der KPČ unvereinbar, und das Minderheitsrecht wurde abgeschafft. Der einzelne oder eine Minderheit sollte sich diszipliniert den Mehrheitsentscheidungen unterordnen, die Beschlüsse der höheren Organe waren für alle unteren Organe verbindlich. Die Bezirksausschüsse konnten eine Grundorganisation auflösen, wenn sie in Widerspruch zu den Parteibeschlüssen geraten sollte, und alle höheren Parteiorgane, die auf den Kreiskonferenzen und auf dem Parteitag gewählt wurden, hatten nun das Recht, 10 % ihrer Mitglieder zu kooptieren. (22)

Der zweite XIV. Parteitag der KPČ zog einen Schlußstrich unter die Niederlage der Reformbewegung in der ČSSR. Von den Reformen des Jahres 1968 wurde im ursprünglichen Konzept nur die Föderalisierung der ČSSR verwirklicht. (23) Die Substanz der Reformen wurde jedoch im Zuge der „Normalisierung" restlos eliminiert. Die KPČ hatte seit April 1969 eine grundsätzliche Metamorphose durchgemacht und besaß kaum noch Gemeinsamkeiten mit der KPČ von 1968. Politisch wie personell setzte sich während des „Normalisierungsprozesses" jene Strömung durch, die mit etwa 10 % die konservativen Elemente der Partei im Jahre 1968 repräsentierte. Im neuen ZK waren alte Novotný-Anhänger (Lenárt, Štrougal, Švestka, Rytíř, Lasťovička) nach wie vor stark vertreten. Štrougal war z.B. unter Novotný vier Jahre Innenminister, Bilak und Lasťovička hatten sich seinerzeit gegen die Rehabilitierung Husáks ausgesprochen. (24) Die Parteiführung hatte nur einen gemeinsamen Nenner - ihre Abhängigkeit von der Sowjetunion.

Die politische Linie der KPČ, die sich im Zuge der „Normalisierung" herausbildete und auf dem zweiten XIV. Parteitag ihre nachträgliche Legitimation herstellte, war das ausschließliche Produkt der sowjetischen Machtpolitik und stellte trotz der formell verkündeten Kritik an Novotný die Kontinuität des bürokratisch-zentralistischen Machtsystems her, wie es vor dem Januar 1968 in der ČSSR geherrscht hatte.

Die endgültige „Normalisierung" und die Repression

Mit den Säuberungen war der „Normalisierungsprozeß" längst nicht abgeschlossen. Zwar gelang es der neuen Husák-Führung, die Reformanhänger aus allen Schlüsselpositionen des gesellschaftlichen Lebens zu entfernen und durch die Neubesetzung der leergewordenen Posten mit ehrgeizigen Karrieristen und moskautreuen Apparatschiks den polizeilich-bürokratischen Machtapparat zu stabilisieren, aber bei der Bevölkerung stieß die neue Parteiführung auf Verachtung. Kein einziger bekannter Wissenschaftler oder Künstler unterstützte die „Normalisierungspolitik", und die trockene Polizeisprache unendlicher Parteierklärungen und Verordnungen ließ die tiefe Kluft zwischen den altneuen Machthabern und der Bevölkerung deutlich hervortreten.

Parallel zu den Massensäuberungen wurden die letzten Überreste der 1968 erlangten Autonomie der Jugend-, Studenten-, Journalisten-, Künstler- und Wissenschaftsverbände beseitigt. Der tschechische Kulturminister M. Brůžek erklärte im Parteiorgan *Rudé právo* vom 20.3.1970:

„Es ist unerläßlich, das System der staatlichen Lenkung der Kulturpolitik gegen alle rechtsgerichteten opportunistischen Theorien, die durch die Betonung der Selbstverwaltungstendenzen gleichzeitig in der Praxis die Rolle des Staates liquidierten und in den Bereich der Lenkung der Kultur Anarchie und Chaos hineintrugen, zu erneuern." (25)

Die Wiederherstellung der totalen bürokratischen Kontrolle verlief stets nach dem gleichen Prinzip. Zuerst wurde ein „harter Kern" von parteitreuen Organisations- und Verbandsmitgliedern gebildet, der in der Rolle eines verlängerten Armes der Partei über die finanziellen Mittel der Verbände verfügte. Die Verträge mit den unbequemen Mitgliedern wurden gekündigt, womit sie praktisch jeglicher Arbeitsmöglichkeit beraubt wurden. Dort, wo sich nicht genug Kollaborationswillige fanden, wurden ganze Verbände und Institute aufgelöst. Die neue Linie hieß: „Sozialistische Kultur ohne Künstlerverbände, aber mit schöpferischen Künstlern." (26) So wurden praktisch alle bedeutenden tschechischen Verbände aufgelöst oder auf ein Häuflein unbekannter Karrieristen und Dogmatiker reduziert. So mußten z.B. das Institut für die Geschichte der europäischen sozialistischen Staaten, das Soziologische Institut und die Militärpolitische Akademie in Prag ganz aufgelöst werden. Die wissenschaftlichen Institute wurden drastisch reduziert, und von ihren ursprünglichen wissenschaftlichen Mitarbeitern blieben nur 15 - 20 % an ihrem Arbeitsplatz. Ganze Lehrstühle, so z.B. der Lehrstuhl für Kunstgeschichte, für die internationale Arbeiterbewegung und für den wissenschaftlichen Kommunismus wurden liquidiert. Die am schwersten getroffene Wissenschaftsdisziplin war die Historiographie. Die Partei verfuhr auf diesem Gebiet nach dem Motto: ,,Wer die Gegenwart beherrscht, beherrscht auch die Vergangenheit." Drei ,,Wissenschaftler", Hofhistoriker von Beruf, von denen zwei bereits während der Naziokkupation der Tschechoslowakei zu dem Protektoratregime rege Beziehungen unterhielten (27), verfaßten einen Geheimbericht, in dem eine Reihe führender tschechoslowakischer Historiker als Ideologen des ,,Rechtsopportunismus" denunziert wurden. (28) Alle in diesem Bericht erwähnten Historiker verloren ihren Beruf und wurden - viele von ihnen auch strafrechtlich - verfolgt. Das ist nur ein Beispiel von vielen für die Praktiken der neuen Parteiführung unter Husak. Hunderte von bekannten Historikern wurden zur ,,Strafe" in die Produktion geschickt und ebenso wie anderen Wissenschaftlern wurde ihnen die Benutzung der Bibliotheken verboten. Die tschechoslowakische Geschichtsforschung wurde damit buchstäblich ruiniert. (29) Sämtliche Werke der verfolgten Historiker wurden zu *libri prohibiti* - zu verbotenen Büchern - erklärt und aus allen Bibliotheken entfernt. Bei der Bekämpfung der Geschichte sah sich die Partei gezwungen, sogar die Stadtchroniken aus den Jahren 1968/69 umschreiben zu lassen, da sie oft zu ,,subjektiv" geschrieben seien. (30) Das Kultusministerium verfügte, daß für den Geschichtsunterricht der 9.Klasse in den Jahren 1971/72 keine Geschichtsbücher verwendet werden dürften. Die Lehrer mußten nach hektographierten Unterlagen des Ministeriums unterrichten. (31) Besonders verhaßt waren der Husák-Führung das sogenannte ,,Schwarzbuch", das die Tage nach der militärischen Intervention dokumentierte, und das ,,Unterdrückte Dossier", das die Justizverbrechen der 50er Jahre enthüllte. Bereits der Besitz dieser Bücher wurde verfolgt. Am 13.12.1972 fand vor dem Prager Stadtgericht ein Prozeß gegen den Philosophen Kosík, den Journalisten Lederer und den Sohn des in den 50er Jahren im Auftrag der Partei hingerichteten ehemaligen Generalsekretär der KPČ, Slánský, statt. Neben den beiden erwähnten Büchern wurden bei einer Hausdurchsuchung noch einige Aufsätze und Bücher von A.London, V.Serge, eine Rede von R.Garaudy u.a. beschlagnahmt. Die Anklage wegen konspirativer Tätigkeit mußte zwar fallengelassen werden, der Staatsanwalt betonte jedoch, daß bei den häufigen Besuchen, die die Betreffenden erhielten, ,,die Gefahr ... der Schädigung des öffentlichen Interesses" vorliege. (32)

Die Lage in anderen Wissenschaftsbereichen unterschied sich nur geringfügig von der eben dargestellten. Auch die tschechoslowakische Akademie der Wissenschaften verlor ein hohes Maß an Autonomie. Durch eine Novelle des Akademiegesetzes aus dem Jahr 1970 wurden nun die Akademiemitglieder nicht wie früher von der Vollversammlung zum Mitglied gewählt, sondern von der Regierung ernannt. Im Juni 1970 wurden alle Direktoren der Akademieinstitute abberufen und durch neue parteitreue Direktoren, von denen ein großer Teil keine akademische Ausbildung besaß, ersetzt. Alle Akademiemitglieder wurden im Jahre 1971 gezwungen, eine Erklärung zu unterschreiben, daß sich seit 1968 kein nächster Verwandter und kein Familienmitglied illegal im Ausland aufhielte und daß in dieser Zeit weder bei ihnen selbst noch bei ihren Familienmitgliedern eine Änderung in der Parteimitgliedschaft eingetreten sei. Wer diesen Kaderanforderungen nicht genügte, wurde entlassen. Der neue Direktor des Instituts für Kernphysik, J.Procházka, erklärte unmißverständlich: „Ich würde selbst Einstein aus dem Institut feuern, wenn seine politischen Ansichten nicht ganz in Ordnung wären." Es überrascht daher kaum, daß nach einem solchen Aderlaß, der Folge der Emigration und der Entlassungen vieler führender Wissenschaftler war, die Tschechoslowakei nicht mehr in der Lage war, zu internationalen Kongressen Vertreter zu schicken, und daß die Buchproduktion des Akademieverlages unter den Stand von 1953 sank. (33) An den Universitäten wurde noch schärfer vorgegangen. Der Unterrichtsminister Hrbek forderte die Rektoren auf, schriftliche Berichte über die „rechtsopportunistischen Aktivitäten" und die „falschen Standpunkte, Ansichten, Äußerungen oder Taten" einzelner Hochschullehrer und Studenten zu verfassen. Der französische Schriftsteller L.Aragon nannte diesen Fragebogen eine Aufforderung zur „systematischen Denunziation als nationale Pflicht". Der Hochschülerverband, der sich gegen die Normalisierungspolitik zur Wehr setzte, mußte aufgelöst werden. Insgesamt wurden 21 Institute oder Universitätslehrstühle geschlossen und mehr als 6 000 Studenten vom Studium ausgeschlossen. Am 31.5.1972 erließ das Kulturministerium einen „Steckbrief gegen die Kultur" (Přečan). In der Verfügung des Ministers Brůžek hieß es, daß sämtliche Bücher mit „antistaatlichem und anstößigem politisch-ideologischen Inhalt" aus den Bibliotheksbeständen zu entfernen seien. Im Artikel I der Verfügung hieß es:

„Als Druckschriften mit einem antistaatlichen Inhalt sind solche anzusehen, die gegen Verfassung und Gesetze der ČSSR verstoßen und mit ihrem Inhalt den Marxismus-Leninismus und die Politik der sozialistischen Staaten ... angreifen."

Es handele sich um Druckschriften mit einem „trotzkistischen und weißgardistischen" Inhalt, „Emigrationsschriften" u.a.

„Es geht vor allem um alle Arten der revisionistischen und rechtsopportunistischen Literatur, Werke, die die kapitalistische Ordnung, die Vor-München-Republik und diverse politische und philosophische Richtungen verteidigen, oder um Werke, die mit unserer Außenpolitik kollidieren, weiter um sämtliche Werke der Repräsentanten des Rechts-Revisionismus und der Theoretiker der Sozialdemokratie, die Werke von T.G.Masaryk und E.Benes sowie anderer bürgerlicher Politiker..."

Aus dem gesamten Bücherfonds seien auch

„nicht-anstößige Werke jener Autoren zu entfernen, die emigriert sind oder die in den Jahren 1968/69 Vertreter rechtsorientierter Kräfte waren, und auch solche an sich einwandfreien Bücher, die mit einem anstößigen Vor- oder Nachwort erschienen sind."

Die ausrangierten Bücher mußten in besonderen Räumlichkeiten aufbewahrt werden, die nur der Direktor oder ein von ihm beauftragter Mitarbeiter betreten durften (Artikel V). In kleineren Bibliotheken mußten die ausrangierten Bücher zur Abholung verpackt und versiegelt werden. Jegliche Vervielfältigung wurde untersagt, Photokopien wurden als Original betrachtet. Der Gebrauch dieser Druckschriften wurde nur den ZK- und Regierungsmitgliedern, allen anderen nur mit einer besonderen Erlaubnis gestattet (Artikel IV). (34) Hunderte von Autoren fielen unter die oben zitierte Klassifizierung, darunter weltbekannte Autoren wie Lope de Vega, L.Aragon, A.Gide und praktisch alle wichtigen tschechischen Schriftsteller. Selbst das „Tagebuch" von E.Che Guevara wurde ausrangiert. Die KPČ ist wohl die einzige kommunistische Partei der Welt, die sogar ihr eigenes Programm auf die schwarze Liste setzte. (35) In einer Erklärung von 150 im Ausland lebenden tschechoslowakischen Persönlichkeiten werden die bisher vollständigsten Angaben über das Ausmaß dieses Genozids der tschechoslowakischen Kultur gemacht. (36) In den Jahren 1969 bis 1971 wurden 32 von 38 Kulturzeitschriften des Landes eingestellt, so daß es im tschechoslowakischen Landesteil zum erstenmal seit 1821 keine einzige literarische Zeitschrift mehr gab. Dreizehn Kulturverbände wurden aufgelöst. Von den mehreren hundert Schriftstellern des tschechischen Schriftstellerverbandes blieben nur 94 Schriftsteller und Übersetzer in dem 1972 neugegründeten Verband. Davon waren nur zehn der Öffentlichkeit bekannt. Selbst Husák riet zur Verschiebung der Gründung, weil er keinen der übriggebliebenen Autoren kannte. (37) In den Jahren 1970-1977 wurden in der ČSSR 395 tschechoslowakische Autoren und 949 in der ČSSR bis Ende des Jahres 1969 bereits publizierte Buchtitel verboten, von 142 Autoren sogar das Gesamtwerk. In der gleichen Zeitspanne wurde die Vorführung von 69 Filmen, die zwischen 1960-1969 gedreht wurden, untersagt. Seit 1970 konnten ca. 750 neue Manuskripte nicht erscheinen. Damit sind der tschechoslowakischen Bevölkerung ca. 1 700 literarische Werke und 125 Filme vorenthalten worden. Dabei wird nicht berücksichtigt, daß in den letzten 9 Jahren praktisch kein neueres bekanntes Werk der Weltliteratur ins Tschechische übersetzt wurde. 23 Regisseuren, zahlreichen Schauspielern und Sängern wurde gekündigt. (38) Einige bekannte Theater wurden infolge der „Normalisierung" geschlossen. Die Schauspieler des Kleintheaters „Waterloo" in Ostrava wurden vom Staatssicherheitsdienst wegen „Verhetzung" angezeigt, weil sie die Inszenierung des „Doppelgängers" von Dürrenmatt vorbereiteten, das den Staatshütern als eine Allegorie auf die tschechoslowakischen Verhältnisse empfunden wurde. (39) Über 500 Künstler, Wissenschaftler und Journalisten befinden sich auf einer „schwarzen Liste" und bestreiten als Hilfsarbeiter ihren Lebensunterhalt.

Im Zuge der „Normalisierung" wurde 1970 das Gesetz über die gerichtliche Rehabilitierung der rund 150 000 Bürger, die in den 50er und 60er Jahren den politischen Prozessen zum Opfer fielen, aufgehoben (40) . Obwohl G.Husák vor und kurz nach seinem Antritt in der Funktion des Ersten Vorsitzenden der KPČ gern Aussprüche wie: „Nur wer auf Bajonetten regiert, endet auch durch Bajonette", oder „Und das Gerede über politische Prozesse? Ich kenne sie nicht, die darüber soviel reden. In der Slowakei hat man einst gesagt: Wer Politik machen will, muß eine Zeitlang im Knast sitzen. Ich würde es keinem wünschen, " zum besten gab (41), wurde im Jahre 1972 eine Welle politischer Prozesse in Gang gesetzt. In Prag, Brünn und Bratislava wurden 47 Bürger wegen „politischer Delikte" zu insgesamt 118 Jahren Gefängnis verurteilt (42), darunter einige ZK-Mitglieder. Die Höchststrafe betrug 6 1/2 Jahre. Viele der Angeklagten wurden wegen der Teilnahme an einer Flugblattaktion verurteilt, die anläßlich der Pseudowahlen stattfand, bei denen laut offiziellen Angaben 99,83 % der tschechoslowakischen Bürger für die vorgeschlagenen Kandidaten der Föderalversammlung stimmten. In den Flugblättern wurde zum Wahlboykott aufgerufen. Was alles in der Tschechoslowakei als „politisches Delikt" gewertet wurde, zeigt der Fall des Z.Šumavský. Wie die *Pravda* aus Pilsen berichtete, wurde er zu 16 Monaten Freiheitsstrafe verurteilt, weil er einige Mitbürger aufforderte, A.Dubček gemeinsam zu seinem fünfzigsten Geburtstag zu gratulieren. (43).

Zwischen August 1969 und Januar 1978 wurden in der ČSSR rund 6 000 Bürger aus politischen Gründen verhaftet und in ihrer Mehrheit auch verurteilt. Im Durchschnitt wurden die Angeklagten bei politischen Prozessen zu 3 Jahren und 8 Monaten verurteilt. Rund 4 700 der Verhafteten wurden ausschließlich wegen ihrer aktiven Teilnahme an dem Erneuerungsprozeß im Jahre 1968 verurteilt. (44) Die Bedingungen in den Gefängnissen sind für politische Häftlinge besonders hart. Mit Isolationshaft, schlechten hygienischen Bedingungen, durch Schikanen, Behinderung der Briefkontakte, monotone Arbeit und übermäßig hohe Arbeitsnormen, durch Unterernährung, schlechte ärztliche Versorgung u.v.m. wird versucht, die Häftlinge physisch und psychisch zu zerbrechen. Nach der Entlassung müssen sie dem Staat ihre Unterhaltskosten zurückzahlen, die sie aufgrund der niedrigen Löhne in den Gefängnissen nicht aufbringen können. So mußten z.B. die im sogenannten „Trotzkistenprozeß" verurteilten Mitglieder der Gruppe um P.Uhl dem Staat nach ihrer Entlassung 12 000 bis 15 000 Kronen bezahlen! (45) Die am meisten verbreitete Art der Verfolgung politisch unbequemer Menschen ist die außergerichtliche und die der Diskriminierung. Die ca. 280 000 Bürger, die in den Jahren 1970-1973 aus politischen Gründen entlassen wurden, zumeist aus Bereichen geistiger Tätigkeit, müssen häufig ihren Lebensunterhalt als Hilfsarbeiter zu niedrigsten Löhnen verdienen. Einigen von ihnen wird jegliche Arbeitsmöglichkeit verweigert (es sind Fälle bekannt, wo der Betroffene sich 45 mal vergeblich um eine unqualifizierte Arbeit bemüht hatte) (46), so daß sie vom Verkauf ihrer Privatbibliothek oder von finanzieller Unterstützung der Freunde leben müssen. Die Diskriminierung erstreckt sich auf alle Familienmitglieder. Am härtesten sind die Kinder der Verfolgten betroffen, die selbst bei überdurchschnittlich guten Leistungen nicht das Gymnasium und die Hochschule besuchen dürfen. Diejenigen Verfolgten, die sich weiterhin politisch äußern, werden ständigen Repressalien ausgesetzt, die von nächtlichen Hausdurchsuchungen, willkürlichen Verhaftungen, Beschimpfungen in der Presse, Mißhandlungen bis hin zum erneuten Freiheitsentzug reichen. Vielen Wissenschaftlern wurden Manuskripte und Teile der Privatbibliothek beschlagnahmt. (47) Der Rachezug gegen die politischen Gegner machte selbst bei den antifaschistischen Widerstandskämpfern nicht halt. Wer sich dem neuen politischen Kurs widersetzte, dem wurde die Kriegsrente gekürzt. (48) Die Husák-Führung sah sich gezwungen, selbst Tote zu verfolgen. So mußte z.B. das Grab des Studenten J. Palach, das zu einer Pilgerstätte wurde, aus Prag in die Provinz verlegt werden. Nach dem Tode von J. Smrkovský verschwand seine Urne auf mysteriöse Weise. Sie wurde von Staatssicherheitsbeamten in einem Schnellzug gefunden. Die Täter konnten nicht ermittelt werden, aber trotzdem wurde eine Reihe politischer Oppositioneller verhaftet, darunter auch einige Freunde des Verstorbenen (49). Die politisch Verfolgten leben in einem rechtlosen Zustand, sie sind ein Freiwild für die Polizei, die modernen Parias der Gesellschaft. In seinem Brief an G. Husák schrieb das ehemalige ZK-Mitglied M. Hübl:

„Die Existenz bestimmter Menschen wird zunichte gemacht, sie werden moralisch zermürbt. Ihr duldet einen Zustand, der im Widerspruch zu der geltenden Verfassung einem Teil der Bürger ihre Rechte willkürlich raubt, einschließlich des Rechtes auf Arbeit und der Verteidigung der eigenen Ehre. Wir sind die Parias dieser Gesellschaft, gegen die alles erlaubt ist. Ich übertreibe nicht – wörtlich alles." (50)

Die 1968/69 zum politischen Leben erwachten tschechoslowakischen Arbeiter wurden wieder für unmündig erklärt. So höhnte der neue Gewerkschaftsvorsitzende K.Hoffman:

„Die rechtsopportunistischen Kräfte predigten die Selbstverwaltung und das Absterben des Staates, was im besten Fall nur ein sehr fernes Ziel sein kann. Im Augenblick würde die Selbstverwaltung und die große Verantwortung, die sie mit sich bringt, den Arbeitern zu viel Zeit und zu viel intellektuelle Energie nehmen. Sie würde sie damit der Freizeit berauben, die sie brauchen. Wir werden uns opfern, um diese undankbaren Aufgaben an ihrer Stelle zu übernehmen." (51)

Die politisch atomisierte Arbeiterklasse reagierte auf ihre Weise. Die Arbeitsmoral verschlechterte sich rapide, Produktionsausfall wegen Krankheit und Diebstähle nahmen erheblich zu. Parolen wie ,,Wer nicht klaut, beklaut seine eigene Familie", oder ,,Wenn ich nicht am Arbeitsplatz bin, so bin ich auf dem Weg zum Sozialismus" sind in der ČSSR sehr verbreitet. Die Ausnutzung der Arbeitskräftekapazität in den wichtigsten Industriezweigen bewegte sich in den Jahren 1969-1970 zwischen 45 bis 80 %. Der tschechoslowakische Rundfunk berichtete am 18.2.1972, daß in den ersten 6 Monaten des Jahres 1971 der Tagesproduktionsausfall wegen Krankheit 4,7 % betrug. Die Zahl der Arbeitsunfälle stieg im Jahre 1971 auf 400 000 (*Práce* v. 10.3.1972). Die slowakische Zeitung *Pravda* berichtete am 20.8.1973, daß in den Příbramer Uran-Bergwerken im Jahre 1972 30 000 Schichten versäumt wurden, und im ersten Halbjahr 1973 gab es bereits 12 279 unentschuldigte Schichten. Da keine Maßnahmen zur ,,Festigung der Arbeitsdisziplin" halfen, wurden die ,,Fluktuanten" und ,,Drückeberger" vor ein Gericht gestellt. Die von der neuen Parteiführung betriebene vollständige Zerrüttung aller moralischen Werte konnte nicht ohne Auswirkung auf weite Teile der Bevölkerung bleiben. Hatten 1968 die tschechoslowakischen Bürger freiwillige Geld- und Goldsammlungen für die Stützung der tschechoslowakischen Währung organisiert, so änderte sich infolge der ,,Normalisierung" ihr Verhältnis zur Gesellschaft grundlegend. Die Abgeordnete Procházková berichtete, daß im Jahre 1972 in Westböhmen die Zahl der Überfälle um 10 %, die Fälle von Ausplünderung des sozialistischen Eigentums um 16 %, die Zahl der Sittlichkeitsdelikte um 38 % und die der Diebstähle sogar um 77 % gestiegen sind (52). In einem Artikel des Jugend-Organs *Směna* vom 17.8.1973 beschwert sich der Ing. M.Pikala:

„Das Familienleben verfällt, ein bedeutender Teil der Jugend gerät auf Abwege, das Gefühl für Geschmack geht verloren, es wächst die Kriminalität, es verbreiten sich Drogensucht und Alkoholismus, aus dem Bewußtsein vieler Leute verschwinden geradezu viele entscheidende Begriffe und sittliche Barrieren wie Scham, Ehrenhaftigkeit, Standhaftigkeit, Charakterstärke und menschliche Würde."

In *Rudé právo* vom 15.1.1973 schreibt M.Bielek:

„Und am allertraurigsten ist es, daß wir solche Erscheinungen auch bei unseren Parteimitgliedern beobachten können. Sie sind eigentlich Menschen mit einem Janusgesicht: im Betrieb gebärden sie sich als bewußte Menschen, sind sie aus dem Betrieb draußen, dann wird aus ihnen ein Privatier. Sie verwandeln sich in Leute, deren Wohnung eine Art Burg ist, und die sich für nichts anderes interessieren als für ihre eigene Bequemlichkeit."

Das sind deutliche Zeugnisse des politischen Bankrotts der Husák-Führung. Die Menschen in der Tschechoslowakei leben in einer staatlich verordneten Schizophrenie. Auf die von der Partei eingerichtete Pseudowelt, die sich von einem Jubiläum zum nächsten, von einem ZK-Beschluß zum anderen bewegt, reagieren sie mit der Flucht ins Private. Die Phantasie und Kreativität der überwältigenden Mehrheit der tschechoslowakischen Bürger wird bei der Beschaffung der raren Konsumgüter verausgabt. Die obligatorischen Monate der „verschärften tschechoslowakisch-sowjetischen Freundschaft" (so der Volksmund) verstärken nur die gesamtnationale Erniedrigung und schüren den Antisowjetismus, der heute in der ČSSR sehr verbreitet ist. Die alltägliche Erfahrung der Ohnmacht gegenüber der bürokratischen Obrigkeit führt zur Resignation, Apathie und Entpolitisierung (53).

An Stelle des „Sozialismus mit menschlichem Antlitz" setzte die Husák-Führung den „Sozialismus mit der Gänsehaut", der zu den düstersten Etappen der tschechoslowakischen Geschichte gehört.

Anmerkungen:
1 „XIV. sjezd Komunistické strany Československa. Praha 25. května – 29. května 1971" (Der XIV. Parteitag der Kommunistischen Partei der Tschechoslowakei. Prag 25. Mai bis 29. Mai 1971), im folgenden „XIV. sjezd KSČ". Die wichtigsten Beschlüsse auch in: „Život strany" 11-12/1971.
2 Er versprach damals, daß der XIV. Parteitag in der ersten Hälfte des Jahres 1970 würde stattfinden können. Vgl. das Kapitel 5 dieser Arbeit, den Abschnitt „Der neue Normalisierungskurs unter Husák und die Säuberungen".
3 Diese statutwidrige Verzögerung wurde auf dem XIV. Parteitag stillschweigend übergangen.
4 Dieser Punkt wird in der Arbeit nicht erläutert, weil eine sinnvolle Auseinandersetzung mit diesem Problembereich den Rahmen dieser Arbeit sprengen würde.

5 „XIV. sjezd KSČ", S. 16-17.
6 Paradoxerweise genoß Svoboda laut allen Umfragen von 1968 das höchste Ansehen der vier meistbeliebten Politiker. O. Černík, der wie Svoboda aktiv den Normalisierungskurs Husáks unterstützte, wurde trotzdem im Januar 1971 aus der KPČ ausgeschlossen.
7 „XIV. sjezd KSČ", S. 9-10.
8 Seine Rede in: „XIV. sjezd KSČ", S. 20-79, ebenso Husák, G., „Vybrané projevy květen 1970 – prosinec 1971" (Ausgewählte Reden. Mai 1970 – Dezember 1971), Praha 1972, S. 272-365.
9 K. Gottwald war seit 1929 Generalsekretär der KPČ und in den Jahren 1948 bis 1953 Staatspräsident. Er war maßgeblich an der restlosen Übernahme der politischen Linie der KPdSU in der KPČ und später des sowjetischen Sozialismusmodells in der ČSSR beteiligt.
10 Den ersten Versuch der kritischen Reflexion und Bewältigung der Deformationen, die infolge der Übernahme der Stalinschen Dogmen und des sowjetischen Sozialismusmodells in der ČSSR zustande kamen, stoppte A. Novotný nach dem XX. Parteitag der KPdSU. Dazu siehe: Pelikán, J., „Das Echo des XX. Parteitages der KPdSU in der Tschechoslowakei", in: „Entstalinisierung. Der XX. Parteitag der KPdSU und seine Folgen", Frankfurt a.M. 1977, S. 165 ff.
11 „XIV. sjezd KSČ", S. 26 ff.
12 Ibid., S. 28.
13 Ibid., S. 67-71.
14 Ibid., S. 82-83.
15 Ibid., S. 164.
16 Ibid., S. 166.
17 Ibid., S. 167.
18 Der Wortlaut der Grußadresse in: „Informační materiály" 2/1971, S. 13-14.
19 Der spanische KP-Führer S. Carrillo hatte nach der Intervention in einem Gespräch mit R. Debray gesagt, daß er gegen den Einmarsch der Armeen mobilisieren würde, und die spanische KP lehnte auch die „Normalisierung" in der ČSSR ab. Siehe Carrillo, S., Debray, R., Gallo, M., „Spanien nach Franco", Westberlin 1975, S. 123-124. Die KP Großbritanniens bezeichnete die „Lehren" als ein Dokument der Rückkehr der KPČ zu den Methoden der Hexenjagden auf Kommunisten mit abweichenden Ansichten. Vgl. Grünwald, L., „Vom XIV. zum XIV. Parteitag der KPČ", in: „Osteuropa" 1971, S. 871.
20 „XIV. sjezd KSČ", S. 262-265.
21 Zu den Auswirkungen der militärischen Besetzung der ČSSR auf die westeuropäischen KPs siehe Garaudy, R., „Die ganze Wahrheit oder für einen Kommunismus ohne Dogma", Reinbek bei Hamburg 1970.
22 Die Statuten der KPČ in: „XIV. sjezd KSČ", S. 628-641. Ein Vergleich der Statuten beider XIV. Parteitage der KPČ in: „ČSSR – Fünf Jahre . . .", S. 210-212.
23 Der Philosoph I. Sviták nennt deswegen G. Husák – „Föderalissimus Husák" Sviták, I., „Dialektika moci . . .", S. 26. Vgl.: „Was bleibt vom Prager Frühling? Demokratischer Kommunismus in Osteuropa". Haus Rissen. Institut für Politik und Wirtschaft. Hrsg. Fischer, A., Hamburg 1969, S. 45 ff.
24 Siehe den offenen Brief des Historikers K. Kaplan an V. Bilak, in: „Listy" 1/1976, S. 40. Zur Einschätzuung des neuen ZK siehe: D. Möller, „Prag nach dem XIV. Parteitag der KPČ", in: „Außenpolitik" 8/1971/22, S. 490-491.
25 Zitiert nach A. Ostrý, „Československý problém . . .", S. 266.
26 „Rudé právo", 8.11.1969, zitiert nach A. Ostrý, ibid., S. 271.

27 Der eine, C. Amort, widmete dem Heydrich-Nachfolger in Prag, Dalnege, ein Gedicht – „Der Blumenstrauß" – der zweite unterhielt Kontakte zu den slowakischen Faschisten und denunzierte zu Novotný-Zeiten kritische Historiker beim ZK der KPČ. Ihre Biographien siehe: „Listy" 1/1972, S.11.
28 Siehe „Listy" 4,5/1971, S. 56 ff.
29 Zu den Verfolgungen der tschechoslowakischen Historiker siehe: „Acta persekutionis" und den Brief von V. Precan in: „Info des Sozialistischen Osteuropakomitees" (SOEK), 13/1975, ebenso die Erklärung der tschechoslowakischen Historiker in: „Listy" 2/1973, S. 12 ff.
30 So berichtete die Regionalzeitung „Jihočeská pravda" vom 16.7.1971, vgl. „Listy" 6/1971, S. 37.
31 „Učitelské noviny" vom 9.9.1971, in: „Listy" 6/1971.
32 In seinem Schlußwort sagte Kosík, die Geschichte habe bewiesen, daß immer dann, wenn Bücher in Gefahr seien, auch Menschenleben gefährdet sind. In: „Listy" 1/1973, S. 4-5.
33 F. Janouch, „Glanz und Elend der tschechoslowakischen Wissenschaft", in: „Menschenrechte". Hrsg. J. Pelikán, M. Wilke; Reinbek bei Hamburg, 1977, S. 202 ff.
34 „Listy" 3/1973, S. 13-15.
35 Eine unvollständige Liste der verbotenen Bücher in: „ČSSR– Fünf Jahre Normalisierung...", S. 298 ff.
36 „Frankfurter Rundschau", 27.6.1978, S. 10.
37 „Listy" 1/1972, S. 9.
38 Einen Bericht über die berufliche Diskriminierung der Sänger und Musiker gibt das Charta-Dokument Nr. 13 vom 20.11.1977.
39 „Listy" 6/1971, S. 14.
40 Vgl. „Die Erklärung", „Frankfurter Rundschau", 27.6.1978.
41 Das erste Zitat vgl. seine ZK-Rede vom 31.8.1968 im Anhang. Das zweite Zitat ist aus der ZK-Rede vom April 1969. Diese u.a. Stellen wurden aus der DDR-Ausgabe der Husák-Rede entfernt. Vgl. „ČSSR – Fünf Jahre...", S. 204 ff.
42 Die Listen der Verurteilten siehe „ČSSR – Fünf Jahre...", S. 278 ff.
43 „Listy" 2/1972, S. 4.
44 „Die Erklärung...".
45 Zur Lage der politischen Gefangenen siehe den „Beschwerdebrief" des Gefangenen J. Müller in: „Info des SOEK" 5/6, 1974 und den „Brief der Familienangehörigen politischer Häftlinge an Präsident Husák", in: „Listy-Blätter" 8/IV/1976.
46 Vgl. „Die Erklärung...".
47 Siehe z.B. den Brief von K. Kosík an J.P. Sartre. Dem Prager Philosophen wurden zwei tausendseitige Manuskripte beschlagnahmt. „Info des SOEK" 11-12/1975.
48 Siehe „ČSSR – Fünf Jahre...", S. 292.
49 Ein Bericht über die Vorkommnisse in „Listy" 3/1974, S. 9.
50 In: „ČSSR – Fünf Jahre...", S. 265 ff.
51 In: „ČSSR – Fünf Jahre...", S. 66.
52 „Rolnické noviny", 28.4.1973.
53 Eine ausdrucksvolle Beschreibung dieser Lage siehe: V. Havel, „Brief an G. Husák", in: „Charta 77. Bürgerinitiative für die Menschenrechte". Hrsg. H.P. Riese, Köln-Frankfurt a.M. 1977 und M. Šimečka „Anpassung" in: „L 76" 8/1978.

7. Die Entwicklung der tschechoslowakischen Opposition bis zur „Charta 77"

Anders als J.Kádár nach der niedergeschlagenen ungarischen Revolution von 1956, verfuhr die Husák-Führung, in der die schlimmsten Stalinisten (Bilak, Indra, Kolder u.a.) die Oberhand gewannen, nach der Maxime: „Wer nicht für uns ist, ist gegen uns." Eine passive Loyalität und stillschweigendes Respektieren der neuen Politik reichte den Parteibürokraten nicht. Die neue Parteiführung verlangte öffentliche Selbstkritik, Selbstbezichtigung und Reue. Unfähig, die grundlegenden politischen und wirtschaftlichen Probleme der Gesellschaft auch nur ansatzweise zu lösen, sah sie im Verbleib der sowjetischen Panzer und im Ausbau der Polizei und des Staatssicherheitsdienstes, dessen Arbeitsmethoden allzu deutlich die finstere Kontinuität zum Stalinismus dokumentieren, die wichtigsten Garantien des „Sozialismus" in der Tschechoslowakei. Mit der Verbannung aller kritischen Elemente aus der Partei, mit den Säuberungen und Verfolgungen schuf die Husák-Führung gleichzeitig die Basis für die zahlenmäßig stärkste Opposition im ganzen Ostblock.

Sozialistische Bewegung tschechoslowakischer Bürger

Nach dem lautlosen Verschwinden der Dubček-Führung von der politischen Oberfläche und dem raschen Sieg der Alt- und Neostalinisten in der KPČ, breitete sich im ganzen Land Ratlosigkeit, Demoralisierung und das Gefühl der Ohnmacht aus. Die Niederlage ohne Kampf hinterließ im ganzen tschechoslowakischen Volk tiefe Spuren. In den Reihen der Reformkommunisten setzte nach der Niederlage zwangsweise ein Differenzierungsprozeß ein. Ein Teil der Reformkommunisten versuchte - meist vergeblich -, sich mit den Dogmatikern zu arrangieren (so z.B. der Ministerpräsident von 1968 O.Černík, der einen Löwenanteil an der Durchsetzung der „Normalisierung" hatte), die Mehrheit wurde jedoch von den Säuberungen erfaßt. Der radikalste Teil der „Partei der Ausgeschlossenen" versuchte einen aktiven Widerstand gegen die Politik der KPČ zu organisieren. Am 28.Oktober 1970, dem Jahrestag der Gründung der tschechoslowakischen Republik, trat er mit einem Manifest an die tschechoslowakischen Bürger als „Sozialistische Bewegung tschechoslowakischer Bürger" auf. In ihrer Erklärung sagten die oppositionellen Reformkommunisten der „Normalisierungspolitik" den

„politischen Kampf" an. Die Grundlage ihres politischen Selbstverständnisses blieb das Aktionsprogramm der KPČ von 1968. Gestärkt durch die polnischen Ereignisse im Jahre 1970, verfaßte eine Gruppe der oppositionellen Reformkommunisten das sogenannte „Kleine Aktionsprogramm", das als eine Diskussionsplattform der sozialistischen Opposition verstanden wurde (1). Das Programm stellt zugleich eine fundierte Analyse des gesellschaftlichen Kräfteverhältnisses jener Zeit dar und enthält eine Reihe grundlegender Gedanken zur oppositionellen Arbeit in den Ostblockstaaten. Das Programm geht davon aus, daß die KPČ durch die Säuberungen in zwei „antagonistische Parteien" gespalten wurde. Der Zerfall der Januar-Bewegung führte zur Spaltung der „zentristischen Richtung" in der KPČ. Während die „etablierten" Kräfte zu der „konservativen Ordnung" übergingen, wandten sich die radikalen emanzipatorischen Kräfte mehr der „sozialen Grundlage der demokratischen Erneuerung des Sozialismus" zu. Sie befinden sich in einer „radikalen Gegnerschaft" zur Politik der KPČ und bilden eine „Linksopposition". Die wichtigste Aufgabe sei die Formierung einer neuen „politischen Avantgarde", die jedoch keineswegs eine Art leninistischer Verschwörerpartei sein solle. Vielmehr sei die vordringlichste Aufgabe, die Integration aller oppositionellen Kräfte - mit Ausnahme der antisozialistischen - zu verwirklichen. Dabei wird besonders auf die Notwendigkeit der Zusammenarbeit mit den Sozialdemokraten, Christen und den Vertretern der revolutionären Linken, deren führende Mitglieder bereits im Gefängnis waren, hingewiesen. Die „Bewegung" wird nicht als eine monolithische Partei verstanden, sondern als ein „Bündnis verschiedener Avantgardekräfte". Auf dem Hintergrund der polnischen Ereignisse wird die Permanenz der Krise des bürokratischen Regimes, die Bedeutung des Arbeiterkampfes und des internationalen Bündnisses hervorgehoben. Dazu heißt es im Programm:

„Die entscheidende Frage in diesem Komplex ist jedoch die nach der ‚Haupttriebkraft' revolutionärer Veränderungen. Im Einklang mit der *rationalen* (undogmatischen) Tradition des revolutionären Sozialismus sehen wir sie in der Masse der Industrieproduzenten, die in den städtischen Großbetrieben konzentriert ist, vor allem in den Arbeitermassen". (2)

Das Ziel sei, in den meisten Großbetrieben Fuß zu fassen; eine Kommunikationsstruktur in der ganzen Republik zu schaffen; mit Hilfe der emigrierten tschechoslowakischen Sozialisten die kontinuierliche Herausgabe oppositioneller Publikationen zu gewährleisten und die Unterstützung der westeuropäischen Linken, insbesondere der KPen zu gewinnen. In einem Prozeß von „revolutionären Reformen" sollte die bürokratische Herrschaft überwunden werden. In der Praxis versuchte die „sozialistische Bewegung" sich in den Betrieben unter der Ausnutzung legaler Möglichkeiten für die Verteidigung der Rechte der Arbeiter einzusetzen (Abwehr von Angriffen auf die Löhne, Kritik der Arbeitsbedingungen, Kampf für Gewerkschaftsdemokratie, konsequente Durchsetzung der geheimen Wahlen bei Aufstellung der Arbeitervertreter u.a.). Ihre größte Aktion führte die „sozialistische Bewegung" Ende des Jahres 1971 anläßlich der Wahlen durch. In verschiedenen Städten der Tschechoslowakei wurden rund 100 000 Flugblätter mit einem Aufruf zum Wahlboykott verteilt. Die Aktion blieb nicht ohne Wirkung. In einigen Großstädten enthielten sich 10 % der Bürger der Stimme, und es gab 10-25 % Neinstimmen für G.Husák, was natürlich die offizielle Propaganda nicht daran hinderte, ihm 100 % Ja-Stimmen zu bescheinigen. Auf diese Aktion folgte eine Welle von Verhaftungen, bei denen eine Reihe der aktivsten Mitglieder der Bewegung und etwa hundert weitere Oppositionelle festgenommen und später verurteilt wurden (3). Aufgrund der zahlenmäßigen Stärke der Opposition konnten ihre Strukturen nicht eliminiert werden, aber ihr radikaler Teil wurde von der Repression erheblich geschwächt. Die Bewegung blieb bestehen, es wurden weiterhin verschiedene Aufrufe verfaßt, Publikationen verbreitet, neue In- und Auslandskontakte hergestellt, aber es gab keine vergleichbar große Aktion wie 1971. Die verstärkte Repression und die Resignationsstimmung in der Bevölkerung stellten das bisherige Vorgehen in Frage.

Ein bedeutender Teil der Reformkommunisten versuchte nun der neuen Führung einen „konstruktiven Dialog" vorzuschlagen. Mit Hilfe der westlichen KPen versuchten einige führende Vertreter der reformkommunistischen Opposition der sowjetischen Führung klarzumachen, daß der Ausnahmezustand in der Tschechoslowakei aufhören müsse, da sich sonst die gesamtgesellschaftliche Krise noch weiter verschärfe und die Gefahr explosionsartiger Ausbrüche bestände. Einige von ihnen, wie z.B. J. Šabata und J. Smrkovský, machten sich keine große Illusionen über die sowjetische Führung und ihre Interessen, sowie über die Zweischneidigkeit eines solchen Dialoges, handelten aber nach der Maxime: nichts unversucht lassen, was den Ausnahmezustand beenden könnte (4). Andere, wie A. Dubček, glaubten und glauben es bis heute, daß die Intervention ein „tragisches Mißverständnis" gewesen sei und daß die „Verbündeten" einsehen werden, daß eine wirkliche „Normalisierung" mit der Husák-Führung nicht zu erreichen ist (5). Obwohl es Kontakte von der sowjetischen Seite zu J. Smrkovský gab, blieben diese Appelle verständlicherweise ungehört (6).

Auch die Vertreter der westeuropäischen KPen unterstützten die reformkommunistische Opposition in jener Zeit nur halbherzig. Der Erste Sekretär der KP Großbritanniens, J. Gollan, lehnte es ab, eine Vermittlerrolle zu spielen und G. Marchais erklärte zu Dubčeks Brief an die Föderalversammlung:

„Alexander Dubček ist nicht der richtige Mann, um Ratschläge zu erteilen. Er war Generalsekretär seiner Partei vor (!) und nach 1968. Ich frage mich also, warum er die schönen Grundsätze, von denen er redet, nicht praktiziert hat. Ich habe für Ratgeber nichts übrig." (7)

Ein großer Teil der reformkommunistischen Opposition glaubte bis zur Berliner Konferenz der internationalen Kommunistischen Parteien im Jahre 1976, daß die tschechoslowakische Frage mit Hilfe der westlichen KPen neu aufgerollt wird. Als diese Illusion nicht in Erfüllung ging, kam es infolge der Ernüchterung zu neuen Differenzierungsprozessen innerhalb der reformkommunistischen Opposition (8).

In der Mitte der 70er Jahre geriet die tschechoslowakische Opposition in eine Krise. Die Opposition war nach wie vor präsent, machte Enthüllungen über die politische Repression, wandte sich mit offenen Briefen und Erklärungen an die internationale Öffentlichkeit, solidarisierte sich mit oppositionellen Bewegungen in anderen Ostblockstaaten u.a. . Aber es war nicht zu übersehen, daß die jahrelange Verfolgung und das aufgezwungene Ghettodasein der Opposition zu einem erheblichen Verschleiß der Kräfte und zur Schwächung der aktiven Opposition führten.

Die „Charta 77"

Einen neuen Auftrieb erhielt die oppositionelle Bewegung durch die Beschlüsse der Sicherheitskonferenz von Helsinki im Jahre 1975. Feierlich, wie es bei solchen Anlässen üblich ist, unterschrieben die „hohen Vertreter" von 35 Staaten aus Ost und West eine Schlußakte, in der „die universelle Bedeutung der Menschenrechte und Grundfreiheiten" anerkannt und ihre Einhaltung durch die Unterzeichner garantiert wird. Wie die fortgesetzte Mißachtung der Menschenrechte in Ost und West zeigt, handelte es sich vor allem um einen feierlichen Akt. Die führenden Vertreter der osteuropäischen Bürokratien glaubten, wieder einmal eine Unterschrift ohne Folgen geleistet zu haben. Für die Opposition wurde aber eine neue Grundlage für ihren Kampf geschaffen, die mit den Beschlüssen des XX. und XXII. Parteitages der KPdSU vergleichbar ist. Die Bedeutung der Helsinki-Beschlüsse liegt vor allem darin, daß die Opposition *legal* Forderungen nach Informations-, Meinungs-, Presse- und Versammlungsfreiheit stellen kann, die unter den Bedingungen der bürokratischen Diktatur — wie die Erfahrungen des „Prager Frühlings" bewiesen — eine revolutionäre Sprengkraft besitzen.

Laut Parteizeitung *Rudé právo* vom 26.1.1977 wurde zu Beginn des Jahres 1977 „in den dunklen Löchern der politischen Unterwelt" unter der „Anleitung des Auslandes" ein „neuer Verrat" vorbereitet. Mit einem „konterrevolutionären Manifest ... bespuckte eine Handvoll Abtrünniger, Antikommunisten und Revisionisten alles, was unserem Volk heilig ist". Es sei ein „kaltblütiger und zynischer Akt" gewesen, der Unruhe stiften sollte. Die gleichen Leute, die sich bereits 1968 um einen konterrevolutionären Umsturz bemühten, versuchten nun unter dem Mantel der Verteidigung der Menschenrechte „die Arbeiterklasse und den Sozialismus zu beschmutzen". Gemeinsam mit den „Dissidenten aus Polen, Ungarn und der UdSSR" möchten diese „Ausgeflippten" und „Exhibitionisten" die Entspannungsergebnisse von Helsinki zunichte machen und erreichen, daß bei der Konferenz in Belgrad die „UdSSR auf der Anklagebank sitzt".

Am 1.1.1977 traten tschechoslowakische Bürger aus verschiedenen Städten und verschiedenen Berufen mit einem Grundsatzdokument — der „Charta 77" — an die tschechoslowakische und internationale Öffentlichkeit. Im Dokument Nr.1 enthüllen die Signatare die Mißachtung der Menschenrechte in der Tschechoslowakei und stellen die Konzeption der Charta-Bewegung dar:

„Charta 77 ist eine freie, informelle und offene Gemeinschaft von Menschen verschiedener Überzeugungen, verschiedener Religionen und verschiedener Berufe, verbunden durch den Willen, sich einzeln und gemeinsam für die Respektierung von Bürger- und Menschenrechten in unserem Land und in der Welt einzusetzen. (. . .) Charta 77 ist keine Organisation, hat keine Statuten, keine ständigen Organe und keine organisatorisch bedingte Mitgliedschaft. Ihr gehört jeder an, der ihrer Idee zustimmt, an ihrer Arbeit teilnimmt und sie unterstützt. Charta 77 ist keine Basis für oppositionelle politische Tätigkeit. Sie will dem Gemeininteresse dienen wie viele Bürgerinitiativen in verschiedenen Ländern des Westens und des Ostens. Sie will also nicht eigene Programme politischer oder gesellschaftlicher Reformen oder Veränderungen aufstellen, sondern in ihrem Wirkungsbereich einen konstruktiven Dialog mit der politischen und staatlichen Macht führen, insbesondere dadurch, daß sie auf verschiedene konkrete Fälle von Verletzung der Menschen- und Bürgerrechte hinweist, deren Dokumentation verbreitet, Lösungen vorschlägt (. . .) und als Vermittler in anfallenden Konfliktsituationen" wirkt. (9)

Diese scheinbar harmlose, auf eine „unpolitische" Minimalplattform reduzierte Initiative, verleitete einige Marxisten und Sozialisten zu der Annahme, daß es sich gegenüber der ursprünglichen, eindeutig sozialistischen Oppositionsplattform um einen politischen Rückschritt der tschechoslowakischen u.a. Opposition handelt. So schreibt z.B. Rudolf Bahro:

„Es kennzeichnet den rapiden ideologischen Verfallsprozeß in den osteuropäischen Ländern seit der militärischen Polizeiaktion vom August 1968, daß sich das Gros der oppositionellen Elemente erst einmal auf rein liberaldemokratische Forderungen, auf eine Menschenrechtskampagne, zurückgeworfen sieht, auf eine Position also, die zugleich die breiteste und die platteste, konstruktiv gehaltloseste ist." (10)

Wie richtig einerseits die Feststellung ist, daß eine solche Minimalplattform eine klare politische Perspektive nicht ersetzen kann und daß die „Einheit in der Vielfalt" politischer Strömungen in einer Krisensituation - wie es z.B. die portugiesischen Erfahrungen zeigen - rasch zu einer „Vielfalt" von neben- und gegeneinanderkämpfenden politischen Kräften werden kann, wird sie andererseits in zweifacher Hinsicht der Charta-Bewegung nicht gerecht: in der Bedeutung des Kampfes um die Bürger- und Menschenrechte unter den gegenwärtigen Bedingungen der bürokratischen Diktatur und in der Einschätzung der Bewegung selbst.

Die Menschenrechte sind historisch betrachtet zweifellos ein Produkt der Emanzipation des Bürgertums gegenüber dem absolutistischen Staat, und ihre Proklamation war ein Ergebnis der bürgerlichen Revolutionen. Zugleich sind sie nicht ein bloßer Ausdruck der bürgerlichen Gesellschaftsverhältnisse. Denn konkret hat die Arbeiterbewegung maßgeblichen realpolitischen Anteil an der Erkämpfung und Bewahrung der bürgerlichen Freiheiten. Die kapitalistischen Eigentumsverhältnisse und die auf ihnen basierende Klassenspaltung der Gesellschaft verhindern allerdings, daß im Rahmen der bürgerlichen Gesellschaft eine Reihe grundlegender sozialer und ökonomischer Rechte (das Recht auf Arbeit, gleiche Verteilung des gesellschaftlichen Reichtums, gleiche Bildungschancen, gleiche Möglichkeit der politischen Partizipation u.a.) verwirklicht werden kann. Auf der Grundlage der bürgerlichen Gesellschaftsverhältnisse, deren Kritik im Mittelpunkt der Marxschen Analyse stand, sind die Menschenrechte teilweise zu einer „abstrakten Möglichkeit" der gesellschaftlichen Emanzipation geworden. Die Tatsache, daß sie unter diesen Bedingungen z.T. einen „formalen" und „abstrakten" Charakter haben, ändert nichts daran, daß sie zugleich ein *universeller* Ausdruck der menschlichen Emanzipationsbestrebungen sind, die im Naturrecht und der Aufklärung begründet, durch die bürgerlichen Revolutionen in ihrer beschränkten Form in die Praxis umgesetzt und im Marxismus aufgehoben (nicht nur negiert!) wurden, und daß sie zu den großen Errungenschaften der bürgerlichen Revolutionen und damit zu den notwendigen Voraussetzungen der menschlichen Emanzipation in *jeder* Gesellschaft gehören (11).

Mit der Aufhebung des Privateigentums an den Produktionsmitteln wurden in den Ostblockstaaten eine Reihe wichtiger sozialer Rechte verwirklicht, gleichzeitig aber die Rechtsauffassung der politischen Zweckmäßigkeit untergeordnet. Mit Hilfe der dogmatischen stalinistischen und neostalinistischen Theorie über die Unvergleichbarkeit der bürgerlichen und sozialistischen Demokratie, wurden in der Praxis die Menschenrechte drakonisch reduziert und an Stelle des abstrakten bürgerlichen Individualismus wurde ein ebenso abstrakter Kollektivismus gesetzt, der von der absolutistisch herrschenden Partei- und Staatsbürokratie verkörpert wird. Im politischen Sinne war diese Negation der bürgerlichen Rechte ein Rückfall in die vorbürgerlichen Verhältnisse (12). Die Aufhebung der bürgerlichen Rechte im marxistischen Sinne bedeutet nicht ihre Abschaffung, sondern ihre Erweiterung und soziale Fundierung. Das Verdienst der marxistischen Theorie ist es, daß sie den historisch bedingten Gehalt der Menschenrechte aufzeigte und durch die Analyse der menschlichen Entfremdung, die ihre Ursachen in der gesellschaftlichen Arbeitsteilung hat, erweiterte. Zu der freien Entfaltung des Menschen in einer sozialistischen Gesellschaft muß daher auch das Recht auf die Wahl der Arbeit, der Selbstbestimmung und Selbstverwirklichung sowie das Recht auf eine gesunde Umwelt gehören (13). Die Erkämpfung der Menschenrechte ist eine der Voraussetzungen der sozialistischen Transformation der bürokratischen Herrschaftsverhältnisse in den Ostblockstaaten, ohne die dort kein Emanzipationsprozeß möglich ist. In diesem Sinne steht der Forderung nach der Einhaltung der Menschenrechte eine zentrale Bedeutung zu. Diese Forderung ist weder überholt, noch überflüssig.

Die Charta-Bewegung muß - ebenso wie die polnische Opposition - vor allem als ein Produkt des jahrelangen Kampfes und Lernprozesses der tschechoslowakischen Opposition verstanden werden. Das streng legalistische Vorgehen ist nicht nur als ein taktisches Moment in der Auseinandersetzung mit der repressiven bürokratischen Macht zu verstehen, sondern gehört zum Wesen der Charta-Bewegung. Damit wird ein bewußter Versuch unternommen, aus dem aufgezwungenen Oppositionsghetto auszubrechen und einen Freiraum zu erkämpfen, von dem aus ein engagiertes gesellschaftspolitisches Verhalten erst möglich wird und so für die große Mehrheit der tschechoslowakischen Bürger, die nicht der aktiven Opposition angehören, als sinnvoll erscheint. Trotz der Betonung des ,,unpolitischen" Charakters der Charta, handelt es sich unter den Bedingungen der bürokratischen Diktatur um ein brisantes politisches Unternehmen. Die hysterische Reaktion der herrschenden Bürokratie beweist, daß sie an ihrer empfindlichsten Stelle getroffen wurde. Trotz Verleumdungen der Signatare und trotz der polizeilichen Exzesse - die von der Bewachung, den nächtlichen Hausdurchsuchungen, Überfällen und Tätlichkeiten über wiederholte Verhaftungen bis hin zur Ausweisung einer schwangeren Signatarin der Charta aus dem Krankenhaus oder einem polizeilichen Verhör mit Todesfolge, wie im Falle von J.Patočka, reichen - ist es der Bürokratie nicht gelungen, die Charta-Bewegung zu isolieren. Im Laufe weniger Monate unterzeichneten hunderte Bürger trotzdem das Grundsatzdokument. Bis heute unterzeichneten 900 tschechoslowakische Bürger die Charta, von denen ein bedeutender Teil einen ,,normalen", d.h. keinen unterprivilegierten Zwangsberuf hat. Die Charta-Erklärung stieß wie kein anderes oppositionelles Dokument der letzten Jahre - nicht zuletzt dank der offiziellen Negativ-Propaganda - auf ein lebhaftes Interesse bei der Bevölkerung. Innerhalb weniger Tage war die Charta in der Tschechoslowakei bekannt. In vielen Betrieben und Büros verlangten die Menschen, daß eine Gegenresolution nur dann beschlossen wird, wenn sie die Charta lesen können. An vielen Häuserwänden tauchten Parolen für die Charta auf. In Pilsen haben einige Arbeiter zur öffentlichen Unterstützung der Charta aufgerufen. (13a) Bei einer Gewerkschaftsversammlung des Brünner Traktorenbetriebes „Zetor" trat der Arbeiter Z.Přikryl offen auf und verteidigte die Charta gegen die Angriffe der Gewerkschaftsführung. Am Ende seines Beitrages spendete ihm die Versammlung - bis auf den Vorsitz - einmütig Beifall. Die Betriebszeitung „Budovatel" schrieb am 6.9.1977:

„Statt eine Selbstkritik zu üben, mißbrauchten Sie die Tribüne zur Provokation und zum Beweis Ihrer Treue für die Dubček-Politik. Aber was nützte es Ihnen? (...) Einzelne, die Ihnen Beifall spendeten, schauen heute beschämt ihre Hände an, besonders diejenigen unter ihnen, die unmittelbar darauf mit denselben Händen von den Vertretern der Arbeiterklasse Auszeichnungen und Belohnungen entgegennahmen. Verlassen Sie Ihren gefährlichen Weg und versuchen Sie wenigstens geduldig das verlorene Vertrauen der Werktätigen wiederzuerlangen." (14)

Es überrascht daher nicht, daß viele Betriebsdirektoren schriftliche Anordnungen herausgaben, die die Verbreitung „antisozialistischer Druckschriften" untersagen und zur „erhöhten Wachsamkeit" und zum „Schutz des Betriebes ... vor feindlichen Elementen" auffordern (15), und daß die Photokopiergeräte in der Tschechoslowakei zu den meist beschützten Objekten zählen. Der Regen der Anti-Charta-Resolutionen aus den Betrieben und Büros, die die offizielle Propaganda verbreitete, ist das ausschließliche Produkt der Angst der tschechoslowakischen Bürger vor Verfolgungen. Daß sie nicht unbegründet ist, zeigt der Fall des Gymnasiallehrers J.Urban aus Südböhmen, der - selbst kein Signatar - sich weigerte, eine Gegenresolution zur Charta zu unterschreiben und sofort entlassen wurde (16).

„Es findet eine Art des Kampfes zweier Mannschaften statt, die das wirkliche politische Leben im Land ersetzen. Ein Duell zwischen dem riesigen Polizeiapparat, den Spitzeln, Denunzianten und empörten Marktschreiern und der schmalen Schicht derjenigen, die nicht aus Resignation den Handschuh geworfen und das Bewußtsein der menschlichen und staatsbürgerlichen Verantwortung verloren hatten. (...) Die Zuschauer unterstützen heimlich den Schwächeren, aber auf Anweisung des Veranstalters ermuntern sie - sogar laut - diejenigen, die sie aus dem ganzen Herzen hassen." (17)

Politisch stellt die Charta ein breites Spektrum verschiedener politischer und geistiger Strömungen dar. Nach wie vor sind in der Charta die ausgeschlossenen Reformkommunisten stark vertreten, sie stellen jedoch keine homogene Gruppe mehr dar. Sie haben kein gemeinsames Programm mehr und unterscheiden sich in ihrer Haltung zur Sozialdemokratie, zum Eurokommunismus, zur Sowjetunion und nicht zuletzt in ihrer Haltung zur KPČ. Ein Teil der Reformkommunisten orientiert sich nach wie vor an der KPČ und ist zur Kooperation mit ihr bereit (18). Ein anderer Teil befindet sich in einer radikalen Gegnerschaft zur KPČ (19). Eine weitere Gruppe der Charta bilden die Christen, die im Unterschied zur UdSSR politisch nicht reaktionär sind, sondern sich an den Traditionen des Christlichen Humanismus orientieren (20). Ein Großteil der Charta besteht aus Menschen, die keiner bestimmten politischen Richtung angehören (ca. 10 %) und ihre aktive Teilnahme mit Positionen eines moralischen Humanismus begründen. Und schließlich gehören der Charta-Bewegung Vertreter der radikalen marxistisch orientierten Linken an.

Die Charta gab bisher 17 Dokumente heraus, von denen sich die Mehrheit gegen die Mißachtung der Menschenrechte und der tschechoslowakischen Gesetze wendet, aber auch andere Bereiche des gesellschaftlichen Lebens, wie z.B. die wirtschaftliche Diskriminierung der Frauen, die Lage in Betrieben, Schulen u.a., die religiöse Diskriminierung, die Situation in der tschechoslowakischen Kultur u.v.m. kritisch untersucht und konstruktive Verbesserungsvorschläge macht (vgl. P.Uhl, Anhang). Innerhalb der Charta gibt es eine Reihe von Aktivitäten. Aufgrund der starken Repression wurde ein „Komitee zur Verteidigung der zu Unrecht Verfolgten" gegründet (vgl. Anhang). Es werden ad hoc Ausschüsse gebildet, die sich mit konkreten Fällen beschäftigen und verschiedene Aktionen durchführen. So veranstalteten 11 junge Menschen in Südmähren einen 50 km langen Protestmarsch, während dessen sie Flugblätter für die Freilassung des verurteilten Kriegsdienstverweigerers A.Březina und für die Forderung nach Schaffung eines Ersatzdienstes verteilten. 135 Menschen beantragten in Prag eine Erlaubnis zu einer Demonstration für die Freilassung von J.Princ. Eine Solidaritätsadresse für seine Freilassung unterschrieben auch 150 polnische Bürger! An dem Begräbnis des zu Tode gequälten Sprechers der Charta 77, J. Patočka, nahmen trotz polizeilicher Schikanen über 1 000 Menschen teil. Mit Hungerstreik, go-ins zu Gefängnissen, Paralleluntersuchungen der politischen Prozesse u.a. versuchen sich die Charta-Signatare gegen die willkürlichen Verhöre und Verhaftungen zu wehren.

Bereits im ersten Halbjahr 1977 wurden unter dem Einfluß der Charta-Bewegung über tausend Manuskripte, Briefe, Erklärungen etc. verfaßt und durch die Charta verbreitet. Es werden regelmäßige Berichte über die Tätigkeit der Charta verfaßt, die allgemein zugänglich sind. Durch das auf strikte Einhaltung der Legalität bedachte Vorgehen und die Veröffentlichung der Adressen der Charta-Signatare kommt es vielfach dazu, daß sich tschechoslowakische Bürger, die bei den offiziellen Organen und Institutionen kein Gehör fanden, an die Charta wenden. Im Rahmen der Charta werden z.B. in verschiedenen Städten Alternativuniversitäten für Menschen eingerichtet, die aus politischen Gründen nicht lehren und lernen können. Da den politisch verfolgten Bürgern die gewerkschaftliche Beratung und der Schutz verwehrt werden, sucht die Charta nach Möglichkeiten einer Selbstschutzorganisation und versucht Kontakte zu westeuropäischen Gewerkschaften herzustellen. Im April 1978 trafen sich in Prag Vertreter der Charta und der mit der KPF liierten französischen Gewerkschaft CGT, um über die Möglichkeiten der Solidarität und Unterstützung der politisch Verfolgten zu beraten. (21) Diese bei weitem nicht vollständig aufgeführten Aktivitäten zeigen, daß die Charta eine qualitativ andere Opposition darstellt als die reformkommunistische Opposition der ersten Hälfte der 70er Jahre.

Die Charta ist sicher keine sozialistische, aber auch keine antisozialistische Bewegung. In ihrer Zusammensetzung spiegelt sie den Meinungs- und Bewußtseinsstand der tschechoslowakischen Bevölkerung wider und ist nicht zuletzt deshalb politisch wirksam. Sie ist keine erklärte politische Avantgarde, die die Bevölkerung mit abstrakten Programmen konfrontiert, sondern knüpft in ihrer Arbeit an den alltäglichen Erfahrungen der tschechoslowakischen Bürger an. Die „unpolitische" Minimalplattform, an der sich die Charta-Bewegung orientiert, bedeutet keinen Verzicht auf die politische Diskussion. Das sozialistische Potential bleibt in der Charta erhalten und wird durch die unmittelbare Konfrontation mit anderen Geistesströmungen bereichert. Durch ihre Vielfalt ist die Charta zu einer Integrationskraft geworden, die auf einer streng durchgehaltenen Gleichberechtigung aller Gruppen und Personen und auf dem Abbau jeglicher (auch informationsmäßiger) Hierarchie begründet ist. Sie ist eine solidarische Gemeinschaft Gleichberechtigter und in diesem Sinne stellt sie eine radikale Antithese zur herrschenden Bürokratie dar. Ebensowenig ist sie eine Prominentenorganisation mit einer Führung. Die Sprecher der Charta wechseln nach einem Rotationsprinzip, und ihre Funktion wird als eine reine Arbeitsfunktion verstanden. Durch den Wechsel werden immer neue Menschen und Gruppen regelmäßig an der Arbeit beteiligt, wodurch sich die Kommunikation unter den verschiedenen Strömungen verbessert. Die horizontalen Verbindungen werden gestärkt und dadurch neue Kommunikationsstrukturen geschaffen, die einen breiten Lernprozeß ermöglichen.

In diesem Sinne stellt die Charta eine - wenn auch stark begrenzte - parallele Form des gesellschaftlichen Lebens dar (vgl. P.Uhl, Anhang). Sie bildet ihrem Wesen nach einen zwar nicht erklärten, aber dennoch radikalen Gegensatz zu der bürokratisch-hierarchischen Herrschaftsstruktur, in die sie als Ganzes nicht integrierbar ist. Gerade dadurch stellt sie für die herrschende Bürokratie eine ernsthafte Gefahr dar. Sie ist die Keimform einer gesellschaftlichen Alternative, indem sie die Notwendigkeit und Sinnhaftigkeit des gesellschaftspolitischen Engagements außerhalb der engen und aufgezwungenen Strukturen (Institutionen, Organisationen, Verbände u.a.) praktisch vorlebt.

In allen diesen Aspekten stellt die Charta einen Fortschritt gegenüber der - auch untereinander relativ isolierten - Oppositionsbewegung der ersten Hälfte der 70er Jahre dar. Politisch ist sie ein Ansatz zur Gründung einer *legalen* Opposition, die sich in ihrem Anfangsstadium auf begrenzte Gesellschaftsbereiche begrenzen muß.

Selbst wenn die Charta durch die Repression und den inneren Verschleiß zugrunde gehen sollte, bleibt sie eine bedeutende Erfahrung, an die die oppositionelle Bewegung auch künftig anknüpfen kann.

Anmerkungen:
1 Das Programm und die wichtigsten Dokumente veröffentlichte J. Pelikán, „Sozialistische Opposition", S. 126 ff.
2 J. Pelikán, ibid., S. 145.
3 J. Pelikán, ibid., S. 150 ff.
4 Vgl. den Brief von J. Šabata an das ZK der KPČ aus dem Gefängnis Bory. In einem Brief an den Ersten Sekretär der KP Großbritanniens, J. Gollan, den er um die Vermittlung bat, stellte Šabata klar, daß es sich um kein Gnadengesuch handelt und daß „das Volk um seine unveräußerlichen Rechte nicht bittet, sondern kämpft". In: J. Pelikán, ibid. S. 178 ff. Smrkovský schrieb in seinem Brief an Brežněv, daß es ihm „nach all dem, was passierte, nicht leicht fiel . . . Ihnen diesen Brief zu schreiben." Wortlaut des Briefes in: „Listy" 2/1975.
5 Vgl. Dubčeks Brief an die Föderalversammlung. Broschüre des SOEK, Hannover 1975 und Dubčeks Brief an K. Smrkovská, in: J. Pelikán, ibid., S. 196 ff.
6 Über die Kontakte siehe „Listy" 1/1975, S. 6 ff.
7 „Le Monde", 19.4.1975.
8 Vgl. Z. Mlynář, „Zehn Jahre nach dem Aktionsprogramm der KPČ". Erscheint demnächst in: „Menschenrechte" Bd. 2 bei Rowohlt.
9 Zitiert nach „Info des SOEK" 22/1977.
10 R. Bahro, „Sechs Vorträge über das Buch ‚Die Alternative' ", Köln-Frankfurt a.M. 1977, S. 13.

11 Siehe: „Die Bedeutung des Kampfes um die Bürger- und Menschenrechte", ein Gruppenaufsatz der Belgrader „Praxis-Gruppe", in: „Info des SOEK" 23-24/1977.
12 Siehe ibid.
13 Ibid.
13a „Der Aufruf an die Arbeiter", in: „Listy" 5/1977.
14 „Situationsbericht über die Charta-Bewegung", in: „Kniha Charty" (Das Charta Buch), Hrsg. V. Přečan, Köln 1977, S. 304-305.
15 Wortlaut eines solchen „Befehls" in: „Listy" 5/1977.
16 „Situationsbericht...", ibid., S. 262.
17 V. Přečan, „Kniha Charty", S. 24.
18 Auch innerhalb dieser Tendenz gibt es Unterschiede im Grad der Kooperationsbereitschaft. Zu diesem Teil gehören die Verfasser der Erklärung „Zehn Jahre seit dem Prager Frühling".
19 Zu diesem Teil gehören z.B. der ehem. Vorsitzende der Nationalen Front, F. Kriegel, der jetzige Sprecher der Charta, J. Šabata, u.a. Auch sie stellen jedoch keine geschlossene politische Gruppe dar.
20 Ein Vertreter dieser Richtung ist z.B. L. Hejdánek.
21 „Informace o Chartě" (Charta-Informationen) Manuskript, tschechisch.

8. Reformkommunismus — ein Transformationsmodell für die Überwindung des bürokratischen Herrschaftssystems?

Aufgrund des friedlichen und reformistischen Charakters der tschechoslowakischen Systemtransformation, die im Januar 1968 eingeleitet wurde, taucht in der internationalen sozialistischen Diskussion verstärkt der Begriff des „Reformkommunismus" auf, der erst durch die tschechoslowakischen Erfahrungen konkretisiert werden konnte. Der Reformismus, bisher eine Domäne der Sozialdemokratie und der westeuropäischen KPen, hat auch im Osten in einer kommunistischen Gestalt seine Wurzeln geschlagen. Obwohl sich nach der Niederlage des „Prager Frühling" viele seiner Protagonisten von ihren damaligen reformkommunistischen Positionen entfernten bzw. diese revidierten, versucht ein nicht unbedeutender Teil der reformkommunistischen Opposition nach wie vor, eine Strategie der schrittweisen Liberalisierung der KP und anschließenden Demokratisierung der Gesellschaft zu erarbeiten. Gleichzeitig muß jedoch hervorgehoben werden, daß es sich keineswegs um eine parteipolitische oder organisierte Strömung handelt, sondern um eine uneinheitliche Meinungsströmung innerhalb und außerhalb der osteuropäischen KPen, die jedoch bestimmte Gemeinsamkeiten aufweist. Ein Beispiel dieser Tendenz stellen die Arbeiten von Z. Hejzlar dar, der eine umfangreiche Untersuchung über den tschechoslowakischen Reformkommunismus verfaßte. Seine Thesen sind nicht zuletzt deshalb wichtig, weil sie am getreuesten die im Jahre 1968 von der Mehrheit der tschechoslowakischen Reformkommunisten vertretene Konzeption wiedergeben.

Dem Reformkommunismus liegt in seinem Selbstverständnis eine evolutionistische Auffassung der Systemtransformation zugrunde. Die bürokratischen Herrschaftsverhältnisse in den Ländern des „sowjetischen Kommunismus" werden als eine „besondere Formation", als eine „unvollkommene, geopolitisch und historisch beschränkte Stufe auf dem langen und widerspruchsvollen Weg zum Sozialismus" betrachtet. Auf diesem „langen Weg" konnten auch solche „widernatürlichen Deformationen" wie der „Stalinismus" vorkommen. (1)

Die Übernahme des „sowjetischen Sozialismusmodelles" in der Tschechoslowakei wird vor allem als das Produkt des kalten Krieges verstanden. Die der „bürokratischen Diktatur" innewohnenden Widersprüche führen zu wirtschaftlichen und politischen Krisen, die eine Lösung verlangen. Die tschechoslowakischen Reformkommunisten glaubten, daß mit dem XX. und XXII. Parteitag der KPdSU eine Phase der allmählichen Überwindung der historischen Deformationen und eine neue Phase der Demokratisierung des Sozialismus eingeleitet wurde. (2) Die tschechoslowakischen Reformen wurden damit zum Bestandteil eines Globalprozesses gerechnet, der in den nichtkapitalistischen Staaten im Ostblock vonstatten gehe. Davon wurde der reformistische Charakter des Transformationsprozesses abgeleitet, der auch dem Wesen dieser Evolution entspräche. Trotz seines Scheiterns wird der „Prager Frühling" als ein Beweis dafür genommen, daß die bürokratischen Kommunistischen Parteien zu einer Selbstreform fähig sind. (3) Bei der Rezeption der tschechoslowakischen Erfahrungen werden einerseits, im Hinblick auf die Ursachen des „Prager Frühlings", die Universalität dieses Prozesses betont, andererseits die spezifischen nationalen Traditionen und die Besonderheiten der tschechoslowakischen Reformversuche hervorgehoben. Die nationale Besonderheit machte es möglich, daß er in einer „reifen" Form verwirklicht werden konnte. Gerade der erreichte Reifegrad mache den tschechoslowakischen Reformversuch zum „Modell" einer künftigen Transformation in den anderen Ländern des Ostblocks. (4) Den bisherigen Krisen in den nichtkapitalistischen osteuropäischen Staaten (DDR 1953, Polen, Ungarn 1956, Polen 1970/71) wird der universale Charakter nur in Hinblick auf die Ursachen der Krise zuerkannt, die Formen des antibürokratischen Widerstandes, die alles andere als reformistisch waren, werden dagegen den nationalen Besonderheiten, in diesem Falle der Unreife, zugesprochen. Solche „eruptiven" und spontanen Formen des Widerstandes sind auch in der Logik der reformkommunistischen Transformationsstrategie unerwünscht, da sie nicht im Sinne einer „positiven Weiterentwicklung" und Überwindung, sondern einer „Konfrontation" mit der herrschenden Bürokratie wirken:

„Keine Schicht der osteuropäischen Gesellschaft strebt nach gewaltsamen Veränderungen. Keine wäre der Initiator, sei es einer Konterrevolution noch einer neuen Revolution. Am allerwenigsten die Arbeiterklasse. Die Arbeiter benutzen zuweilen ihre zahlenmäßige Macht zu massiven Protesten gegen grobe Übergriffe des Regimes, wie es in Polen in den Jahren 1970 und 1976 war; sie stellen aber keine revolutionäre Kraft dar. Die Trotzkisten warten vergeblich auf eine neue proletarische Revolution. Alle haben genug von gewaltsamen und katastrophalen Umbrüchen (...) Die Gesellschaft in den Ländern des Sowjetkommunismus drängt zwar nach Reformen, aber nicht nach gewaltsamen und katastrophalen Umstürzen." (5)

Wo ist also das politische Subjekt der Transformation zu suchen? Nach Z. Hejzlar u.a. in den Kommunistischen Parteien selbst:

„Neben der herrschenden Kommunistischen Partei — und gegen sie — können weder legal noch illegal andere politische Vertretungen mit einer genügenden Integrationskraft entstehen, die sich in eine relevante Konkurrenz verwandeln und in den Kampf um die Macht eintreten könnten. Aus der radikalsten Revolution erwuchs das statischste System unserer Zeit. (...) Die Vorstellung, daß die Regime des sowjetischen Kommunismus eines Tages durch eine nicht näher definierbare

‚Explosion' weggefegt werden könnten und danach — wie ein Phönix aus der Asche — ein funktionsfähiges demokratisches System entstehen würde, ist eine naive Vorstellung." (6)

Zum einen muß die Partei aus dem Grunde, weil sie der alleinige Machtträger ist, das politische Subjekt der Systemtransformation sein, zum anderen deshalb, weil sie in sich alle politisch aktiven Gesellschaftsmitglieder vereint, die nützliche und unerläßliche gesellschaftliche Funktionen ausüben und über die nötigen Erfahrungen verfügen, die für die Formulierung einer konstruktiven Alternative unerläßlich sind. Diese Parteimitglieder bilden das künftige Potential der Systemtransformation und sind Träger der reformkommunistischen Ideen. Die unveränderten politischen und wirtschaftlichen Widersprüche in den osteuropäischen Ländern sorgen für einen reformkommunistischen Nachwuchs in den Kommunistischen Parteien: ,,Auch die KPTsch wird wahrscheinlich früher oder später die durch die ‚Normalisierung' angerichteten Verheerungen überwinden." (7) Da aber die Durchsetzung der Reformkommunisten in der Partei keine leichte Angelegenheit ist, bedarf es eines Drucks von ,,unten" (d.h. der Gesellschaftsbasis), der jedoch einen instrumentalen Charakter hat.

,,Der Raum für den Reformkommunismus kann nur von ‚oben' geöffnet werden, aber diese Öffnung kann und muß ein Ergebnis des Drucks der Volksunzufriedenheit sein, denn unter anderen Umständen werden die Inhaber der Macht die Notwendigkeit der Veränderungen nicht zugeben." (8)

Der Demokratisierungsprozeß beginnt also mit ,,der Beherrschung und allmählichen Transformation der bestehenden ideologischen und machtpolitischen Apparate". Nachdem dies vollbracht ist, beginnt die erste Phase des Demokratisierungsprozesses:

,,Vieles muß mit den alten Mitteln durchgeführt werden, die ‚führende Rolle der Partei' und den ‚demokratischen Zentralismus' miteingeschlossen. Ein vorzeitiger Verzicht auf sie im Namen einer romantischen Vorstellung einer sofortigen und vollkommenen Demokratie würde zu unverzeihlichen politischen Dummheiten führen. Der Reformkommunismus in der Tschechoslowakei 1968 stellte zweifellos ein Modell ..." dar. (9)

Wie eine zweite Phase des Demokratisierungsprozesses — die 1968 in der ČSSR nicht einmal ansatzweise formuliert wurde — aussehen soll, zeigt Z. Mlynář. Sie sollte aus einer Art des Parlamentarismus bestehen. Nach dem Vorbild der Eurokommunisten würde sie auch die Möglichkeit der Abwahl der Kommunistischen Partei implizieren. Diese Phase hätte jedoch im Jahre 1968 in der Tschechoslowakei — auch theoretisch — eine Vorbereitungszeit von mindestens zwei Jahren erfordert. (10)

Bereits die Bestimmung der osteuropäischen Gesellschaften als eine besondere, ,,deformierte" Gesellschaftsformation auf dem langen ,,widerspruchsvollen" Weg zum Sozialismus, also eine Art der Übergangsgesellschaft (nicht im trotzkistischen Sinne!), beruht auf einer nicht näher definierten Einschätzung der Sowjetunion. Diese Bestimmung bleibt abstrakt, solange keine historische Analyse über den Charakter der Sowjetunion und die Natur der herrschenden Bürokratie aus reformkommunistischer Sicht vorliegt. Die Voraussetzung für die Bestimmung der osteuropäischen Gesellschaften als einer Übergangsstufe vom Kapitalismus zum Sozialismus, wäre der Nachweis, daß in dieser Gesellschaft eine immanente Entwicklungstendenz, die in die Richtung der Verwirklichung des Sozialismus wirkt, aufzuweisen ist. Die historische Entwicklung seit dem XX. und XXII. Parteitag der KPdSU weist aber eher in eine umgekehrte Richtung. Die neostalinistische Restauration nach der Chruschtschow-Ära zeigt, daß die sog. ,,Entstalinisierung" vor allem das Bedürfnis der herrschenden Elite war, um die schlimmsten Züge des stalinistischen Terrors, der massiv gegen sie selbst eingesetzt wurde, abzubauen. (11) In dem Augenblick, als die Chruschtschowschen Reformen einige Privilegien der Bürokratie in Frage stellten, wurde er entmachtet. (12) Die polizeilich-militärischen Aktionen der UdSSR in Ungarn 1956 und der Tschechoslowakei 1968 und nicht zuletzt die Ereignisse in Polen 1970 und 1976 zeigen, daß die herrschende Bürokratie versucht, alle emanzipativen Ansätze im Keim zu ersticken, um den Status quo, d.h. ihre Herrschaft zu sichern. In einer Analogie zum Kapitalismus könnte man sagen, daß die Bürokratie ihre Macht nicht preisgibt, solange nicht alle wirtschaftlichen, politischen, ideologischen, polizeilichen und militärischen Mittel ausgeschöpft sind. Im Lichte der historischen Erfahrungen der ,,Krisenbewältigungen" in den osteuropäischen Staaten erscheint der ,,Prager Frühling" als geradezu atypisch, als ein einmaliger und einzigartiger Emanzipationsversuch, der nicht zuletzt dank teilweise zufälliger Momente und Konstellationen eine Form annahm, die den Rahmen einer bloßen Rationalisierung der bürokratischen Herrschaft sprengte. Mit Recht bemerkt A. Ostrý, daß es falsch wäre, den ,,Prager Frühling" als ein Ergebnis einer historischen Notwendigkeit, die sich aus der gesamtgesellschaftlichen Krise ergab, zu betrachten. Wäre A. Novotný mit derselben Entschlossenheit gegen kritische Intellektuelle innerhalb und außerhalb der Partei wie G. Husák im April 1969 vorgegangen, hätte es vielleicht ein tschechoslowakisches ,,Tauwetter" gegeben, aber keinen tiefgreifenden Umwälzungsprozeß. (13) Die Erfahrungen des Jahres 1968 und der ,,Normalisierung" zeigen, daß die wichtigste Voraussetzung des Erneuerungsprozesses die Pressefreiheit war, die in einem Augenblick der zeitweiligen Lähmung des ZK und PB der KPČ erkämpft und erst nachträglich von der Dubček-Führung — die nicht zuletzt der Pressefreiheit ihren Sieg zu verdanken hatte — legalisiert wurde. Mit der Wiedereinführung der Zensur im Jahre 1969 kam es zu einer raschen Niederlage der Reformkommunisten. Aus dieser Erfahrung haben nicht nur die Reformkommunisten Lehren gezogen, sondern auch die Bürokratien in den anderen Ostblockstaaten. Ein Beweis dafür ist das unmißverständliche Vorgehen der DDR und Ungarns gegen kritische Künstler und Wissenschaftler.

Auch die Frage nach den Möglichkeiten einer Selbstreform der Partei und einer schrittweisen Demokratisierung der Gesellschaft sowie die Konstruktion eines Phasenmodells erscheinen angesichts der widersprüchlichen Politik der KPČ 1968 und des kläglichen Versagens in der „Normalisierungsphase" in einem weniger optimistischen Licht. Die Politik der KPČ-Führung im Jahre 1968 führte dazu, daß sie in ihren Reihen sowohl radikalreformistische als auch restaurative Elemente vereinigte. Sie stellte die Geburtshelfer der Reform und ihre Totengräber. Geführt wurden sie von einer zentristischen Mehrheit, die beides zugleich war. Die Folge war eine Verzögerung der Reformen, von denen − bis auf die Föderalisierung, die heute als eine zerlumpte Vogelscheuche an die Reformbewegung des Jahres 1968 erinnert − keine in die Praxis umgesetzt werden konnte. In allen Institutionen und den höchsten Partei- und Staatsorganen waren die reaktionären Kräfte stark vertreten und konnten sogar eine Mehrheit erlangen (so z.B. im Parteipräsidium am Vorabend der Intervention! Diese Mehrheit kam nur dank eines „Regiefehlers" nicht zustande). Die KPČ-Politik wurde zwischen der sich radikalisierenden Basisbewegung, die nach einer konsequenten Demokratisierung und der Isolierung der korrumpierten Elemente im Partei- und Staatsapparat strebte, und dem verstärkten Druck der UdSSR und der Konservativen hin und her gerissen. Einerseits versuchte die KPČ-Führung die Basisbewegung zu kanalisieren, andererseits die UdSSR zu beschwichtigen. Die größte Illusion der Dubček-Führung bestand darin, daß sie glaubte, durch eine passive Politik gegenüber den anderen Ostblockstaaten, die Betonung des nationalen Charakters des Reformversuches und eine gemäßigte Politik gegenüber den moskautreuen konservativen Kräften in der Partei, eine Konfrontation mit der UdSSR zu vermeiden. Die sowjetische Bürokratie erkannte die Universalität der Ziele des „Prager Frühlings" viel richtiger, selbst wenn diese in einer gemäßigten Form und schrittweise eingeführt worden wären. Z. Mlynář stellt fest, daß einer der größten Fehler der KPČ-Führung im Jahre 1968 die Aufhebung der Zensur (!), die Verzögerung der allgemeinen Wahlen und die der Einberufung des Parteitages war. (14) An diesem Beispiel wird das bürokratisch-elitäre Politikverständnis der führenden KPČ-Funktionäre aus dem Jahre 1968 und einer angeblich nicht „romantischen" Vorstellung eines gemäßigten Demokratisierungsprozesses deutlich. Wie richtig auch die Feststellung ist, daß die Wahlen und die Durchführung des Parteitages den Restaurationsprozeß erschwert hätten, so bleibt es eine historische Tatsache, daß es nicht die Handvoll der stalinistischen Ultras gewesen ist, die die sowjetische Politik aus der Sackgasse, in die sie nach der Intervention geriet, hinausführte, sondern daß es die Dubček-Führung war, die den schlimmsten Gegner der sowjetischen Bürokratie — den gesamtnationalen, kompromißlosen zivilen Widerstand — brach. Nicht die militärische Intervention führte zur Resignation und Apathie, sondern die allmähliche Kapitulation und die Aushöhlung des Widerstandes durch die KPČ-Führung. Die „Normalisierung" zeigte, wie erstaunlich intakt die bürokratisch-hierarchischen Machtstrukturen waren. Das Prinzip der „führenden Rolle der Kommunistischen Partei" erwies sich als das effektivste Mittel, mit dem der Widerstand in den Gewerkschaften und den Betrieben gebrochen werden konnte. Der „Prager Frühling" begann bürokratisch hinter verschlossenen Türen und genauso wurde er beendet. Von „oben" begann die „Öffnung" des Systems und von „oben" kam die bürokratische Restauration. Die militärische Intervention vom August 1968 zeigte die Begrenzung eines isolierten nationalen Reformversuches und das Dilemma der Reformkommunisten, im Rahmen der alten bürokratischen Herrschaftsstrukturen selbst, deren Überwindung anzustreben. Nach Z. Mlynář, der an den Verhandlungen in Moskau 1968 teilnahm, hatte Brežněv als Hauptgründe für die Intervention aufgeführt, daß Dubček ohne seine Zustimmung hohe Funktionäre benannte, die innenpolitische Linie selbständig definierte, sowie die Sorge der UdSSR, die Erwerbungen des Zweiten Weltkrieges zu verlieren. (15) Diese Haltung der Sowjetbürokratie beweist, daß sie nicht bereit ist, selbst die gemäßigten Reformen zuzulassen, wenn sie den engen bürokratischen Herrschaftsrahmen überschreiten. Damit erweist sich die Konstruktion einer etappenweisen Demokratisierung als Illusion. Jeder nationale Reform-Versuch im Ostblock, der nur ansatzweise eine Systemtransformation und die Wiedererlangung der nationalen Souveränität anstrebt, muß beim gegenwärtigen internationalen Status quo mit einer militärischen Intervention der vereinigten Bürokratien des Warschauer Paktes rechnen. Der erfolgversprechende Weg ist also keineswegs, die Systemtransformation vorsichtig und langsam zu beginnen, sondern zu verkürzen. Das setzt eine rasche Isolierung der reaktionären Kräfte im Partei- und Staatsapparat, eine konsequente Demokratisierung aller Gesellschaftsbereiche, die Förderung und Unterstützung der emanzipatorischen Bestrebungen der Basisbewegung, wie sie sich 1968 in der Tschechoslowakei anbahnte, und nicht zuletzt die Vorbereitung des gesamtnationalen Widerstandes voraus. Die Alternative zu der KPČ-Politik im Jahre 1968 bestand sicher nicht darin, gleich zu Beginn des Jahres 1968 allgemeine Wahlen auszuschreiben und damit die Frage nach einer eventuellen Abwahl der KPČ in den Mittelpunkt zu stellen, da es zu diesem Zeitpunkt keine organisierte Alternative zur KPČ gab, (16) sondern in der konsequenten Durchführung der erwähnten Maßnahmen. Nach der militärischen Intervention bestand sie in der Fortführung des zivilen Widerstandes. Dies wäre nicht nur eine Pflicht gegenüber der tschechoslowakischen Bevölkerung gewesen, sondern auch gegenüber der Bevölkerung in den anderen Ostblockstaaten. Denn je länger und stärker der Widerstand gegen die bürokratische Restauration gewesen wäre, desto aussichtsreicher wären die Chancen für eine künftige Emanzipationsbewegung. Es ist eine alte Erfahrung und Weisheit der internationalen Arbeiterbewegung, daß „eine Niederlage nach schwerem Kampf ... eine Tatsache von ebenso großer revolutionärer Bedeutung wie ein leicht errungener Sieg (ist)". (17) Angesichts der Rolle der zentristischen Mehrheit der KPČ bei der Niederlage der tschechoslowakischen Reformbewegung, ist es allerdings zweifelhaft, ob die Kommunistischen Parteien der Ostblockstaaten bei einer Konfrontation mit der UdSSR überhaupt zu einer konsequenten Organisierung des zivilen (und militärischen) Widerstands in der Lage sind, denn die Mehrzahl der Funktionäre hat ihre Positionen nur dank sowjetischer Gnaden inne und ihre politische Identität ist aufs engste mit der sowjetischen Bürokratie verknüpft. Die tschechoslowakischen Erfahrungen zeigen, daß das politische Subjekt des zivilen Widerstands außerhalb der Reihen der KPČ zu finden war. Auch die Bestimmung des politischen Subjekts einer künftigen antibürokratischen Systemtransformation, wie sie Z. Hejzlar stellvertretend für eine bestimmte politische Strömung der reformkommunistischen Opposition konstruiert, beruht auf einer unzulässigen Verallgemeinerung der tschechoslowakischen Erfahrungen aus dem Jahre 1968 und vor allem auf einer Tautologie: Da die Kommunistische Partei das Herrschafts- und Informationsmonopol besitzt und fast alle politisch aktiven Gesellschaftsmitglieder in ihren Reihen zwangsvereinigt, muß sie das Subjekt der eigenen und der gesellschaftlichen Transformation sein. Die Partei wird nicht vor allem als Träger der Unterdrückung verstanden, sondern zugleich als das Subjekt ihrer Überwindung. Die daraus abgeleitete Strategie zielt auf eine schleichende Liberalisierung und anschließende Demokratisierung der Partei. Alle anderen Formen des Widerstandes, die nicht diesem Zweck dienen, müssen in eine „Katastrophe" münden. (18) Die praktische Konsequenz wäre, daß die oppositionellen Kräfte in die Partei eintreten müßten. Nun zeigt aber die KPČ keinerlei Interesse an einem konstruktiven Dialog und an einer Wiederaufnahme der reformkommunistischen Kräfte in die Partei, sondern sie hat im Gegenteil bewiesen, daß sie entschlossen ist, alle kritischen Elemente aus ihren Reihen zu entfernen. Selbst wenn ein Eintritt möglich wäre, bedeutet die Parteimitgliedschaft vor allem die Übernahme der Mitverantwortung für die korrupte Parteipolitik und ihre aktive Mitgestaltung. Die reformkommunistischen Kräfte innerhalb einer osteuropäischen KP können nur im Einklang mit der Parteilinie und in dem engen

Rahmen agieren, der durch die bürokratisch-hierarchische Partei-Struktur vorgegeben ist. Die Folge einer solchen Strategie ist die Halbheit bei der Formulierung der sozialistischen Perspektiven, die Unterordnung der grundlegenden Erkenntnisse unter die Taktik und nicht zuletzt die Bestärkung des Glaubens an die Unmöglichkeit einer unabhängigen Aktivität außerhalb der Partei. Der „Prager Frühling" hat prinzipiell gezeigt, daß der Prozeß einer Selbstreform der bürokratischen Kommunistischen Partei unter besonders günstigen Bedingungen zwar eingeleitet werden kann. Er hat jedoch gleichzeitig gezeigt, daß ein defensiver nationaler Emanzipations-Versuch bei dem gegebenen hohen Grad der politischen und militärischen Integration der Ostblockstaaten zum Scheitern verurteilt ist. Eine Verallgemeinerung der tschechoslowakischen Erfahrungen zu einer allgemeingültigen Strategie des „Reformkommunismus", wie es Z. Hejzlar versucht, stellt nur eine eklektizistische Mischung aus Konstruktionen, Wünschen und Überlegungen dar. Die Frage nach der Art des Transformationsprozesses kann nicht auf dem Papier gelöst werden, sondern wird ein Ergebnis der historischen Praxis sein. Eine theoretische Vorwegnahme der Entwicklung in Osteuropa bleibt eine Spekulation. Überall dort in Osteuropa, wo die oppositionelle Bewegung am stärksten ist (Polen, ČSSR), scheint sich innerhalb der Opposition die Ansicht durchgesetzt zu haben, daß eine Opposition außerhalb und gegen die herrschende Partei nicht nur sinnvoll und möglich, sondern auch notwendig ist. Der Erfolg eines künftigen emanzipatorischen Transformations-Versuches wird nicht zuletzt davon abhängen, ob die Opposition klare Perspektiven formulieren kann, die nicht a priori auf einer defensiven Strategie aufbauen. Ganz richtig bemerkt Z. Mlynář:

„Wenn man sich darauf beschränken würde, nur das als ‚realistisch' zu betrachten, was vom Moskauer Politbüro zugelassen wird, käme das der Aufgabe jeglicher Hoffnung auf Demokratisierung gleich." (19)

Eine zwar späte, aber dennoch wichtige Erkenntnis.

Die kurze Erfahrung des „Prager Fühlings" zeigte, daß keine sozialistische Demokratie ohne das Vorhandensein einer mündigen politischen Öffentlichkeit, die Reaktivierung neuer politischer Subjekte, die Unabhängigkeit der Gewerkschaften, Verbände, Medien und den Ausbau der Selbstverwaltung möglich ist. Trotz seines teilweise widersprüchlichen und historisch beschränkten Charakters gehört der „Prager Frühling" zu den wichtigsten Erfahrungen der internationalen sozialistischen Bewegung. Er stellt jedoch weder für die gegenwärtige Tschechoslowakei noch für die anderen osteuropäischen Länder ein „Modell" einer künftigen sozialistischen Transformation dar.

Anmerkungen:
1 Z. Hejzlar, „Der ‚Prager Frühling 1968' und seine Bedeutung",erscheint demnächst in: „Menschenrechte", Bd. 2, Reinbek bei Hamburg.
2 Diese Illusion spielte bei den tschechoslowakischen Reformkommunisten eine große Rolle. Vgl. Z. Mlynář, „Zehn Jahre nach dem Aktionsprogramm der KPČ", ibid.
3 Diese Meinung wird von einigen Reformkommunisten nicht mehr einhellig geteilt. Sie halten es für prinzipiell möglich, aber insbesondere in der ČSSR für unwiederholbar. Vgl. Z. Mlynář, ibid.
4 Z. Hejzlar, ibid.
5 Z. Hejzlar, „Ist der Reformkommunismus in Osteuropa überholt?" in: „L 76", Köln-Frankfurt a.M. 1978, S. 59-60.
6 Z. Hejzlar, „Der ‚Prager Frühling' . . .", ibid. Vgl. auch J. Dienstbier, „Charta 77. Die Menschenrechte und die internationale sozialistische Perspektive", ibid. und J. Pelikán, „Sozialistische Opposition . . .", S. 109. Die Ausführungen von Z. Hejzlar zeugen von einer Unkenntnis der trotzkistischen Auffassung der politischen Revolution. Trotzki hoffte, daß die russische Arbeiterklasse mit der Industrialisierung quantitativ und qualitativ gestärkt würde, womit sich die historischen Chancen für eine Überwindung der bürokratischen Diktatur vergrößern würden. Im Mittelpunkt seiner Überlegungen stand die Möglichkeit der Emanzipation der Arbeiterklasse, die nur durch das Zerschlagen des bürokratischen Überbaus zu erreichen sei, d.h. gegen den Partei- und Staatsapparat durchgesetzt werden muß. Die Arbeiterklasse war seiner Ansicht nach das Subjekt der politischen Revolution, da ohne ihre Emanzipation keine wirkliche Überwindung der bürokratischen Herrschaft möglich sei. Unabhängig davon, ob seine Konzeption richtig oder falsch war, muß festgestellt werden, daß weder er noch irgendjemand nach ihm, der sich auf Trotzkis Analysen stützt, eine so platte Konzeption vom plötzlichen, putschartigen Aufstand vertrat, aus dem ein demokratisches und funktionierendes System entstehe, das mit einem Schlag alle Probleme lösen würde. Eine solche Scheinauseinandersetzung beruht auf Vorurteilen gegenüber anderen Konzeptionen und dient nur dazu, die eigene im realistischen Licht erscheinen zu lassen.
7 Z. Hejzlar, „Reformkommunismus . . .", S. 397.
8 Z. Hejzlar „Der ‚Prager Frühling' . . .".
9 Z. Hejzlar, ibid.
10 Z. Mlynář, „Zehn Jahre nach dem Aktionsprogramm der KPČ". Dabei bleibt verborgen, wer darüber bestimmt, ob das Volk für die zweite Phase „reif" genug ist.
11 Vgl. M. Vajda, „Das Ende des Reformgedankens", in: „Info des SOEK" 30/1978, S. 14-15.
12 Vgl. R. Medvědev, „Vopros o stalinisme posle 20-ogo sjezda KPSS kak otraženije vnutřennich i meždunarodnych problem SSSR" (Die Frage des Stalinismus nach dem XX. Parteitag der KPdSU als ein Ausdruck der inneren und internationalen Probleme der UdSSR), Manuskript. Erscheint in: „Info des SOEK".
13 A. Ostrý „Československý problém . . .", S. 14.
14 Z. Mlynář, „Československý pokus . . .", S. 126 ff.
15 Z. Mlynář, „Vom ‚Prager Frühling' . . .".
16 Diese etwas konstruierte Fragestellung stellt Z. Mlynář auf und verneint sie. Z. Mlynář, „Vom ‚Prager Frühling' . . .". Wie wichtig auch der Parteienpluralismus für die Überwindung der bürokratischen Herrschaftsverhältnisse ist, so muß er ein Ergebnis konkreter gesellschaftlicher Bedürfnisse und einer Bewegung sein, die sich erst artikulieren muß.

17 F. Engels, „Revolution und Konterrevolution in Deutschland". „MEW" Bd. 8, S. 77. Eine militärische Verteidigung der ČSSR, wie sie z.B. der spanische KP-Führer S. Carrillo oder J. Pelikán vorschlugen, halte ich für prinzipiell möglich, nicht jedoch unter den Bedingungen in der Tschechoslowakei im Jahre 1968. Das hat überzeugend V. Horský nachgewiesen. V. Horský, „Prag 1968 . . .".
18 In diesem Sinne kritisiert Z. Hejzlar auch Rudolf Bahro. Sein Fehler sei es, vorzeitig die Partei verlassen zu haben. „Langer Marsch" 32/1978, S. 9-11.
19 Z. Mlynář, „Vom Prager Frühling . . .".

Anhang

Die folgenden Dokumente sollen einige der Thesen untermauern, die in der Arbeit aufgestellt wurden. Die Auswahl der Dokumente war nicht einfach: einerseits wollten wir die ganze Entwicklung in der Tschechoslowakei — bis zur Charta 77 — dokumentieren, andererseits war es notwendig, auf eine Reihe von Dokumenten zu verzichten, weil sie schon in anderen Sammelbänden veröffentlicht wurden. Aus diesem Grunde enthält der Anhang vor allem Dokumente, die aus der ersten Phase der sogenannten Normalisierung stammen und — bis auf wenige Ausnahmen — bisher nicht veröffentlicht worden waren. Interessierte Leser werden jedoch diese Dokumente, vor allem die der Charta 77, in anderen, bereits erschienenen Sammelbänden finden können, z.B. bei Jiří Pelikán, *Sozialistische Opposition in der ČSSR* und H.-P. Riese, *Bürgerinitiative für die Menschenrechte* (beide Europäische Verlagsanstalt). Die Übersetzung aus dem Tschechischen erfolgte von Jan Koval.

Die Smrkovský-Memoiren

Das folgende Gespräch mit Josef Smrkovský, einem der ranghöchsten und zweifellos populärsten Reformpolitiker des sog. Prager Frühlings, ist das einzige authentische Zeugnis über die Ereignisse des Jahres 1968. Dieses Gespräch wurde kurz vor seinem Tode (1974) aufgenommen. Es konnte nicht beendet werden. Hier wird keine genaue Analyse des gescheiterten Reformversuchs gegeben, an manchen Stellen dürfte das Gespräch sogar naiv erscheinen. Stattdessen wird der konkrete Verlauf der Ereignisse geschildert. Smrkovský gehörte mit Kriegel zu denjenigen, die die Nach-Januar-Politik auch noch nach dem August 1968 verteidigten und die meisten Angriffe der KPdSU und der „normalisierten" KPČ auf sich zog.

Smrkovský wurde 1911 geboren, war seit 1937 Mitglied der KP in verschiedenen Funktionen, gehörte zu den Organisatoren des Prager Aufstands vom Mai 1945, war dann ZK-Mitglied, wurde 1951 im Zusammenhang mit dem Slánský-Prozeß zu lebenslänglicher Haft verurteilt, war dann ab 1966 ZK-Mitglied, seit 1967 Minister für Forst- und Wasserwirtschaft, seit März 1968 Mitglied des Präsidiums des ZK, von April bis Dezember 1968 Vorsitzender der Nationalversammlung. 1969 wurde er aus dem ZK ausgeschlossen und aller Funktionen enthoben, er starb 1974.

Diese Memoiren erschienen auf tschechisch in *Listy* 2/1975 unter dem Titel „Das unvollendete Gespräch". Kleine Teile davon waren bereits im *Spiegel* 9/1975 erschienen, wir übernehmen die Übersetzung dieser Auszüge mit freundlicher Genehmigung des Verlages.

Josef Smrkovský,
Das unvollendete Gespräch

Ondřej Petr (OP): Das Jahr 1968 ist Vergangenheit. Und doch gibt es nur wenige Ereignisse, die gegenwärtig sind. Das ZK billigt „Die Lehren" (1), und es scheint, als ob auch unter uns, denen, die – wenn man es so nennen kann – „verloren" haben, das ganze zu einer Mythologie wird. Deshalb zuerst die klassische Frage: „Womit beginnen?"

Josef Smrkovský (JS): Die Januar-Ereignisse des Jahres 1968 begannen eigentlich bereits 1967 in der Oktober-Sitzung des ZK der Partei, wo die Parteiprobleme gelöst werden sollten – bzw. wo sie auf der Tagesordnung standen. Die Verhandlungen wurden der praktischen Parteipolitik gegenüber in einem kritischen Ton geführt. Es ging um innerparteiliche Probleme, es ging um die Wirtschaftsreform, es ging um die Beziehungen zwischen Tschechen und Slowaken vom Gesichtspunkt der Machtposition. Die Slowaken zeigten ihre berechtigte Unzufriedenheit mit dem Prager Zentralismus und Bürokratismus. Es ging auch um die Praxis der Regierung. Damals kritisierte auch Antonín Novotný scharf die Regierung, indem er sagte, daß die Regierung nicht regiere.

Die Verhandlungen wurden in einer so aufgeregten Atmosphäre geführt, daß Stimmen laut wurden, man sollte nicht aufhören, sondern eine neue Sitzung einberufen und weitermachen. Borůvka forderte, die Verhandlungen sollten nicht beendet, sondern auf einer neuen Sitzung weitergeführt werden.

Ende Dezember 1967 wurden diese Angelegenheiten auf der Sitzung des Parteipräsidiums besprochen, und dort kam es auch zu einer Wende durch die Initiative der Sekretäre bzw. einiger Präsidiumsmitglieder, die die Angelegenheit allerdings ein wenig vereinfacht sahen. Sie traten mit der Forderung auf, die Funktionen zu teilen. Man wollte einen anderen Parteisekretär, einen anderen Präsidenten. Darum ging es dem Parteipräsidium, darüber hat man sich gestritten – und darüber wußten wir relativ wenig. Wir erfuhren, daß eine Sitzung der anderen folgte, aber daß nichts gelöst wird. Der ausländische Rundfunk berichtete über diese Sachen relativ viel, und Ende Dezember bat ich einige Mitglieder des Parteipräsidiums darum, mir zu sagen, worum es eigentlich bei ihnen geht. Damals besuchte ich Jaromír Dolanský und Lubomír Štrougal und bat sie, mir zu erklären, worüber man sich im Präsidium streitet, worum es geht.

Dabei war es interessant, welche Atmosphäre dort herrschte. Als ich Dolanský im ZK-Gebäude besuchte, bat er mich, mich mit ihm ans andere Tischende zu setzen – er hatte dort einen Konferenztisch –, und zwar deshalb, weil die Telephongeräte, die dort rings herum standen, dem Abhören dienten. Am anderen Tischende flüsterte er mir zu, daß das Präsidium, einzelne Mitglieder und Sekretäre, eigentlich nichts unternehmen können, daß alles einer strengen Zensur von Antonín Novotný unterliegt. Den Hauptakzent legte er wieder darauf: die Funktionen zu teilen.

Als ich mit Štrougal sprach, war die Atmosphäre noch düsterer. Er wollte mit mir sprechen, allerdings nicht im Gebäude des ZK der Partei; er bat mich, ihn zu Hause zu besuchen, allerdings nicht mit dem Auto bis dahin zu fahren, sondern zu Fuß zu kommen. Als ich dort war, war er sehr ängstlich, er hatte Angst, daß

Antonín Novotný Repressionsmaßnahmen gegen diejenigen anwenden könnte, die sich gegen ihn wenden.

Vor der Tagung des Dezember-Plenums, vor der ersten Sitzung — deren Fortsetzung dann im Januar stattfand —, es war am Freitag morgen, etwa um sieben Uhr, rief mich Antonín Novotný zu Hause an, ob ich ihn noch am gleichen Tag besuchen könnte. Selbstverständlich sagte ich zu.

Die Plenarsitzung fing am Montag, in der Woche vor Weihnachten, vor dem Weihnachtstag, an. Bei Novotný im ZK war ich am Freitag nachmittag. Ich erinnerte mich daran, daß er ganze zwei Jahre keine Zeit für mich gehabt hatte. Ich hatte ihn zweimal schriftlich gebeten, mich zu empfangen, ich wollte mit ihm über Parteiprobleme und andere Dinge reden; vergebens. Dieses Mal forderte er mich auf. Er erklärte mir auch, worum es beim Streit auf dem Parteipräsidium gehe. Es reduzierte sich auf einen persönlichen Streit, auf die personelle Teilung der Funktionen. Er sagte mir, daß er auch die Parteiführung, das Parteipräsidium reorganisieren und personelle Änderungen durchführen möchte. Er hatte es schriftlich, auf einem Papierstück, und sagte mir, daß er auch mit mir für das Parteipräsidium rechne. Um mich zu überzeugen, stand er von seinem Präsidiumsstuhl auf, ging um den Tisch herum und zeigte mir den Entwurf der Liste, wo ich als Kandidat für das Präsidium angeführt war. Er ließ mich nicht das ganze Schriftstück lesen, er zeigte mir nur, daß ich dort aufgeführt war.

Die ganze Angelegenheit war mir ziemlich peinlich, weil er mich einlud, um mich für sich zu gewinnen. Das konnte ich nicht akzeptieren. Als er mit seinen Ausführungen zu Ende war, mit seinen Vorschlägen für personelle Änderungen, damit, wie er sich das ganze vorstellt, teilte ich ihm meine Meinung mit: daß es dafür schon zu spät sei, daß es angesichts der Lage in der Partei und in der Gesellschaft notwendig sei, nicht nur die Teilung der beiden Funktionen durchzuführen, sondern auch einen breit angelegten Demokratisierungsprozeß einzuleiten. Ich berief mich auf die Oktobertagung, auf die kritischen Stimmen, die forderten, daß die Regierung wirklich eine Regierung werde, daß sie nicht nur ein Exekutivapparat des Parteiapparates bleibe, ich sprach über die Probleme der Slowaken, über die Wirtschaftsreform usw. Ich glaube, daß ich ihn mit diesen Argumenten einigermaßen unsicher machte, weil er mich — als er zu der Teilung der Funktionen kam — fragte: Und wen würdest Du also . . .? Ich sagte ihm, er solle Präsident auf der Burg bleiben, daß dies für einen Menschen reiche und die Funktion des Ersten Sekretärs jemand anderes ausüben solle. Und so dachten wir gemeinsam und laut nach, wer es sein könne. Er fragte mich. Ich dachte darüber nach und schlug vor, daß Lenart der Erste Sekretär werden solle. Ich sagte ihm, daß ich dies angesichts der ruhigen Art von Lenárt für die geeignetste Lösung halte. Er wandte gleich ein — damals war Lenárt noch Regierungschef: „Wer soll also in diesem Fall der Regierungschef werden?" Ich antwortete, daß ich es so konkret nicht durchdacht hätte, da ich nicht wußte, daß mich danach jemand fragen würde.

Wir haben lange darüber gesprochen, und letztendlich hatte ich den Eindruck, ihn überzeugt zu haben. Ich ging mit dem Gefühl heim, daß er das tun würde. Es war am Freitag. Als ich wegfuhr, sagte ich noch dem Fahrer, daß ich einen guten Tag hinter mir habe, daß ich gute Arbeit geleistet habe, daß der Genosse Novotný einverstanden sei.

Am nächsten Tag gab es in Lány eine Jagd. Sie wurde immer einmal im Jahr vom Präsidenten für Staats- und Parteifunktionäre veranstaltet. Ich war dort, mit mir auch Chudík, Sádovský, einige Minister. Novotný war aber nicht da. Am Nachmittag, als wir nach der Jagd ausruhten, rief man aus Prag an, daß der Genosse Novotný mit Lenárt unterwegs nach Lány sei und wir dort warten sollten. Weiter wurde ausdrücklich gesagt, daß ich warten solle.

Er kam, wir saßen alle zusammen am Tisch, dann gab er mir ein Zeichen, damit ich mit ihm weggehe. „Also schau mal" — er nannte mich Toník oder Joska, einmal auch Tonda (Deckname aus der Illegalität von 1939-45 — Anm. der Red. der „Listy"), mal, wie mich Leute so nennen, mal mit meinem richtigen Namen —, „gestern sprachen wir miteinander, Du empfahlst mir, zurückzutreten usw. Heute besuchten mich alte Genossen, ich sagte ihnen, was Du empfiehlst, und sie sind dagegen. Sie sind dagegen, daß ich zurücktrete. Ich glaube, daß s recht haben." Er sagte mir, ich solle meinen Standpunkt noch mal überlegen.

Ich sagte, daß ich es selbstverständlich überlegen würde, aber ich sagte auch, daß er auf diese sogenannten alten Genossen — es waren seine Freunde — nicht hören solle. Ich sagte ihm: „Das sind nicht Deine Freunde, To. 'ek, das sind Deine Totengräber. Es geht ihnen nicht darum, daß Du in beide Funktionen bleibst. Es geht ihnen darum, daß sie selbst ihre Funktionen behalten können, obwohl sie ihnen inzwischen über den Kopf gewachsen sind und sie sie nicht mehr innehaben sollten."

Gemeint waren u.z.B. Josef Němec, Kleňhová-Besserová, Kozelka — der ist heute schon tot —, diese alte Garde seiner Prager Freunde. Nur wenige von ihnen könnten ihre Funktionen ausüben, ohne sie von Novotný direkt bekommen zu haben, das war allgemein bekannt. Wir trennten uns also damit, daß ich alles noch einmal überlegen solle.

Am Sonntag rief ich Franta Kriegel an, mit dem ich bis dahin keine persönlichen Gespräche geführt hatte, außer bei gesellschaftlichen Anlässen. Da er nicht zu mir ins Büro kommen wollte, besuchte ich ihn in seiner Wohnung und erzählte ihm alles, die ganze Angelegenheit. Er erwiderte, daß er mit Novotný auch gesprochen hatte und daß sie auch zu keiner Übereinstimmung gekommen seien. Wir waren beide der Meinung, daß die Dinge bald gelöst werden müssen.

Am Montag früh — bis dahin sollte ich mir alles erneut überlegt haben — besuchte ich Lenárt im Regierungsgebäude, ich sprach mit ihm an diesem Tag zuerst, da er von Novotný eingeweiht worden war. Ich sagte Lenárt, daß ich über die Dinge noch einmal nachgedacht habe, meine Position aber nicht ändern würde, und bat ihn, es Novotný auseinanderzusetzen. Gegen das, was ich sagte, wandte Lenárt nichts ein. Ich betone, daß ich bis dahin und noch später nach dem Januar zu Lenárt das beste Verhältnis hatte. Ich kannte ihn aus der Regierung und hatte Achtung vor ihm, vor einem Menschen, der qualifiziert, ruhig, bedächtig und gebildet war. Deshalb empfahl ich ihn auch. Und ich glaube, daß Lenárt die Funktion angenommen hätte, wäre Novotný einverstanden gewesen. Heute möchte ich es nicht beurteilen, aber es schien mir lange Zeit, daß dies die Lösung gewesen wäre, eine akzeptable Lösung, hätte es Novotný nicht bis auf die Spitze getrieben.

Von Lenárt ging ich im Regierungsgebäude zu Šimůnek, mit dem ich auch etwa eine Stunde sprach, ich erklärte ihm alles, auch schon deshalb, weil Šimůnek, wie ich vermutete bzw. überzeugt war, Novotný sehr nahe stand. Ich redete auf ihn ein, ich wollte, daß er mit Novotný spricht und ihn dazu bringt, es nicht so weit zu treiben, sondern eine für alle akzeptable Lösung anzunehmen. Šimůnek widersprach mir auch nicht.

Die Dezember-Tagung ging vorbei, ohne daß irgendetwas gelöst wurde. Sie wurde unterbrochen und sollte nach Weihnachten weitergeführt werden. Während der Dezember-Tagung kam ich selber nicht zu Wort. Auf der Liste stand ich an 30. Stelle, zu Wort kam ich erst im Januar.

Die ersten drei Tage der Dezember-Tagung zeigten, daß sich Novotný auf die Hinterbeine stellte und daß es im guten nicht gehen würde. Die Spannung wuchs also. Während der Feiertage, ich glaube, es war am zweiten Weihnachtstag, am Heiligen Stephan, kam vormittags ein Redakteur zu mir in die Wohnung, den ich bei gesellschaftlichen Anlässen kennengelernt hatte: er wollte mir eine wichtige Botschaft überbringen. Der Genosse Mestek hatte gerade auf dem Ministerium eine Besprechung mit noch drei anderen Genossen gehabt. Dorthin kam er von Novotný und referierte den Genossen, wie die Lage sei, was weiter geschehe. Einer dieser Teilnehmer bestellte mir also folgendes: daß der Genosse Novotný sich wehren würde; daß er mit der Armee rechne, der er vertraue; daß er mit den Milizen rechne; daß immer mehr Deputationen aus Großbetrieben zu ihm strömen und ihn auffordern würden, nicht zurückzuweichen, sich an sie anzulehnen – einige waren auch aus Vysočany, wo Novotný eine gewisse Basis besaß –. Aber er bestellte mir auch andere Dinge von dem Gespräch mit Mestek: Mestek habe gesagt, daß es schade sei, daß ich, Smrkovský, und andere in den 50er Jahren aus Ruzyně (2) freigelassen worden sei, daß wir dort hätten bleiben sollen und daß ausgefüllte Haftbefehle, auf denen nur noch die Unterschriften fehlen würden, schon vorbereitet seien. Darunter auch ein Haftbefehl für mich. Und weiter, daß der Genosse Mestek den Automobilpark des Landwirtschaftsministeriums für allerlei Kurierdienst dieser Aktion zur Verfügung stelle. Also: ich sollte wissen, woran wir sind, womit wir rechnen können und was Novotný vorbereitet.

Jetzt wußte ich, daß die Sache ernst wird, daß es im guten nicht mehr geht, daß Novotný nicht nachgeben würde. Ich hatte eine für die Dezember-Tagung vorbereitete Rede, ich kam ja nicht zu Wort (sie befindet sich in meinem Archiv), also arbeitete ich sie für die Januar-Tagung auf eine kämpferischere Tonart um. Ich erinnerte dort an das Thema des Gesprächs zwischen mir und Novotný. Novotný bestätigte, daß wir dieses Gespräch geführt hatten, was ich ihm empfahl und was er ablehnte – es ist schließlich im Sammelband von der ZK-Tagung abgedruckt.

OP: Zu der Zeit sprach man häufig über Novotnýs Bemühungen, die SU zu seiner Unterstützung zu gewinnen. Was wußtet ihr, die Mitglieder des Zentralkomitees, darüber?

JS: Um Weihnachten 67 führte ich auf einer Jagd in Konopiště ein Gespräch mit Červoněnko (3), den ich dazu eingeladen hatte. Dort waren auch Svoboda, Sádovský und andere. Es war zwischen der Dezember-Tagung und Weihnachten (am Ende des Jahres wird dort immer eine Jagd für Diplomaten veranstaltet), also Červoněnko war dort auch anwesend und so wechselten wir miteinander im Wald einige Worte zum Thema, was bei uns geschieht. Er fragte mich, was meiner Meinung nach passieren würde. Ich sagte ihm damals ziemlich kategorisch, daß die

Sachen gelöst werden würden, da sie gelöst werden müßten, und zwar sowohl im Bereich der Besetzung der beiden höchsten Funktionen, als auch im Bereich der Ökonomik und Regierung, damit die Regierung auch wirklich funktionsfähig werde. Zu dem allgemeinen Thema sagte ich ihm also einfach, daß es gelöst werden würde. Auf all dies reagierte er zurückhaltend, skeptisch, weil er schließlich von Anfang an seine eigene Meinung dazu hatte, er sympathisierte nicht sehr mit meiner Auffassung. Das war Červoněnko.

Zu der Zeit war selbstverständlich auch Brežněv hier. Wir baten vergeblich darum, daß uns jemand mitteilt, worüber sie verhandelt hatten, weil dies doch wie ein Eingriff in die innerparteilichen Angelegenheiten aussah. Es wurde uns gesagt, daß Brežněv sich angehört hatte, worum es gehe, und es ablehne, sich einzumischen − das ist der bekannte Ausdruck: „éto vaše dělo"; („Das ist Eure Sache"); wir akzeptierten alle diese Haltung, falls er sie wirklich gehabt haben sollte.

OP: Ich erinnere mich daran, mit welcher Freude diejenigen, die über die Geschehnisse etwas wußten, die Nachricht darüber empfingen, daß der Erste Sekretär nicht mehr Novotný, sondern Dubček ist. Nicht so sehr darum, weil wir viel über Dubček gewußt hätten, sondern darum, weil die Gefahr verschwand, daß Novotný Gewalt anwenden würde, um zu gewinnen. Daher waren wir schockiert, als das offizielle Kommunique über die ZK-Tagung rauskam. Wir sagten uns: Wie wollen sie eine neue Politik mit einer Unwahrheit einleiten und warum?

JS: Als die Tagung am 5. Januar beendet wurde − das Präsidium hatte in der letzten Nacht beschlossen, daß Novotný endlich zurücktreten solle −, erfuhr ich im nachhinein, was für ein „Kuhhandel" dort im Parteipräsidium stattgefunden hatte. Es gab eine Menge Vorschläge, wer die Funktion des Ersten Sekretärs übernehmen solle, gegen einige war Novotný, gegen andere waren die Slowaken, es gab ein Durcheinander, und schließlich war Dubček der einzige Kandidat, der Aussicht hatte, durchzukommen. Die Slowaken waren dafür, die Tschechen auch, und Novotný traute sich nicht, gegen Dubček aufzutreten. Vor allem deshalb, weil die Frage Tschechen − Slowaken bzw. richtiger gesagt, Novotný − Slowaken, für ihn schon während der Oktober-Tagung und dann im Dezember und auch im Januar sehr heikel gewesen war, und weil er dadurch in eine unangenehme Lage gekommen wäre. Alle einigten sich also auf Dubček, als einzigen Kandidaten. Nur, soweit ich weiß, wollte Dubček das Amt nicht annehmen. Man erzählte mir später, wie sich Dubček in der Nacht von Freitag auf Samstag, als die Sitzung zu Ende ging, dagegen gewehrt habe. Černík bat ihn, die Funktion anzunehmen, und versprach, daß ihn alle unterstützen würden − sie überredeten Dubček einfach. Er war darauf nicht gefaßt, plötzlich eine solche Funktion zu übernehmen, sie fiel ihm wie aus heiterem Himmel zu.

Nachdem das Zentralkomitee die Kandidatur von Dubček − ich glaube mit einer oder zwei Gegenstimmen − angenommen hatte, wollten die Genossen vom damaligen Präsidium die Sitzung beenden. Sie wurde nach der Wahl von Dubček unterbrochen. Aber es gab viele, die Černík, Štrougal und anderen sagten, daß es nicht ausreiche, nur dieses zu erledigen, daß es notwendig sei, die Partei und die Öffentlichkeit davon zu informieren. Wir wollten auch, daß Grundprinzipien unserer zukünftigen Politik beschlossen werden, daß gesagt wird, was für eine Politik die Partei durchführen werde; man sollte auch den Sinn der Diskussionen der ZK-Tagungen vom Januar, Dezember und auch Oktober klar machen. Ich sprach damals mit Černík und Štrougal. Černík sagte mir, er bat mich sogar: „Josífek, versteht doch, daß wir nicht mehr können, wir können uns nicht mal mehr auf den Füßen halten, es waren endlose Nächte, niemand hatte Zeit, etwas durchzudenken. Wir müssen es auf die nächste Sitzung verschieben." Der Redaktionsausschuß, der zusammengestellt wurde, hatte die Aufgaben, die allgemeinen Grundprinzipien der Parteipolitik, die später beschlossen werden sollten, zu entwerfen.

Wir waren also alle sehr unzufrieden, daß alles so abgetan wurde, aber wir akzeptierten es. Es ist ein Faktum, daß – während der Streitereien zwischen Oktober, Weihnachten und Januar – das damalige Präsidium tatsächlich nichts vorbereitete, sich nichts überlegte. Deshalb drängten wir Dubček gleich nach dem Januar, dafür zu sorgen, daß das Präsidium bzw. andere dafür kompetente oder berufene Organe, ein Dokument über die Nach-Januar-Politik ausarbeiten solle.

Damals kam ich nicht sofort zu Dubček durch, er hatte viel zu tun. Also ging ich zu Sádovský. Er war Sekretär für Landwirtschaft. Ich wußte von ihm, daß er jeden Abend bzw. jede Nacht mit Dubček sprach. Ich erinnerte ihn daran, daß es hier in Prag ein großes Potential marxistischer Intelligenz gäbe, daß die Partei hier Leute habe, die dem Zentralkomitee für notwendige Arbeiten voll zur Verfügung ständen. Es waren auch andere Genossen bei ihm; es gab das Bedürfnis nach Diskussion. Das waren die Anfänge des Aktionsprogramms der Partei.

Dubček hatte natürlich für die Arbeit mit der Intelligenz Verständnis, weil er sie in Bratislava auch praktizierte, zwar nicht genial, aber besser als Novotný in Prag. Er verstand unser Anliegen – es entsprach eigentlich seiner eigenen Konzeption –, er ließ sich aber – wie wir alle –, zu dem Vorhaben hinreißen, statt eines einfachen, vorläufigen Aktionsprogramms – ich stellte es mir etwa so vor wie die zehn Punkte von Klement Gottwald – ein ganz großes Werk zu erarbeiten, das alles beinhalten sollte. Etwa zwei- oder dreimal war ich bei Dubček, einmal alleine, das zweite Mal mit noch anderen Genossen, und meinte, daß die Partei, die Öffentlichkeit, eine Erklärung erwarten, daß die Partei doch endlich sagen solle, welche Politik sie einschlagen wolle. Wir drängten darauf, daß die Arbeiten am Aktionsprogramm beschleunigt werden sollten, daß das Programm selbst gekürzt und der Öffentlichkeit vorgelegt werden solle. Leider verzögerte sich das bis März.

OP: Es gab allerdings einige ZK-Mitglieder, die versuchten, diese Informationslücke zu schließen. Du gehörtest auch zu ihnen, und wir wissen, daß diese Tätigkeit nicht ohne Hindernisse ausgeführt werden konnte.

JS: Gleich nach der Januar-Tagung von 1968 wollten die Parteiorganisationen und auch verschiedene gesellschaftliche Organisationen wissen, worüber man eigentlich im ZK spricht. Sie setzten Versammlungen ein, wollten Redner, möglichst ZK-Mitglieder. Ich weiß, daß der Parteiapparat und das Sekretariat damit Schwierigkeiten hatten. Redner standen nicht zur Verfügung, viele Genossen lehnten es ab, die Versammlungen zu besuchen. Ich war einer von denen, die sich dem Zentralsekretariat seit den ersten Tagen zur Verfügung stellten. Meine Versammlungsrundreise begann zuerst auf dem Lande. Dabei war es interessant, daß mich der damalige Parteiapparat nicht in Prag haben wollte. Nachdem ich etwa zehn, fünfzehn Versammlungen auf dem Lande hinter mir hatte und die Prager Organisationen wollten, daß ich zu ihnen komme, machte ich die Genossen im ZK der Partei darauf aufmerksam. Auch Dubček merkte es, ich weiß nicht, ob von sich aus oder ob ihm das jemand sagte, aber er verfügte, daß sie mich auch zu den Prager Organisationen lassen sollten. Also fing ich an, Bezirksversammlungen in Prag zu besuchen, ich war im Bezirk Prag 2, dann in Prag 3, dann im ČKD-Betrieb und schließlich in allen Prager Stadtteilen – in Betrieben, Organisationen, Institutionen. Jetzt war aber interessant, daß Verlegenheit darüber aufkam, was man sagen darf und was nicht. Etwa zehn Tage nach der ZK-Tagung lud der Genosse Hendrych uns, die Referenten, ins ZK. Damals waren dort vielleicht 40 oder 50 Leute. Alle beschwerten sich, daß sie nicht wüßten, was oder was sie nicht sagen dürften, was vertraulich sei und was nicht, weil es diesen unglücklichen Beschluß gab, diese Sachen nicht bekanntzumachen. Probleme, über die man im ZK verhandelt, vor der Partei zu verschweigen, das war ein Beschluß gegen die Parteiprinzipien. Hendrych sagte uns, daß das Parteipräsidium diese Frage behandelt und beschlossen habe, daß man auf Mitgliederversammlungen und in angemessenem Maße auch auf anderen Veranstaltungen über alle Sachen reden dürfe, die im ZK verhandelt werden. Mit einer Ausnahme: nicht über Personen, nicht darüber, wer welche Stellung bezog.

OP: Am Podium der Kongreßhalle sprach auch Gustáv Husák außer Dir und anderen Genossen. Damals hatte er auf die Zuhörer eine positive Wirkung und ahnte offensichtlich nicht, welche Änderungen ihm im Leben noch bevorstanden. Das ahnte allerdings niemand. Du etwa?

JS: Hier möchte ich ein wenig ausholen. Etwa am 16. Januar 68 bekam ich einen Termin bei Dubček wegen Husák. Die Funktion des Ersten Sekretärs in Bratislava übernahm damals schon Bilak. Ich sagte zu Dubček, daß ich es für richtig halten würde, wenn Husák und Novomeský nach all diesen Änderungen reaktiviert werden würden. Ich erinnerte daran, daß ich in den Jahren 1964/65, als ich rehabilitiert wurde, bei Novotný vorgesprochen hatte, damit auch Husák und Novomeský rehabilitiert werden würden. Ich besuchte sie damals etwa zwei- oder dreimal und brachte die Angelegenheit ziemlich weit voran. So weit, daß Husák Ministerialsekretär für Justiz werden sollte. Aber es ging darum, daß er nicht irgendein Sekretär werden wollte, einer von vielen, sondern der Erste Ministerialsekretär. Ich legte ihm ans Herz, er sollte es annehmen, auch wenn es nicht die Funktion des Ersten Ministerialsekretärs sein sollte. Das hätte Husák schon akzeptiert. Schließlich hatte er eine einzige, letzte Bedingung. Es war Winter, Februar, draußen war es sehr matschig. Er wollte von Novotný zum Gespräch auf der Burg empfangen werden, und es sollte ein offizielles Kommunique darüber herausgegeben werden. Über Jan Svoboda leitete ich diese Bitte an Novotný weiter. Novotný lehnte ab. Er sagte, wenn Husák solche Bedingungen stelle – Empfang auf der Burg, offizielles Kommunique –, daß er, Novotný, nicht mitmachen würde. Und wenn der Genosse Husák das Angebotene nicht will, daß aus der ganzen Sache überhaupt nichts werde. Daraufhin kam Husák mit Laco Novomeský nach Prag. Wir trafen uns im Repräsentantenhaus, um dies zu besprechen. Es war am Samstag. Husák lehnte es ab, den Posten unter anderen Bedingungen anzunehmen, und Novotný wollte ihn wiederum auf der Burg nicht empfangen. So wurde alles wegen so einer formellen Sache zunichte gemacht. Später, bei irgendeiner Sitzung des ZK der Partei, traf mich Novotný auf der Burg und sagte zu mir: „Ich bitte dich, Deine Sachen mit Husák, laß es doch sein." Weil ich es nur aus eigener Initiative machte, blieb alles ruhig.

Und jetzt, im Januar 68, ging ich zu Dubček und sprach den Fall wieder an. Dubček hörte mir zu und sagte, gut, er sei einverstanden. Ich meinte, daß ich am nächsten Tag – so am 16. oder 17. Januar, es war wieder ein Samstag – sowieso nach Bratislava fahren würde, alles sei schon verabredet; Evžen Löbl war im Januar 68 so etwas wie ein Mittelsmann zwischen mir und Husák. Ich ging dann zum Sekretariat, zu Bilak. Es war gerade in den Tagen, als er Erster Sekretär in der Slowakei wurde, es gab dort viele Abgesandte aus Institutionen, die ihren Eid ablegten und solche Sachen. Er empfing mich sehr bald, die anderen Kollegen ließ er warten, wir sprachen miteinander etwa 15 bis 20 Minuten.

Es war eigentlich vor allem ein gesellschaftlicher Anlaß, ich beglückwünschte ihn, da ich auch Minister für die Slowakei war. Und ich erzählte ihm über die Probleme von Husák, Laco Novomeský und darüber, daß Dubček mit dem einverstanden sei, was ich noch unter Novotný unternommen hatte, daß dies bislang nicht geklappt habe, usw. Und Bilak sagte: Ja, ich bin einverstanden. Alles wird überprüft. Dann sprachen wir – wie ich schon vorher auch mit Dubček – über eine positive Lösung, wie, auf welche Weise Husák eigentlich wieder eingesetzt werden könnte. Damals waren wir uns alle einig, daß es am besten wäre, ihn – noch bevor viele andere Dinge gelöst seien – im staatlichen Bereich zu beschäftigen. Er sollte Regierungsmitglied werden. Die beiden, Dubček und Bilak, waren damit einverstanden, und so trennten wir uns. Von Bilak ging ich zuerst zur Forstbehörde und besuchte dann Laco Novomeský bei ihm zu Hause. Zusammen fuhren wir dann zu Husák in eine Villa am Rande von Bratislava, wo er uns schon erwartete. Dort hatten wir eine etwa dreistündige Besprechung. Ich referierte ihnen, was ich bei Dubček und Bilak erreicht hatte und wir trennten uns sehr freundschaftlich, mit dem guten Gefühl, daß alles gut gehen werde und daß Husák – und selbstverständlich auch Novomeský, um Husák ging es aber in erster Linie – der Regierung angehören solle, was dann auch geschah. Es ist traurig, daß Husák all dies ganz genau weiß, daß auch Laco Novomeský es weiß, daß sogar Bilak es weiß. Trotzdem, ein Jahr danach auf einer ZK-Tagung, sagte Bilak, daß ich ihn damals besucht habe, um ihn gegen Dubček zu gewinnen und andere Unverschämtheiten. Und Husák schwieg dazu, obwohl er bis ins Detail wußte, worum es ging, warum ich Bilak besuchte: eben seinetwegen.

OP: Nach Novotnýs Rücktritt und eigentlich schon vorher, gab es eine wichtige Frage: Wer soll Präsident der Republik werden? Es gab mehrere Kandidaten, wenigstens die Öffentlichkeit nannte einige Namen. Gewählt wurde General Svoboda. Obwohl viele Menschen Dich wollten, hast Du seine Kandidatur unterstützt? Der Grund?

JS: Seit der Januar-Tagung des Zentralkomitees begannen zwischen mir und dem Genossen Svoboda sehr intensive Kontakte. Er arbeitete zu der Zeit im militärischen Geschichtsinstitut, und ich war Minister für Forst- und Wasserwirtschaft, unser Büro war in der Opletalová-Straße. Zwischen Januar und der Präsidentenwahl im März besuchte er mich, nur mit Ausnahmen, mit sehr seltenen Ausnahmen, tagtäglich in der Opletalová-Straße. Manchmal auch zweimal täglich. Er wollte wissen, worum es in der Partei geht, um welche Probleme, nicht nur personelle, sondern auch andere, er informierte sich über Leute aus dem Präsidium. Er kannte damals sehr viele Leute nicht. Immer fragte er mich danach, wer dieser Černík sei, was für ein Mensch er sei, wer Indra sei, wer die anderen; er wußte bis dahin kaum etwas über die Problematik der Beziehungen zwischen Partei und Regierung, über Personen, darüber, wer in der Partei und wer in einer Regierungsfunktion war. Bis dahin hatte er sich dafür einfach nicht interessiert, und deshalb erklärte ich ihm alles. Und ganz ehrlich. So gegen Ende Februar und im März war es in Partei- und Regierungskreisen schon allgemein bekannt, daß Genosse Svoboda schon viele Leute auf dem Lande, in Mähren, in der Slowakei besucht hatte, um sich zu informieren, und damals erfuhr ich von anderen Genossen auch zum ersten Mal, daß die Meinung vorherrscht, daß Novotný sich wahrscheinlich nicht mal als Präsident halten würde; in diesem Falle würde dann die Wahl auf den Genossen Svoboda fallen. Ich betrachtete diese Entwicklung eigentlich als positiv, akzeptierte diese Alternative und unterstützte sie dann auch.

OP: Im April wurde Černík Regierungschef und Du Vorsitzender der Nationalen Front und Präsidiumsmitglied, obwohl die Angriffe von Hager signalisierten, daß die Ablehnung der neuen tschechoslowakischen Politik seitens einiger verbündeter Länder sich gerade auf Deine Person konzentrierte. Wie war Dein Debüt in der internationalen Politik?

JS: Am 4. Mai 68 fuhren wir – Dubček, Černík, Bilak und ich – nach Moskau. Für die sowjetische Seite waren Brežněv, Podgornyj, Kosygin, Suslov und einige andere Genossen, darunter Kaťušev, anwesend. Wir blieben dort einen Tag. Eigentlich verbrachten wir den Tag damit, daß wir uns eine lange Aufzählung davon anhörten, was der Sowjetunion oder ihren Repräsentanten nicht gefiel – die Geschehnisse, die Entwicklung bei uns. Im Grunde war das ein Vortrag aus den Entwürfen für ein „Weißbuch", etwa so würde ich es nennen. Während der Verhandlung liefen ständig Sekretäre herum, brachten Brežněv immer neue Informationen darüber, was bei uns diese und jene Zeitung oder Zeitschrift schrieb, was dieser oder jener bei uns sagte.

Es ist tatsächlich so gewesen, daß niemand von uns über eine ganze Reihe von Sachen informiert war, die sie – vor allem Brežněv – uns vorlasen; aus irgendwelchen Bezirkszeitungen, die dies und jenes veröffentlichten, aus irgendwelchen Versammlungen, auf der jemand sprach und etwas sagte. Wie konnten wir all das wissen?

Sie – und hier bei uns Červoněnko – bekamen diese Informationen von Leuten, die dann später die Konservativen genannt wurden. Diese sammelten allerlei Klatsch und lieferten ihn der sowjetischen Botschaft – und von hier ging alles an Brežněv. So verbrachten wir den Tag damit, daß wir versuchten, Erklärungen abzugeben. Ich zum Beispiel sagte zu Brežněv, daß er in ein, zwei Monaten nicht mehr so ein Paket derartiger Sachen vor sich haben würde, daß es zusammengeschrumpft sein würde, daß wir damit fertig werden würden. Wir – vor allem Dubček, und auch andere – führten unvergleichbar grundsätzlichere Punkte und Informationen an als die Sowjets mit ihrer Kollektion von sogenannten gesammelten Informationen. Später, im Jahre 68, sagte die Abgeordnete Dohnalova schadenfroh zu mir: „Wir haben dafür gesorgt, daß die sowjetischen Genossen alles erfahren, was bei uns zu der Zeit passierte."

Das Treffen fand nur einige Tage nach dem 1. Mai 68 statt, und es überraschte uns, daß sie sich dafür kaum interessierten, daß die Teilnahme der Bevölkerung dabei so imposant und spontan war. Es waren Millionen von Menschen, die sich begeistert hinter die Parteipolitik und die Kommunistische Partei stellten. Das interessierte sie nicht. Sie interessierten sich für Versammlungen des KAN (ein Klub parteiloser Bürger), K 231, an denen vielleicht 50 bis 100, manchmal weniger Leute teilnahmen. Von den Verhandlungen waren wir angewidert, da wir sahen, daß sich die sowjetische Führung nicht für Fakten und die Gesamtlage bei uns interessierte, sondern nur Vorwände gegen uns suchte. Unsere Position wurde dadurch noch schlimmer, daß Bilak von ihren Positionen aus argumentierte; er war praktisch nicht unser Vierter in der Delegation, sondern ihr Fünfter, so daß wir nicht vier gegen vier, sondern drei gegen fünf waren.

OP: Hattet ihr vorher keine Beratung?

JS: Nein.

OP: Wie wurde das Treffen durchgeführt? Es war ja die Delegation einer Partei, eines Staates?

JS: Wir wurden eingeladen. Im Grunde wußten wir aber nicht genau, warum und worüber sie mit uns sprechen wollten, also gingen wir. Wir wurden einfach hinzitiert. Der Abschluß des Ganzen hatte weder Salz noch Schmalz. Sie forderten eine harte, administrative – hier würde ich sagen, polizeiliche – Vorgehensweise gegen jeden, der eine Meinung äußerte, die nicht ganz den Parteidokumenten oder der Parteipolitik entspräche.

Wir betonten dagegen, daß wir die Explosion der politischen Aktivität bei uns durch demokratische Diskussionen und Verhandlungen in den Griff bekommen würden. Und, sollte das nicht im guten gehen, wenn es gegen die Gesetze verstoßen würde und die Verhandlungen erfolglos bleiben sollten, daß wir gegen Extremisten auch administrative Maßnahmen anwenden würden.

Über die April-Tagung des ZK unserer Partei wurde höchstens am Rande, wenn überhaupt, gesprochen. Ihre Einwände gingen dahin, daß es nicht klar genug sei, was wir wollten. Wenn die Rede von der April-Tagung ist, dann meine ich übrigens das Aktions-Programm.

OP: Hattet ihr selbst irgendwelche Forderungen an die sowjetische Seite?

JS: Zu den Verhandlungen in Moskau am 4. Mai kamen wir auch mit der Bitte um eine Anleihe. Als Regierungschef begründete Černík unseren Wunsch, die verarbeitende Industrie zu modernisieren, die Zusammensetzung, die Struktur der Industrie zu ändern. Wir dachten auch an einen erweiterten Wohnungsbau. Es ging uns um einen Kredit von etwa 400 bis 500 Millionen Rubel. Wir wollten ihn von der Sowjetunion und sagten, daß wir eine Anleihe bei der Internationalen

Bank oder anderswo beantragen würden, wenn die sowjetischen Genossen ihn uns nicht in diesem Umfang gewähren könnten. Wir betonten allerdings, daß solche Anleihen vom Westen unsererseits ganz streng auf Handelsbasis, ohne politische Bedingungen, angenommen werden würden.

Darauf antwortete Kosygin sehr lässig, daß unsere Bitte überprüft werden würde. Aber Kosygin vergaß nicht zu fragen, für wen wir eigentlich Konsumgüter erzeugen möchten. Etwa für den Export? Er meinte, daß der Westen unsere Konsumgüter nicht brauche. Also hätten wir vor, mit Hilfe des Investitionskapitals kapitalistischer Länder mit unseren Konsumgütern auf die Märkte der sozialistischen Länder und vor allem die der Sowjetunion zu gehen. Aber auch der Markt der sozialistischen Länder brauche unsere Konsumgüter nicht, er brauche unsere Investitionsgüter.

Es war eine sehr gehässige und kategorische Haltung, die die alte Eisenkonzeption (Priorität der Entwicklung der Investitionsgüterindustrie) unserer Industrie unterstrich, die unsere Wirtschaft nicht nur in den Zustand einer einseitigen Abhängigkeit, sondern auch einer dauernden Ineffektivität gebracht hatte, schon allein aus dem Grund, daß wir keine Rohstoffe haben. Es zeigte sich, daß ihre Handelspolitik uns gegenüber politisch und zweckorientiert durchdacht ist: sie wollten uns jede Möglichkeit zur Souveränität zerstören und uns ihrer Politik streng unterordnen. Aus der Anleihe wurde nichts und ist bis zum heutigen Tage nichts geworden. So kamen wir aus Moskau derart enttäuscht zurück, daß wir es mit gutem Gewissen nicht wagen konnten, unserer Öffentlichkeit überhaupt etwas zu sagen, wenn man über den wirklichen Gesprächsinhalt nicht sprechen konnte.

OP: Vielleicht noch diese Frage. Es war Deine erste Reise in die Sowjetunion in Deiner Rolle als Vorsitzender des Parlaments. Die sowjetischen Repräsentanten äußerten dort viele kritische Worte. Später sagte man jedoch, daß sie von Anfang an warnten, Andeutungen machten, daß sie vielleicht eingreifen müßten. Sagte jemand von ihnen während der Mai-Beratung etwas, woraus man zumindest entfernt entnehmen könnte, daß die Sowjets auch einen militärischen Eingriff im Sinne hatten?

JS: Ich kann sagen, daß ich bis halb zwölf in der Nacht zum 20. August nie zuvor gehört hatte – weder direkt von sowjetischer Seite noch aus den anderen sozialistischen Ländern oder aus zweiter Hand –, daß sie entschlossen wären, zu uns zu kommen und unser Land militärisch zu besetzen. Hätte ich so etwas gehört, wenn auch nur aus zweiter Hand, hätte ich mich damit ganz bestimmt konkret beschäftigt, man hätte darüber auf dem Parteipräsidium sprechen müssen – ich hätte es einfach nicht übergehen können. Ich hatte aber nie so etwas gehört, und soweit ich an einigen Gesprächen mit den sowjetischen Repräsentanten teilnahm, fielen nie solche Worte.

OP: Auch keine anderen Drohungen? Keine Hinweise auf wirtschaftliche oder andere Sanktionen?

JS: Nichts, wovon ich logisch hätte ableiten können, daß ihre Worte zu einer Militärintervention hätten führen können. Es war nur Kritik, Behauptungen, alles Mögliche, aber solche Drohungen, wenn auch indirekt, verschleiert – das hörte ich nicht. Nein.

OP: Eure Moskauer Gespräche beeinflußten die Lage jedoch. Das zeigte sich in der Resolution des Mai-Plenums. Glaubst du auch heute, daß der damalige Kompromiß glücklich war? Hätte er weitergehender oder überhaupt nicht sein sollen oder gab es noch eine andere Alternative?

JS: Nach unserer Moskau-Reise fand Ende Mai eine Sitzung des ZK statt, auf der wir die Lage bei uns auswerteten und wo im Referat von Dubček und auch in unseren Auftritten selbstverständlich die Moskauer Gespräche behandelt wurden. Ich glaube, es gab Ende Mai einen gewissen Höhepunkt der Nervosität und verschiedene Explosionen, die wir für extrem hielten und wo wir sagten, daß wir sehr streng eingreifen würden. Das dauerte bis Juni. Das ZK sprach damals in seinen Dokumenten und Auftritten sehr offen und warnend, damit sich alles beruhige und wieder im gesetzlichen Rahmen bewege. In diesem Zusammenhang erinnere ich mich an Diskussionen, die wir im Mai im Parteipräsidium führten. Wir debattierten gründlich über die Auswüchse und nahmen die Lage überhaupt nicht auf die leichte Schulter. Ich selbst veröffentlichte – ich glaube am 19. Mai 1968 – in *Rudé právo* einen ziemlich scharfen Beitrag gegen diese Auswüchse und Extremisten. Ich erinnere mich nicht, daß jemand von denen, die nach dem August plötzlich so „standhaft" und „prinzipientreu" wurden, damals öffentlich etwas ähnliches gewagt hätte.

Damals im Mai und Juni – und daran kann ich heute nichts ändern – sahen wir die Lage etwa so: es war der Höhepunkt einer Volksunzufriedenheit, die sich über lange Jahre angestaut hatte; bisher konnten wir leider noch keine genügende Garantie dafür geben, daß die negativen Sachen aus der Vergangenheit, die Deformationen, wie man es nannte, in Ordnung gebracht werden würden. Dieses Verständnis könne sich aber gegen die Kommunisten überhaupt richten, was wiederum unvorhersehbare Konsequenzen – bis zu den Panzern – haben könne. Deshalb trat ich gegen die Auswüchse sowohl öffentlich als auch intern auf. Dabei fielen natürlich auch scharfe Worte; ich selbst sagte zum Beispiel – später benutzte man es gegen mich –, daß wir gegen die extremen Gruppen mit gesetzlichen Mitteln vorgehen müßten, wenn diese nicht auf unsere Worte hören würden.

Als jeder von uns sagen sollte, wo er stehe – von jedem von uns wurde verlangt, klar zu erklären, welche Positionen er beziehe –, sagte auch ich meine Meinung: wenn es die radikalen Extremisten noch weiter, vielleicht bis zum Konflikt treiben würden, dann würde ich in einem solchen Falle eindeutig auf der Seite der Arbeitermilizen stehen und nicht vor harten Maßnahmen gegen alle zurückschrecken, die die Existenz der Republik gefährden. Ich betone jedoch noch einmal, daß diese Diskussionen in der gespanntesten Situation geführt wurden. Nach der Mai-Tagung des ZK, nach den großen Versammlungen und den Parteidokumenten, beruhigte sich die Lage, und die Perspektive eines Machtkonflikts verschwand praktisch.

OP: Nach den Beschlüssen des Mai-Plenums galt die These über die Hauptgefahr von rechts, die dann ausgenutzt und mißbraucht wurde. Wie kam sie in die Be-

schlüsse, was führte zur Annahme dieser Formulierung – außer den Gründen, die Du schon indirekt angeführt hast?

JS: In diesem Zusammenhang sprach ich gerade über die Haltung unserer Intelligenz. Ein großer Teil der Diskutierenden, die heutigen Genossen, die sich dann später als der gesunde Kern ausgaben, führten ihre Angriffe gegen die sog. Rechte (4) Ich war der Meinung, daß wir es nicht nur mit einem Extrem auf der sog. Rechten zu tun hatten; diese wurde durch das extreme Verhalten der Linken, der sog. Linken, nämlich der stalinistischen Konservativen, genährt und provoziert. Ich wollte, daß unsere Intelligenz sich eindeutig hinter die Parteipolitik stellt. Und sie fragten mich: wo ist die Garantie, welche Garantie gibt uns die Partei, daß nach einiger Zeit nicht gerade die Dogmatiker die Situation beherrschen werden? Und ich mußte ihnen mehr oder weniger Recht geben. Ich vertrat diese Meinung eigentlich die ganze Zeit, in der ich im Präsidium war: wollten wir erfolgreich gegen die Extremisten der Rechten sein, müßten wir gleichzeitig auch gegen die Extremisten auf Seiten der Dogmatiker vorgehen. Denn diese veranstalteten Versammlungen, Sitzungen, einfach illegale Fraktionstätigkeit. Leider setzten wir diese Position nicht durch. In die Resolution der Mai-Tagung wurde dann die Kritik an der Rechten über- und die Gefahr von seiten der Linken unterbewertet.

Natürlich hat der Druck des Auslandes, der Sowjetunion, eine Rolle dabei gespielt, daß so eine Gewichtung zustande kam, daß man anfing, die Hauptgefahr in der extremen Rechten zu sehen, und die Zusammenhänge übersah.

OP: Ich erinnere mich daran, daß gerade dies bei der Entwicklung der Stimmung in der Bevölkerung eine Rolle spielte. Damals ging es vor allem darum: zu zeigen, daß die Partei eine neue Politik einschlagen will. Solche Sachen ließen allerdings Zweifel aufkommen.

JS: Ich glaube, daß der Instinkt des Volkes schon richtig war. Das beeinflußte dann auch die Entstehung des Manifestes der 2.000 Worte, weil die Menschen die Befürchtung hatten, daß die alten Zeiten zurückkehren könnten. Unsere Maßnahmen gegen die Tätigkeit der Dogmatiker waren zu ungenügend, um die andere Seite zu überzeugen. Ich glaube, die Menschen fühlten dies, und die weitere Entwicklung zeigte dann, daß die Befürchtungen berechtigt waren.

OP: Du erwähntest die 2.000 Worte. Wie würdest Du sie heute beurteilen?

JS: 2.000 Worte! Eine ganze Geschichte! Es war am Freitag. Das Datum weiß ich im Moment nicht. Das Parlament tagte, und ich ging vorher noch kurz beim ZK der Partei vorbei. Dort im Treppenhaus traf ich Oldřich Švestka (ZK-Mitglied und Chefredakteur von *Rudé Právo*, d.Ü.) mit Zimjanin (ZK-Mitglied der KPdSU und Chefredakteur der *Pravda*, d.Ü.). Zimjanin – der ehemalige sowjetische Botschafter bei uns – brüllte mich an, was ich denn dazu sage, daß es unerhört sei . . . Ich staunte nur und fragte: Was? Ich wußte noch nicht, daß die 2.000 Worte an dem Tag in der Zeitung rausgekommen waren, Zimjanin war schrecklich böse, er sagte zu mir, daß es ein Aufruf zur Konterrevolution sei. Und so war ich sehr gespannt, was in den Zeitungen eigentlich steht. Ich kam zur Sitzung zurück, sie fand auf der Burg statt. Dort sprachen schon einige Abgeordnete darüber, und während der Tagung machten wir uns, ich und andere, die es noch nicht gelesen hatten, mit dem Inhalt bekannt. Wir beschlossen dann, die Tagung nicht, wie vorgesehen, am Freitag zu beenden, sondern am Samstag weiterzuführen, und daß der Regierungschef am Samstag eine Erklärung zu den 2.000 Worten abgeben solle. Nach der Tagung gab es gleich noch eine Sitzung des Parteipräsidiums, wo diese Angelegenheit auch behandelt wurde. Man beschloß, daß Indra im Namen des Präsidiums und im Geiste der Präsidiumstagung die Bezirke telegraphisch informieren solle. Das geschah, allerdings verfaßte er die Nachricht mehr seiner eigenen Interpretation entsprechend.

Auch die Regierung tagte. Ich forderte den Regierungschef auf, daß die Regierung gegen die Schlußfolgerungen des Manifests der 2.000 Worte auftreten solle. Ich rief ihn um ein Uhr nachts an, und er antwortete mir: „Ich kann die Regierung nicht überzeugen, sie will nicht auftreten." Als Oldřich Černík mir dies sagte, fragte ich, ob die Regierung Einwände hätte, wenn ich die Regierungstagung in meiner Eigenschaft als Vorsitzender der Nationalversammlung besuchen würde. Er lud mich ein: „Komm nur her". Also fuhr ich hin. Dort sprach ich über die entstandene Lage und forderte sie auf, sich mit der Angelegenheit ernsthaft zu beschäftigen und die Schlußfolgerungen dieses Manifestes abzulehnen. Angesichts der Lage und der Unlust der Regierung, sich in dieser Angelegenheit zu engagieren, sprach ich damals eine Drohung aus: „Genossen, das Parlament erwartet morgen gegen 9 oder 10 Uhr die Benachrichtigung eures Vorsitzenden, und solltet ihr keine Stellung beziehen, dann könnte es passieren, daß die Regierung sie in einer Woche bezieht. Aber das wird schon eine andere Regierung sein, das werdet ihr nicht mehr sein."

Es war eine harte Drohung. Wir führten noch einige Besprechungen auf den Gängen über das ganze und am nächsten Morgen kamen der Regierungschef und die Regierung ins Parlament. Der Regierungschef sprach, sein Expose war gut. Ich glaube, es war eine gute Regierungsstellungnahme und sie wurde vom Parlament auch einstimmig gebilligt.

OP: Zu der Zeit schriebst Du „1.000 Worte". Sie klangen schon anders als Deine erste Reaktion.

JS: Zusammen mit Dubček, Černík, Slavík und noch einigen anderen, trafen wir am nächsten Tag, Mittwoch, die Verfasser bzw. Unterzeichner des Manifestes der 2.000 Worte. Vaculík war dort, auch andere; es war, glaube ich, gegen Mittag im Hrzánský-Palais, als wir miteinander sprachen. Was fiele ihnen denn eigentlich ein, was wollten sie, worauf wollten sie hinaus?

Sie versuchten uns zu beweisen, daß wir es nicht verstanden, daß es ein ungeheures Mißverständnis war, daß sie helfen und nicht schaden wollten.

Ich glaube, wir haben Recht behalten, als wir sagten, daß die Schlußfolgerungen, in denen zu gewissen Aktionen aufgerufen wurde, nicht gut waren. In jedem Fall war es ein unglückliches Unternehmen angesichts unserer Lage, weil es mißbraucht wurde und als Vorwand für Angriffe auf unsere Sache diente.

Nach der Diskussion mit ihnen schrieb ich dann in einer Woche für *Práce* den Beitrag „1.000 Worte", in dem ich den Unterzeichnern zugestand, daß sie sicherlich nicht vorhatten, uns zu schaden – und schon gar nicht irgendeine Konterrevolution oder solche Dinge im Sinne hatten, wie es dann ausgelegt wurde. Allerdings mußte ich gleichzeitig schreiben, daß es eine falsche Methode ist, im Volk Leidenschaften zu schüren. Ich erinnerte daran, wo es in den 50er Jahren hingeführt hatte, nämlich dazu, daß dann schließlich zehntausende von Resolutionen im ZK ankamen, die forderten, daß die Urteile in den Prozessen noch härter ausfallen sollten, die noch mehr nach dem Galgen riefen, nach mehr Gefängnisurteilen usw. Ich bat sie, sich jedweder Aufrufe zu enthalten; zwischen dem guten Willen und seiner Auslegung ist manchmal ein großer Unterschied. Sie wollten sicherlich etwas Gutes, es wirkte sich aber schließlich gegen sie selbst aus, gegen uns, es wurde gegen alle schlimm ausgenutzt. Etwa soviel würde ich zu den 2.000 Worten sagen.

OP: Zu der Zeit hast Du auch mehrmals mit Studenten gesprochen. Dein Verhältnis zu den Studenten würde sowieso ein eigenes Kapitel verdienen.

JS: Es war anläßlich einer Galavorstellung im Nationaltheater, ich glaube, anläßlich der 100-Jahrfeier des Nationaltheaters. Der Präsident war dort, der Erste Sekretär, ich und andere. Als wir das Gebäude verließen, traf ich im Gang Ota Šik. Er berichtete mir, daß er an dem Abend die Nachricht bekommen hatte, daß die Studenten am nächsten Tag eine Aktion durchführen wollten. Daß sie aus den Hochschulen und Schulen losziehen und den Austritt aus dem Warschauer Pakt fordern würden. Vorher hatte er darüber mit einigen Schriftstellern gesprochen, die versuchten, die Studenten umzustimmen, aber erfolglos, weil die Studenten nicht auf sie hören wollten.

Ich ging also gleich zu Dubček, erreichte ihn noch irgendwo auf der Straße vor dem Nationaltheater. Ich sagte, daß ich sofort zum Stadtkomitee der Partei hinfahren würde, er solle aber nach Hause gehen und schlafen, ich würde schon das Notwendige für den morgigen Tag erledigen, damit nichts passiere. Das Stadtkomitee tagte gerade. Ich berichtete dort darüber. Wir beschlossen, daß noch während der Nacht und vor allem morgens in den Schulen, Universitäten und überall anderswo solche Maßnahmen ergriffen werden sollten, daß es zu keiner Aktion kommen könne. Bohouš Šimon wollte das mit anderen erledigen. Am nächsten Morgen schickten sie Genossen an alle Schulen, wir stellten uns mit einer Reihe von Genossen auch zur Verfügung, um in die Schulen zu gehen, wenn die Studenten etwas anfangen möchten. Wir trafen auch für alle Fälle Vorkehrungen, damit die Milizen in Bereitschaft stünden, die verhindern sollten, daß die Studenten doch auf die Straße gehen.

Es war keine Ente. Einige Jungs aus den Schulen hegten tatsächlich solche Gedanken, aber die Vorkehrungen waren voll wirksam, so daß es zu keiner Aktion oder Sitzung kam, auch zu keinem Versuch, aus den Schulen rauszugehen. Ich glaube, daß es sich immer zeigte, daß es möglich ist, mit den Studenten auszukommen, wenn man mit ihnen diskutierte. Ich habe diesbezüglich viele Erfahrungen. Ich besuchte viele Fakultäten, auch die, wo der Boden am heißesten war. Und auch wenn wir nicht in allen Sachen eine hundertprozentige Übereinstimmung erzielten, trennten wir uns immer so, daß Ruhe bewahrt wurde und ein gebührendes Maß an Anstand in der politischen Diskussion gewahrt wurde. Wir erzielten mehr oder weniger immer eine Übereinstimmung. Und deshalb hatte ich nicht nur zur Jugend, sondern auch zu den Studenten absolutes Vertrauen. Ich wußte: was immer auch geschieht, sie machen nichts Unüberlegtes.

OP: Während das Vertrauen innerhalb des Landes wuchs, wuchs auch die internationale Spannung. Im Juni führtest Du eine parlamentarische Delegation nach Moskau. Um diese Reise wurde viel diskutiert. Warum?

JS: Die Reise der Delegation in die Sowjetunion war schon längst als Gegenbesuch der Delegation des Obersten Sowjets bei uns geplant. Die Zeit allerdings, in der sie stattfinden sollte — im Juni —, war dafür und auch für mich wenig günstig, weil ich in allen Geschehnissen des Jahres 1968 engagiert war,

Wir fuhren. Der Empfang auf dem Flughafen: es waren dort der Vorsitzende des Nationalitätensowjets, der Vorsitzende des Unionssowjets, der Vorsitzende des Obersten Sowjets, Podgornyj. Und so reisten wir in der Sowjetunion herum. Als Leiter der Delgation sprach ich bei jeder Gelegenheit über die Probleme unseres Landes, wobei ich glaube, daß ich genug sagte; ich unterstrich immer wieder den unerschütterlichen Glauben an gute brüderliche Beziehungen zur Sowjetunion. Über unsere Probleme sprach ich auch, wenn auch nur in Grundzügen, ohne Details. Dies entging der Aufmerksamkeit der hohen sowjetischen Stellen nicht. Etwa nach drei Tagen, als wir aus Stalingrad nach Moskau zurückkehrten und nach Riga abfliegen sollten, bekam ich deshalb einen neuen Begleiter, den bereits erwähnten ehemaligen Botschafter bei uns, Zimjanin, der mir im Flugzeug riet, nicht über die Probleme der heutigen Tschechoslowakei, die wir Demokratisierungsprozeß usw. nannten, zu sprechen. Er wies darauf hin, daß die sowjetischen Menschen nicht so gut informiert seien, nicht in die Sache eingeweiht, daß man es auf solchen Versammlungen nicht detailliert genug erklären kann und wenn man es nur so kurz erwähnt ... dann entsteht nur Verwirrung in den Köpfen. Also es bedeutete, nicht darüber zu sprechen.

Ich entsprach der Bitte, ich sprach darüber auf Versammlungen weniger. Nach der Rückkehr nach Moskau veranstalteten wir aber eine Pressekonferenz mit sowjetischen Journalisten. Es waren etwa 80 anwesend. Die Konferenz dauerte einige Stunden und war sehr scharf. Die Journalisten stellten ihre Fragen angriffslustig, ich würde sagen, etwa im Geiste eines Verhörs — wenn auch nicht so scharf. Ich beantwortete sie — eben deshalb, weil es Journalisten waren — völlig verständlich und eindeutig.

Ich erinnere mich z.B.: Als sie uns vorwarfen, daß wir unsere Beziehungen zu kapitalistischen Staaten ausbauen wollten, von ihnen Kredite wollten, stellte ich die Frage: „Nimmt die sowjetische Regierung Kredite aus dem Westen? — Sie nimmt. Sie läßt sogar einige Betriebe aufbauen — Renault, Fiat, japanische Investitionen. Ist es etwa verwunderlich? Die Sowjetunion tut es. Ich bin der Meinung, daß es richtig ist. Warum werft ihr uns aber vor, daß wir etwas ähnliches machen wollen, wenn auch in einem unvergleichbar kleineren Umfang, der den Möglichkeiten der Tschechoslowakei entspricht?" Die Diskussion war sehr scharf, erschöpfend, in den Zeitungen wurde davon aber fast nichts veröffentlicht.

Zum Abschied wurde unsere Delegation von Brežněv empfangen. Der offizielle Teil dauerte etwa eine Stunde. Das Treffen verlief freundschaftlich, es war sehr gefühlvoll, es gab auch Tränen, und es hatte so einen geselligen, herzlichen Verlauf. Danach bat mich der Genosse Brežněv noch um ein Gespräch unter vier Augen. Das geschah. Es war weder Koucký dabei, unser Botschafter, noch irgend jemand von der sowjetischen Seite, nur ich und Brežněv allein. Er drückte wieder seine Befürchtungen aus, seine Unzufriedenheit mit der Entwicklung bei uns, über die ich schon berichtete. Und dort sprach er auch über die Führer. Er war mit der Wahl des Genossen Dubček hinsichtlich der Lebens- und Parteierfahrungen unzufrieden, etwa in dem Sinne, daß er in dieser Funktion nicht am richtigen Platz sei. Dagegen äußerte er sich sehr eindeutig über mich. Er entschuldigte sich, daß die sowjetischen Genossen mich in den ersten Monaten meiner Amtszeit — damit meinte er wohl Dresden, den Angriff von Hager — nicht genug kannten, so daß ich mich durch ihre Propaganda vielleicht beleidigt fühlen könnte. Ich sollte entschuldigen, so was passiert ja, es ist auf Desinformation zurückzuführen. Er sprach darüber, daß ich ein alter Mensch sei, der sich schon fast vierzig Jahre der Partei widme. Er stellte das Problem so hin, als ob ich die Verantwortung dafür tragen sollte, daß bei uns eine Wende eintrete und zwar in dem Geiste, wie sie es uns rieten und dann, nach August, auch Vorkehrungen trafen.

Das Gespräch konsternierte mich, da ich wußte, was er mir anbot. Nun, wie soll man so etwas in einer akzeptablen und trotzdem eindeutigen Form ablehnen? Ich verteidigte also Dubček. Nicht nur unsere Politik, sondern auch Dubček. Daß er sich schnell entwickele — es ist zwar zu viel auf einmal, aber er würde es schon schaffen —, daß in ihm ein wirklicher Führer der Partei aufwachse, so wie er sein solle. Ich lehnte das Angebot, das mir hier im Grunde gemacht wurde, ab.

Ich sagte niemandem etwas, kam nach Hause und erzählte alles meiner Frau. Was nun? Ich meinte: wenn ich es Dubček erzähle, macht es ihn nervös, es könnte verschiedene Gefühle hervorrufen. Also entschied ich, darüber zu schweigen, niemandem etwas zu sagen. Das tat ich auch. Als wir allerdings nachher im August verhaftet wurden und nicht wußten, wie wir enden würden, vertraute ich es Černik an; es war in der Karpato-Ukraine, wo ich mit Černík im Wald in einer Polizeibaracke interniert war. Sollte er noch einmal im Leben Dubček treffen, dann solle er ihm sagen, daß Brežněv mir dieses gesagt und angeboten hatte, und daß ich es abgelehnt habe, na, und die Gründe, warum ich es nicht sagen wollte. Als wir dann aus Moskau zurück waren und alles anders wurde, als wir dachten, fragte ich im August Černík, ob er es Dubček gesagt habe. Er meinte, nein; als er sah, daß die Situation sich ändert und wir doch nach Hause kommen würden, schwieg er darüber. Woraufhin ich die ganze Geschichte von dem Gespräch mit Brežněv allen dreien — Dubček, Černík und Svoboda — beim Mittagessen erzählte.

OP: Vielleicht sollten wir zurückkehren. Wie war es mit dem Warschauer Brief?

JS: Der Warschauer Brief war ein weiterer Akt in der Folge der großen Ereignisse. Ich selbst möchte nicht noch einmal die ganze Geschichte um den Warschauer Brief erzählen, weil der Genosse Dubček die ganze Angelegenheit auf dem September-Plenum des ZK der Partei — im September 1969 — ganz präzise wiedergegeben hat. Weil man über diese Geschichte so viel sprach, erzählte er es so genau. Ich berufe mich deshalb auf dieses Dokument. Ich will hinzufügen, daß es für uns nicht eine Beratung, sondern eine Vorladung war, auf der wir uns verantworten sollten. Wir sollten Rechenschaft ablegen. Die Einladung war in solch einer Form gehalten, daß sie jeden beleidigte. Nochmals möchte ich anmerken, daß ich als Unterlage für meine Erinnerungen die Darstellung von Dubček benutzen werde, weil wir vor der ZK-Tagung im Jahre 1969 lang und gründlich überlegten, wie die Reihenfolge der Ereignisse genau war — Einladung, Datum und solche Sachen. Und niemand kann die Chronologie der Ereignisse besser ausarbeiten, solche Dokumentation besser zusammenstellen, als es Dubček tat.

All die nachträglichen Gerüchte – hätte uns Dubček besser informiert usw., wären wir nach Warschau gegangen – sind Verleumdungen. Ich erinnere mich zum Beispiel an folgendes: als wir die Einladung bekamen – einen Sonderbrief von Červoněnko – und die ČTK (die tschechoslowakische Presseagentur, d.Ü.) meldete, daß die anderen Delegationen in Warschau einträfen, wurde im Parteipräsidium beschlossen, daß das Präsidium unserer Partei das Territorium unserer Republik nicht verlassen dürfe.

Ich möchte niemandem irgendwelche Taten zuschreiben oder absprechen, also stelle ich mir die Frage: wer machte eigentlich diesen Vorschlag? In meinem Kopf sagt mir immer etwas, daß es Oldrich Černík war, der den Vorschlag gemacht hat und anführte, daß das Präsidium in dieser Lage das Territorium der Republik nicht verlassen und an keiner Beratung außerhalb des Territoriums teilnehmen solle.

Der erste Vorschlag, nicht nach Warschau zu fahren, kam vom slowakischen Präsidium des ZK der KP der Slowakei, dessen Resolution Bilak noch vor dem 17. Juli 1968 – als das ZK-Präsidium der KPČ zusammentraf – nach Prag brachte. Es wurde vielleicht auch in *Rudé právo* abgedruckt, jedenfalls aber in der slowakischen *Pravda* vom 16. bzw. 17. Juli. Im April 1969 wurde dies dann vorsorglich vergessen.

OP: Später tauchten Beschuldigungen auf, daß Du den Inhalt des Briefes der Stadtkonferenz in Prag verraten hast. So absurd es ist: Ist die Sache ein paar Worte wert?

JS: Vor allem: ich werde mich wohl nie – ich glaube wirklich nicht – damit beschäftigen, irgendwelche Anschuldigungen zu widerlegen, weil es davon so viele gab, daß mich das nicht mehr interessiert. Es ist jedenfalls Unsinn. Als mir die Einladung zu den Warschauer Beratungen bekannt wurde, hörten es auch zwanzig Leute und außerdem noch zehn Angestellte des Apparates. Bei der Sitzung waren wir 30 Leute, und wenn es weitere 20 direkt aus dem Gebäude des ZK wußten, heißt es, daß es alle fünf- oder sechshundert Angestellten wußten. Jemand trug es hinaus. Das ist in einer solchen Lage unumgänglich. Wenn wir auf diese Weise die Einladung zur Warschauer Beratung bekamen, und ich dann abends auf der Sitzung des Stadtkomitees der Partei darüber sprach, kann man wohl nicht behaupten, daß es ein Verrat war. An dem gleichen Tag meldete es auch ČTK. Die Information, daß wir nach Warschau fahren sollten und daß dort schon andere Delegationen eintreffen würden, bekamen wir gleichzeitig, und es gab darüber eine Pressemitteilung – nicht von uns. Also was für ein Verrat? Es ist doch Unsinn.

OP: Das war nicht mal zwei Wochen vor dem Treffen in Čierná nad Tisou. Es gab viel Aufregung und auch viele Mißverständnisse deswegen. Erst der 21. August gab eine Antwort auf die nicht einfache Frage nach dem Erfolg. Trotzdem ist es bisher nicht klar, warum und wann das Verhandlungsprinzip verlassen und durch die Anwendung militärischer Macht ersetzt wurde.

JS: Der Ort der Verhandlungen, Čierná nad Tisou, wurde deshalb ausgewählt, weil das Präsidium unserer Partei es ablehnte, das Territorium unserer Republik zu verlassen, als ob wir die Absichten der sowjetischen Repräsentanten gegen uns geahnt hätten, die dann am 21. August verwirklicht wurden. Čierná nad Tisou gab der sowjetischen Delegation die Möglichkeit, tagsüber nur einige Meter von ihrer Grenze entfernt, nachts jedoch zu Hause zu sein, weil ihr Schlafwagen jeden Tag hinter die Grenze zurückkehrte, und auf diese Weise auf ihrer Seite der Grenze alle Kontakt- und Informationsmöglichkeiten zu haben, darunter wohl auch einen ständigen Kontakt mit den Kollegen des Warschauer Treffens.

Unser Weg zueinander fesselte die Aufmerksamkeit der ganzen Welt. Damals wurde ein Manifest verfaßt, dessen Autor vielleicht Pavel Kohout war. Das Manifest gab unserer Delegation das Mandat des Vertrauens, das nur wenige tschechoslowakische Delegationen für internationale Verhandlungen beanspruchen konnten, setzte aber auch die Grenzen für unsere Verhandlungen. Es betonte vier Postulate der Tschechoslowakischen Sozialistischen Republik, die es zu halten und zu verteidigen galt: Sozialismus, Bündnis, Souveränität und Freiheit als Programm unseres Landes und Volkes.

Während der Fahrt nach Čierná nad Tisou und während der Gespräche definierte ich unsere Aufgabe so, daß wir zwei Mandate hätten, und zwar: zum einen das Programm der Nach-Januar-Politik, das im Aktionsprogramm der Partei zum Ausdruck kam, zu verteidigen und zum anderen einen Konflikt mit der Sowjetunion zu verhindern.

So formulierte ich es. Der Genosse Brežněv attackierte in seinem Auftritt diese beiden Mandate, vor allem im Hinblick darauf, daß wir die Verhandlungen dieser Präsidien unter den Druck einer, wie sie sagten, nationalistisch aufgeheizten Öffentlichkeit stellten. Brežněv hatte wieder Helfer in unseren Reihen – und zwar nicht nur Bilak, wie am 4. Mai in Moskau, sondern auch Kolder und einige andere.

Wie unser Volk hinter unserer Sache stand, das will ich an einem konkreten Beispiel zeigen, obwohl man hunderte von Beispielen anführen könnte. Nach Čierná kam eine Delegation aus dem Kreis Trenčín oder Žilina – ich müßte nachprüfen, welcher Bezirk es war, in der gespannten Lage und schnellen Abfolge der Ereignisse kamen mir die beiden Namen durcheinander, und hier im Krankenhaus habe ich keine Unterlagen. Sie wollten mit Dubček sprechen. Ich empfing sie in seiner Vertretung. Sie brachten gebundene Petitionslisten, die von allen Bürgern ihres Bezirkes unterschrieben worden waren. Es waren mehr als zwanzigtausend Unterschriften. Sie betonten, daß alle Bürger unterschrieben haben, einschließlich der Kranken, die besucht wurden. Es fehlte niemand. Die Petition stellte sich hinter den Inhalt des Manifestes, das ich schon erwähnte. Ich glaube, daß nur wenige Prozente gefehlt hätten, wenn ein Plebiszit des gesamten Volkes durchgeführt worden wäre. Eine solche Einigkeit der Gedanken und des Bewußtseins des Volkes, über das, was es will, hat es in unserer Geschichte wohl noch nie gegeben. Die Augusttage nach dem Eindringen der Armeen bestätigten dies noch einmal. Sozialismus, Bündnispolitik, Souveränität und Freiheit – Worte, die alles ausdrücken, wofür viele Generationen des Volkes und die Arbeiterbewegung kämpften, was im Programm der internationalen kommunistischen Bewegung festgehalten ist, wofür gerechte Kriege geführt wurden und werden. Für all das setzte sich unsere Seite ein – und dagegen war die tragische Aktion der sowjetischen Genossen, der „Warschauer Fünf" gerichtet.

Die Verhandlungen begannen am Montag im Eisenbahnerhaus. Beide Delegationen wohnten in ihren Schlafwagen, die nebeneinander auf den Gleisen standen, unsere auf der Schmalspur-, daneben die sowjetischen auf der Breitspurstrecke. Ich kann nicht vergessen, wie uns unsere Leute mahnten, auf die Gleise aufzupassen, damit wir nicht plötzlich auf der anderen Seite der Grenze auftauchen. Dieses Mißtrauen war, glaube ich, ein wichtiges Moment im Denken unserer Leute, und die späteren Ereignisse vertieften es noch bedeutend.

Der Verlauf der Verhandlungen war wie in Moskau am 4. Mai, nur viel schärfer. Während aber das sowjetische Präsidium, in dem nur etwa drei Mitglieder fehlten – Poljanskij, Mazurov und Kirilenko –, einheitlich auftrat, war es bei uns nicht der Fall. Das Wort auf unserer Seite führten Dubček, der die Parteipolitik erläuterte, und Černík, der sie aus der Position der Staatspolitik erklärte. Dann sprach aber jeder. Die Positionen von Dubček und Černík vertraten Kriegel, ich und andere Genossen. Deren Liste habe ich in meinen Unterlagen. Die andere Gruppe von uns – Bilak, Kolder, Švestka, wieder die bekannte Gruppe – sprachen jedoch mit sowjetischen Argumenten. Somit waren wir in einer schlechten Situation, weil sie alles kritisierten, was Dubček oder wir anderen sagten.

Am Dienstagabend, am letzten Abend, sprach der ukrainische Sekretär Šelest, der uns beschuldigte, daß bei uns sogar Flugblätter gedruckt werden, die in der Karpato-Ukraine verbreitet werden. Darin werde die Trennung der Karpato-Ukraine von der Sowjetunion gefordert; er machte uns dafür verantwortlich. Er sagte noch eine ganze Reihe solcher Unverschämtheiten, die darin gipfelten, daß Dubček und wir mit ihm aufstanden, weil wir nicht mehr bereit waren, weiter zuzuhören und uns beleidigen zu lassen.

Dubček erklärte, daß wir – sollte es so weitergehen – abfahren und an solchen Verhandlungen nicht mehr teilnehmen würden. Ich stand auch auf, ging zu Červoněnko, der anwesend war, und sagte zu ihm, daß ich – sollte auf diese Weise mit den Repräsentanten der ČSSR weiter verhandelt werden – an derart erniedrigenden Verhandlungen nicht teilnehmen werde; er möchte dies von mir als vom Vorsitzenden der Nationalversammlung seiner Regierung offiziell übermitteln. Die Verhandlung war geplatzt. Wir verließen den Saal des Eisenbahnerhauses.

OP: Alle?

JS: Alle – na, heute kann ich schwer sagen, ob alle; ob jemand dort blieb, das weiß ich nicht. Einige gingen in unseren Wagen, ich ging auf dem Bahnsteig herum, und nach einer Weile kam einer der Apparatsangestellten mit der Botschaft zu mir, daß ich Dubček im Schlafwagen besuchen solle, wo die sowjetische Delegation sei. Außer Brežněv waren dort auch Podgornyj, Kosygin, Suslov und ich glaube, auch der Šelest. Genau weiß ich es nicht mehr. Sie entschuldigten sich dafür, daß Šelest alles übertrieben habe. Der Aufenthalt im Schlafwagen dauerte etwa zwei Stunden und zielte darauf ab, daß sich alle aussöhnen und wir weitermachen sollten.

Zu dieser Versöhnung kam es auch. Am nächsten Tag – es war Mittwoch – fing man jedoch nicht an, weil Brežněv angeblich krank war und Dubček ihn besuchen sollte. Während sie zusammen in Brežněvs Schlafwagen waren, spazierten wir anderen in Čierná nad Tisou umher. Ich ging mit Svoboda und mit Podgornyj sowie Kosygin. Wir spazierten in dem Städtchen und diskutierten die Sachen. Nach der Rückkehr zum Wagen, gegen Mittag, informierte uns Dubček über sein Gespräch mit Brežněv, das so endete, daß die Verhandlungen abgeschlossen werden sollen; sie schlugen auch ein Kommunique vor, das eigentlich nichts aussagte, und machten den Vorschlag, daß alle fünf Partner der Warschauer Tagung und wir Tschechoslowaken – also sechs – am Samstag in Bratislava zusammentreffen sollten.

Aus Čierná flogen wir zurück, und am Freitag reisten wir wieder nach Bratislava, wo allerdings keine Verhandlungen stattfanden, sondern – auf sowjetischen Vorschlag hin – aus jeder Delegation zwei Repräsentanten ausgewählt wurden, der Erste Sekretär und noch ein Fachmann. Es war eigentlich ein Redaktionskollektiv, das im Laufe des Samstages die bekannte Erklärung von Bratislava ausarbeitete, die die Tschechoslowakei überhaupt nicht betraf, sondern die allgemeinen Prinzipien der Vorgehensweise der Kommunistischen Parteien sozialistischer Länder in internationalen Fragen. Aber noch zu Čierná. Man ergriff dort strenge Maßnahmen. So zum Beispiel in bezug auf unsere Mitarbeiter: jeder konnte jemanden mitnehmen, einen Sekretär, ich hatte auch einen, die an den Verhandlungen selbst nicht teilnehmen durften. Sie waren auch nicht dort. Der Zutritt zu dem Gelände – zu den Schlafwagen und dem Ort der Verhandlungen – wurde durch Sicherheitsorgane bewacht, damit niemand reinkommen konnte. Ab und zu kam jemand durch. Die Leute grüßten uns, es gab dort viele Menschen aus anderen Orten als Čierná nad Tisou, wie wir erfuhren.

OP: Später erzählte man häufig, daß die führenden Repräsentanten der Tschechoslowakei und der Sowjetunion ein Abkommen trafen, welches von seiten der Tschechoslowakei später verletzt wurde. Was habt ihr also eigentlich vereinbart und was wurde verletzt?

JS: Als ich nachzuvollziehen versuchte, was die sowjetischen Genossen konkret von uns wollten – außer der massiven Kritik wegen irgendeiner Versammlung, irgendeines Artikels –, schrumpfte es schließlich auf sechs konkrete Forderungen. Die Reihenfolge ist unwichtig, zuerst die Personalangelegenheiten.

So z.B. die kategorische Forderung, daß Dr. Kriegel nicht die Funktion des Vorsitzenden der Nationalen Front innehaben sollte. Der andere Fall – Čestmír Císař – dürfte nicht Sekretär des ZK der KPČ bleiben, die Funktion des Sekretärs im Parteipräsidium sollte ihm auch abgenommen werden. Drittens, wir dürften die Existenz der sozialdemokratischen Partei nicht zulassen. Viertens, ein Verbot des KAN und auch K 231. Und schließlich die Massenmedien. Wir dachten – das wird das schwierigste sein, weil wir die Zensur nicht wieder einführen wollten, die kurz vorher aufgehoben worden war; wir wollten es demokratisch machen, durch Übereinstimmung. Und bezüglich der Disziplin der Journalisten sollten wir notwendige Schritte ergreifen. Nach der Rückkehr aus Čierná sprachen wir mit ihnen auch viel, es gab auch ein großes Hin und Her, wir trafen sogar verschiedene Regierungsvorkehrungen, um einige Exzesse in den Massenmedien zu verhindern. Das sind die sechs konkreten Forderungen, die aus den Verhandlungen hervorgingen.

Aber gleich eine Woche später rief der Genosse Brežněv täglich Dubček an, um zu fragen, warum die Forderungen nicht erfüllt werden. Dubček erklärte wieder, was Ende August im ZK passieren soll, was auf dem Parteitag passieren soll, daß wir nicht alles administrativ machen könnten. Alles vergeblich, weil sie uns nicht begreifen wollten. Zuerst nahmen sie es zur Kenntnis, dann sagten sie, daß wir die

Beschlüsse, das Abkommen, nicht erfüllen wollten. Das sind die sogenannten Abkommen. So verließen wir Čierná nad Tisou; in Prag referierten wir dann gleich darüber auf der Funktionärssitzung in der Kongreßhalle, wir sprachen dort alle, objektiv, wir verheimlichten nichts. Nur die schlimme Atmosphäre, die in Čierná herrschte, schilderten wir selbstverständlich niemandem.

OP: Sprach man dort überhaupt darüber, daß die Forderungen, die sie stellten, vor allem die personellen, die Souveränität nicht respektieren und eine Einmischung in die innere Angelegenheiten darstellen? Sie also zumindest gegen ein Prinzip verstoßen, wenn die Praxis auf der ganzen Welt auch anders ist.

JS: Das alles ist heute so einfach. Und im Grunde auch überflüssig, darüber zu reden. Das wußten wir alles, nur begriffen wir nicht, konnten nicht begreifen oder wissen, daß dies alles nur Vorwände sind.

OP: Daraus ergibt sich eine andere Frage. Glaubst Du, daß es sich um konkrete Vorwürfe handelte oder in dieser Phase nur noch darum, um jeden Preis nachzuweisen, daß die Tschechoslowakei das Abkommen nicht erfülle, um so einen Vorwand zu haben – oder zumindest eine mögliche falsche Interpretation vorzubereiten – für den Einmarsch der Armeen ... der schon längst vorher beschlossen wurde?

JS: Schau mal, ich weiß nicht, ob sie eine völlig klare Vorstellung hatten, wie es weitergehen sollte. Schon in Čierna. Daß sie den Gedanken der Besetzung hegten, ist heute bekannt. Auch der Sekretär von Gomulka, der emigrierte, sagte, daß Zivkov und einige andere in Warschau die militärische Intervention forderten; ob sich die sowjetischen Repräsentanten dazu schon entschlossen hatten, davon bin ich nicht 100%ig überzeugt. Ich glaube, daß sie noch Bedenken hatten, keine vollkommene Einigkeit erzielten und dies alles nur Vorwände waren. Heute ist mir klar, daß es sich nicht um konkrete Einzelheiten handelte, sondern um die ganze Ausrichtung unserer Politik. Das war die Ursache dafür, warum alles geschah. Aber es war schwer möglich, aufzutreten und zu sagen: wir sind gegen die Demokratisierung der Partei, wir sind gegen die Demokratisierung der gesellschaftlichen Ordnung, wir sind gegen den Humanismus, wir sind gegen die Modernisierung der Leitung des sozialistischen Staates. Dagegen hätten sie nicht offen einschreiten können. Aber in Wirklichkeit ging es darum. Das andere waren Vorwände und deshalb konnten wir uns auch schwer verständigen. Das waren Kleinigkeiten, die keinen Grund für einen Konflikt geben konnten, weil wir sie besprachen und lösten. Deshalb kamen sie nicht hierher. Wie oft änderten sie später ihre Interpretation des 21. August! Einmal bedrohten uns angeblich die Westdeutschen, angeblich waren sie schon vorbereitet. Unter ihren Leuten erzählte man sogar: Wir kamen zwei Stunden vor den Westdeutschen. Wären wir nicht gekommen, wäre hier die Westarmee einmarschiert. Dann erzählte man, daß hier die Konterrevolution gedroht habe, dann drohte hier Gott weiß was.

OP: Sprach man in Čierna über solche Dinge wie gefälschte Briefe von Simon Wiesenthal, Gewehre in Sokolovsko und ähnliches?

JS: Solche Sachen wurden angeschnitten. Wir widersprachen ihnen natürlich. Sie erinnerten an Sokolov. Wir wußten alle, und unsere Organe wurden im voraus darauf hingewiesen, daß es eine Provokation sei. Es war auch eine Provokation. Unsere Institute führten damals sofort eine Analyse der Gewehre, sie waren noch geölt, und der Vaseline durch, die benutzt wurde. Die vergaßen dort sogar die Rucksäcke, in denen die Gewehre dorthin transportiert wurden. Es gibt Photos – Rucksack mit der Aufschrift „nomer" (Russisch für „Nummer", d.Ü.) usw. Sofort wurde damals eine gründliche Untersuchung durchgeführt. Es war eindeutig, es war eine sowjetische Provokation. Das war eine Auslese aus dem „Weißbuch". Solche Einzelheiten, Kleinigkeiten, davon gibt es eine Menge.

So zum Beispiel, als wir argumentierten: in Prag waren vierhunderttausend Menschen auf der Versammlung am 1. Mai. Ich sagte – ich war in Brno, dort waren es hunderttausend Menschen, die sich eindeutig hinter das Referat stellten, das ich gehalten habe und Ihnen geben könnte. Ich bat Brežněv: „Kommen Sie zu uns, Genosse Brežněv, nach Prag, Ostrava, Brno, Plzeň, Bratislava, sagen Sie, wo sie hinwollen. Wir werden Sie begleiten. Sie werden sehen, daß unser Volk hinter der Kommunistischen Partei, dem Sozialismus, dem Bündnis mit der Sowjetunion steht. Kommen Sie und überzeugen Sie sich; das, was Sie hier haben, ist gesammelter Klatsch, Quatsch, Kleinigkeiten, die die Entwicklung bei uns gar nicht bestimmen." Ihnen ging es aber nicht um die tatsächliche Lage, sondern um etwas anderes.

Als ich mit unserer parlamentarischen Delegation in Moskau war, beschwerte ich mich bei Brežněv über Červoněnko und Udalcov. Ich sagte: „Genosse Brežněv, diese beiden Repräsentanten der Sowjetunion erweisen unserer Freundschaft einen Bärendienst. Sie informieren Sie nicht richtig." Und ich deutete auf verständliche Weise an, daß es gut wäre und unsere Leute es begrüßen würden, wenn diese beiden Repräsentanten ausgetauscht werden würden. Er schaute mich an und sagte nichts. Aber ich habe es ihm gesagt.

OP: Stattdessen kam der 21. August, oder genauer gesagt, der Abend des 20. August.

JS: Am Dienstag, dem 20. August 1968, tagte das Parteipräsidium seit zwei Uhr nachmittags. Wir befaßten uns mit der Vorbereitung des XIV. Parteitages. Etwa um halb zwölf in der Nacht wurde Premier Černík aus dem Präsidium zum Telephon herausgerufen. In einen Nebenraum. Er kehrte nach etwa zehn Minuten zurück, völlig niedergeschlagen, setzte sich auf seinen Stuhl, links von mir, und bat den Genossen, der gerade sprach, sofort aufzuhören.

Černík berichtete uns dann, ihm sei gerade gemeldet worden, daß die Streitkräfte der Warschauer Pakt-Mächte, die fünf ohne Rumänien, aus allen Richtungen unsere Grenze überschritten hätten, vom Norden, vom Osten, vom Süden her aus Ungarn, und daß unser Land bis sechs Uhr morgens besetzt würde.

Die Meldung löste vollkommene Bestürzung aus. Černík selbst brach zusammen. Dubček auch. Die zwei waren nicht imstande zu handeln. Es entwickelte sich eine Diskussion, die zunächst ziemlich sprunghaft verlief. Während der Diskussion, die über eine Stunde dauerte, sagten wir uns anfangs, wir müssen eine Stellungnahme formulieren und diese dann als Präsidium der Öffentlichkeit mitteilen. Deshalb wies man die Leute vom Verbindungsdienst an, sie sollten die

Medien darauf hinweisen, daß bald eine wichtige Nachricht herausgegeben würde. Dies wurde auch durch den Rundfunk bekanntgegeben.

Die Zeit verging jedoch, man konnte zu keinerlei Ergebnissen kommen. Darauf wurde (ZK-Sekretär) Mlynář beauftragt, ein Kommunique zu entwerfen. Dubček war konsterniert. Er erklärte, er möchte am liebsten zurücktreten, aber das haben wir abgelehnt. Unter uns waren die Kollegen Bilak und Kumpane, die sich gegen den Teil des Kommuniques aussprachen, in dem es heißt, die Streitkräfte der Warschauer Pakt-Staaten hätten nicht nur den Warschauer Vertrag, sondern auch das internationale Recht, überhaupt alle Rechtsnormen verletzt.

Jeder, wie er am Tisch saß, wurde von mir einzeln gefragt: „Bist du gegen oder bist du für dieses Kommunique?" Ich fragte sie alle, einen nach dem anderen, und notierte mir das jeweilige Votum. Ich war der Reihenfolge nach vor Černík, und ich sagte: „Ich stimme dafür", und dann zu Černík: „Černík, bist Du dafür oder dagegen?" Černík sagte: „Dafür". Der letzte war Dubček. „Dubček, bist Du dafür oder dagegen?" „Dafür". Dann addierte ich die Stimmen und wiederholte, wieviele dafür und wieviele dagegen waren. Sieben votierten für das Kommunique (5), vier waren dagegen (6).

Neben Dubček saß auch Genosse Svoboda, mit dem ich telephoniert hatte, gleich nachdem wir die Nachricht erhalten hatten. Seine Frau hatte gesagt, (Sowjetbotschafter) Červoněnko sei gerade bei ihm. Ihr Mann werde gleich zu uns ins Präsidium kommen, sobald das Gespräch zu Ende sei. Das geschah dann nach etwa einer Stunde. Aber den Genossen Svoboda fragte ich nicht, ob er für das Kommunique oder dagegen sei, weil er damals nicht Präsidiumsmitglied war.

Das Kommunique gaben wir an die Medien weiter. Der Rundfunk begann auch tatsächlich mit der Sendung. Er meldete: „Wir geben folgenden Beschluß des Parteipräsidiums bekannt . . ." Und aus. Der Sender war ausgeschaltet, aber nicht etwa von uns, aus der Parteizentrale, sondern im Rundfunk.

Nach vielleicht zehn, fünfzehn Minuten zitierte man mich zum Telephon im Nebenraum. Es meldeten sich irgendwelche Mitarbeiter des Rundfunks, aber nicht aus der Zentrale, sondern aus einem Randgebiet von Prag. Ich glaube, es war aus Strahov. Sie sagten, sie warteten auf das Kommunique des Parteipräsidiums. Inzwischen hätte Genosse Hoffmann (7) bekanntgegeben, daß die Meldung von einem Kommunique unwahr sei, das Kommunique sei untergeschoben und nun wollten die Rundfunkleute wissen, was los ist.

So sagte ich ihnen, wie die Lage tatsächlich war: Es gibt ein Kommunique des Präsidiums, es betrifft den Einmarsch der Streitkräfte. Ich sagte, Genosse Hoffmann hätte offensichtlich der Partei den Gehorsam aufgekündigt, sich auf die andere Seite — auf wessen Seite, das wußte ich selbstverständlich — gestellt und abgelehnt, die Kommunikationsmittel der offiziellen Führung der Partei und des Staates zur Verfügung zu halten. Darauf sagte ich ihnen, sie sollten das Kommunique mit allen Mitteln so lange ausstrahlen, so lange es nur irgend gehe.

So geschah es auch: Sie hatten es gleich in den Äther ausstrahlen lassen, so nebenbei hatte Wien es herausgefischt — das war ein Zufall — und sofort in die ganze Welt weitergegeben, so daß die Stellungnahme der Partei in ein, zwei Stunden die ganze Welt erreichte.

Es gab noch eine solche Geschichte: um 2 oder 3 Uhr — die Zeit habe ich nicht im Kopf, wir konnten uns nicht orientieren — kam eine Abordnung der Parteizeitung *Rudé právo* zu uns. Wer — das weiß ich nicht mehr, ich kannte die Genossen nicht, aber ich glaube, daß unter ihnen auch der Genosse Moc war. Und sie sagten mir, daß der Chefredakteur Švestka die Maschinen stoppen ließ, auf denen die Erklärung des Parteipräsidiums gedruckt wurde, daß diese Erklärung also nicht veröffentlicht werden könne. Er, Švestka, sitzt in seinem Büro und schreibt eine neue Erklärung.

Ich informierte sie also, wie die Lage wirklich ist, und sagte, daß *Rudé právo* erscheinen und die Präsidiumserklärung veröffentlicht werden müsse. Sie wollten sich das vom Vorsitzenden der Parteiorganisation bestätigen lassen; wir riefen ihn an, ich sagte ihm dann, wie die Dinge eigentlich stehen. Sie sorgten dann dafür, daß *Rudé právo* erscheinen konnte.

Eine Reihe von Präsidiumsmitgliedern verließen uns inzwischen, unter ihnen auch Indra, Jakeš, Kolder und andere. Während wir noch konsterniert waren, liefen sie herum und machten ihre Geschäfte. Auch Černik ging zur Regierungssitzung, die sofort einberufen wurde: Dubček, ich, Kriegel, Špaček, Václav Slavík blieben dort, um die weitere Entwicklung abzuwarten.

Es sollte auch erwähnt werden, daß manche Genossen kamen und sich besorgt um unsere Zukunft äußerten. Sie sagten uns zum Beispiel: „Was ist denn mit euch los, warum wartet ihr hier darauf, daß man euch verhaftet? Worauf wartet ihr überhaupt? Kommt, wir schaffen euch hier heraus, wir besorgen Unterkunft für euch."

Ich habe das abgelehnt, ich sagte, ich werde nirgendwohin gehen. Dubček sagte, er würde auch nirgends hingehen. Wir hätten uns nicht verabredet. Und so warteten wir einfach weiter.

Man hörte das Dröhnen der Flugzeuge. Sie flogen Panzerwagen und Soldaten auf den Flughafen Ruzyně ein. Es dämmerte schon. Zwischen vier und fünf Uhr warteten wir darauf, daß ihre Soldaten vor dem Gebäude des ZK aufkreuzten. Gegen fünf kamen zuerst Autos, dann Panzer und schließlich schwere gepanzerte Transportwagen.

Es war „interessant" zu beobachten, wie ein schwerer Panzer auf dem rechten Moldauufer heranfuhr, vor dem Haupteingang stehenblieb und dann die Kanonen gegen das Gebäude des ZK richtete. Und um ihn herum gruppierten sich gepanzerte Wagen. Fallschirmjäger sprangen heraus und gingen an den Ecken des Parteigebäudes in Stellung. Immer mehr Fallschirmjäger sprangen aus den Wagen und drangen schließlich, mit automatischen Gewehren bewaffnet, ins Gebäude ein. Mit ihnen liefen bereits tschechische Ortskundige.

Wir waren alle in Dubčeks Arbeitsraum versammelt. Die militärische Führung der Fallschirmjäger gab bekannt, niemand dürfe das Haus verlassen. Sie trugen uns alle in Namenslisten ein, hatten Tschechen dabei, eine Brigade von Freiwilligen, etwa ein halbes Dutzend aus dem Innenministerium.

Sie stellten eine Liste der Anwesenden zusammen. Es waren dort auch unsere Mitarbeiter, zum Beispiel mein Sekretär, mein Fahrer, mein Leibwächter; sie warteten auf uns, es waren auch recht viele Leute von anderen Genossen dort. Sie brachten uns alle in Dubčeks Arbeitszimmer. Auch hier gab es verschiedene Episoden — wenn jemand zum Beispiel auf die Toilette gehen wollte, wurde er von einem Soldaten mit MP bis dorthin begleitet und wieder zurück.

Dann kam ein hoher Offizier, ein Oberst, so ein kleiner Kerl, ein zweifacher

„Held der Sowjetunion". Er wollte von uns wissen, wo „Towarischtsch Švestka" (Chefredakteur des Parteiorgans *Rudé právo*) zu finden sei. Die Genossen gaben keine Antwort darauf. Ich sagte: „Genosse Švestka ist euer Mann, der macht das alles hier mit euch, so sucht ihn selbst. Er wird wohl bei *Rudé právo* sein."

Nach fünf Uhr erschien vor dem Gebäude des ZK eine große Menge junger Menschen. Sie hatten Fahnen mit, tschechoslowakische Fahnen, kamen in geordneten Reihen. An der Spitze des Zuges gingen etwa zehn Mann und trugen die Staatsflagge. Sie wollten den Platz vor dem Gebäude erreichen, aber sie kamen nur bis zur Ecke. Dort standen bereits gepanzerte Wagen, Panzer, und vor den Panzern bildeten sowjetische, mit automatischen Gewehren bewaffnete Soldaten eine Kette. Ich sah von einem Fenster im ersten Stock zu. Sie sangen die tschechoslowakische Nationalhymne. Mit mir sah sich das alles auch ein sowjetischer Leutnant an; er war ein ziemlich anständiger Junge.

Inzwischen waren die jungen Tschechen nur noch etwa zehn Schritte von der Soldatenkette entfernt. Dort gab man irgendwelche Kommandos oder was das war – in dem allgemeinen Lärm kam es einfach nicht akustisch an –, und plötzlich feuerte die ganze Soldatenkette eine Salve aus ihren automatischen Gewehren in die Luft.

Nur ein Soldat, der gleich am Rand stand, gab die ganze Salve gegen einen unserer Jungs, einen Studenten, der als erster auf der rechten Seite der ersten Reihe des Zuges ging. Er bekam es irgendwo oben in die Brust oder in den Hals, denn ich sah, wie er nach hinten fiel. Natürlich war er sofort tot.

Der Leutnant trieb uns jetzt von dem Fenster weg, wir durften nicht weiter hinsehen. Das Fenster hat man geschlossen. Dennoch gelang es mir nach einer Weile hinauszublicken: Am Kopf des Toten sah ich auf dem Boden eine Blutlache. Dann fingen die Leute an, auf die Stelle Blumen zu legen.

Dann hat man ihn irgendwohin weggetragen, und schließlich – es war schon spät gegen Morgen, noch bevor wir selbst abgeführt werden sollten – kam ein Panzer, hielt an der Stelle, wo das Blut war, und setzte nur eine Raupe in Bewegung. So wurde alles, Pflastersteine und Blut, durcheinandergewalzt. Der Panzer machte daraus so einen Brei.

In dem Augenblick, als sie den Jungen erschossen hatten, rannte ich vom Fenster zum Telephon in den Nebenraum, zu Dubčeks Sekretärin. Ich sagte ihr: „Verbinde mich sofort mit Červoněnko!" Sie tat es. Er war selbst am Apparat. Er muß wohl danebengesessen, wohl gewartet haben, denn er nahm selbst den Hörer ab. Ich sagte ihm, das und das ist gerade passiert, und Sie, Genosse Botschafter, tragen die Hauptverantwortung für das vergossene Blut.

Freilich – bevor er mir überhaupt etwas hätte sagen können, war einer von denen mit den automatischen Gewehren mit einem Satz bei mir und schlug auf den Telephonapparat, so daß er in Stücke brach.

Ein paar Sekunden später wollte Dubček Černík im Regierungsgebäude anrufen. Da sprang ein anderer Fallschirmjäger zum Apparat und riß die Telephonschnur heraus.

Immer noch sehe ich, wie Dubček den Hörer hält, von dem die Schnur herunterhängt. Er konnte nicht sprechen. Die haben daraus ihre Lehre gezogen und schnitten dann alle Kabel durch. Und das waren dicke Kabel, so zum Beispiel die direkte Verbindung mit Moskau. Alle schnitten sie durch.

OP: Du konntest also nicht einmal Deiner Familie etwas mitteilen?

JS: Es gelang mir noch um Mitternacht, meine Frau anzurufen und ihr zu sagen, was los ist. Sie wollte es nicht glauben. Ich sagte ihr: „Es kann alles passieren, ich bleibe hier." Eine andere Verbindung bekam ich dann nicht mehr. Später erfuhr ich, daß um 7 Uhr früh — das war schon Mittwoch, der 21. August, als wir schon interniert waren — einige Männer in meine Wohnung in Stresovice kamen. Drei oder vier gingen ins Haus und wollten in die Wohnung.

Meine Frau, die selbstverständlich kaum schlief, ließ sie nicht in die Wohnung hinein. Die Tür war verriegelt, sie sprach mit ihnen durch einen Schlitz, wer sie seien und was sie wollten. Sie sagten ausdrücklich, sie seien vom Genossen Šalgovič und sollten für meinen Schutz sorgen. Meine Frau, die ihre Erfahrungen schon in der Vergangenheit gesammelt hatte, ließ sie aber nicht hinein und sagte: „Warum sollte euch Genosse Šalgovič hierher schicken, wenn men Mann (offensichtlich wußte sie es schon oder ahnte es) im ZK-Gebäude bereits interniert ist? Was wollt ihr hier noch?" Dann wollten sie hinein, um wenigstens telefonieren zu können. Meine Frau sagte, daß sie aus einer Telephonzelle und nicht mit ihrem Apparat anrufen könnten.

Sie ließ sie also nicht hinein, aber später, nachdem sie sich mit der Frau von Císař und auch der von Kriegel getroffen hatte, fanden sie gemeinsam heraus, daß diese Leute danach in die Wohnung von Císař fuhren, den sie kassierten und in der Bartolomějská-Straße einsperrten. Bei Kriegel waren sie auch. Aber Kriegel war genauso wie ich bereits im ZK-Gebäude verhaftet worden. Also Šalgovič! Die Jungs sagten ausdrücklich, daß sie vom Genossen Šalgovič seien — allerdings nicht, um für unseren Schutz zu sorgen, sondern um uns zu verhaften, wie sie Císař auch verhafteten.

Später, als ich mit ihnen im Parteipräsidium war, leugneten Šalgovič und Bilak alles. Ich sagte, sie möchten mit den Märchen aufhören, denn sie hätten mir ganz konkret drei oder vier Kerle in die Wohnung geschickt, um mich zu verhaften.

Wir machten uns während der Verhaftung wirklich keine Illusionen. Jeder dachte an seine Familie, ich konnte mich telephonisch verabschieden. Ich hatte etwa tausend Kronen bei mir, also gab ich sie meinem Sekretär — das war schon zu der Zeit, als die Soldaten dort anwesend waren, ich zerknüllte sie also und bat ihn, das Geld meiner Familie zu geben und auch für sie zu sorgen, wenn mit mir etwas passieren sollte; ich wollte, daß meine Freunde meine Familie nicht im Stich lassen. Ich hatte auch einige Schriftstücke dabei, Unterlagen zum Parteitag, eine volle Aktentasche. Ich gab sie einem und sagte: „Sorge dafür, sie soll nicht in falsche Hände geraten." Und der Junge schaffte es tatsächlich, die Tasche trotz der schweren Bedingungen zu verstecken, und nahm sie erst nach einer Woche, als ich wieder zurück war, wieder heraus und gab sie mir mit all den Dokumenten zurück.

OP: Einigen Informationen zufolge solltet ihr vor Gericht gestellt werden. Vor was für ein Gericht eigentlich?

JS: Es mag kurz nach acht Uhr gewesen sein — jemand behauptete, daß es neun Uhr war —, als wieder dieser Kommandant kam, der zweimalige Held. Er kam mit den tschechischen Freiwilligen aus dem Innenministerium. Sie riefen uns dem

Namen nach auf: Dubček, Smrkovský, Špaček, Kriegel — ich weiß nicht mehr, wer es noch war. Wir sollten ihnen folgen.

Wir verließen Dubčeks Zimmer und gingen durch den anderen Raum hindurch, wo die verschiedenen Mitarbeiter herumsaßen. In dem Raum wurden wir aufgefordert, unsere Waffen abzugeben. Sie tasteten jeden von uns ab, ob er etwas in den Taschen hatte. Nun, ich hatte ein Taschenmesser, ich legte es ihnen auf den Tisch. Das ist meine einzige Waffe, sagte ich. Ich bekam es wieder zurück.

Man führte uns über den zweiten Korridor zum Büro von ZK-Sekretär Čestmír Císař. Dort gab uns einer der Freiwilligen aus dem Innenministerium in Anwesenheit der sowjetischen Offiziere bekannt, daß wir binnen zwei Stunden vor ein Revolutionstribunal gestellt würden, an dessen Spitze Genosse Indra stehe.

Ich explodierte: „Was für ein Revolutionstribunal und was für ein Genosse Indra soll dem präsidieren?" Aber Dubček packte mich am Ärmel und sagte: „Josef, das hat keinen Zweck. Sprich nicht. Schweige!"

So haben wir uns im Büro von Čestmír Císař hingesetzt. Wir saßen an der einen Seite des Tisches, uns gegenüber saßen die Offiziere des NKVD, Oberste, Oberstleutnante: Jeder von uns hatte seinen eigenen Offizier, jeder saß dem seinen gegenüber. Wir als Klienten und sie als diejenigen, die für unsere Begleitung sorgen sollten.

OP: Wer war dort anwesend?

JS: Dubček, Kriegel, ich, Špaček. Jetzt weiß ich nicht mehr, ob auch Šimon anwesend war. Černík war bei einer Regierungssitzung, und ich glaube, daß Šimon auch bereits weg war. Wir waren dort also vier, während in Dubčeks Arbeitszimmer Mlynář und Slavík blieben, die nicht verhaftet wurden.

Wir waren durch diesen Akt verhaftet. Wir warteten also auf das Revolutionstribunal. Die oberen Fensterteile waren offen. Wir konnten die Schießerei in der Stadt hören, wir hörten auch die Demonstranten; auch die Sprüche, die sie riefen, hörten wir. Dann stand jemand auf und machte die Fenster zu.

Wir wollten Zeitungen haben, das haben sie abgelehnt. Seit dem Vortag hatte niemand von uns etwas gegessen, uns war auch nicht nach Essen zumute. Man brachte uns irgendwelche Wurst, aber keiner nahm Notiz davon.

Etwa um zwei Uhr am Nachmittag forderten sie uns auf, ihnen zu folgen. Als wir so unter den automatischen Gewehren an unserem Personal vorbeigingen — es waren unsere Autofahrer und Leibwächter, sie tranken Kaffee; die Jungs hatten nämlich die ganze Nacht nicht geschlafen —, rief mir ein Autofahrer zu: „Genosse Vorsitzender, wollen Sie nicht Zucker mitnehmen?" Na, ich habe drei Würfel Zucker mitgenommen.

In diesem Augenblick ging mir eine Erinnerung an das Zuchthaus Ruzyně durch den Kopf, als ich im Jahre 1950 verhaftet worden war — welchen Hunger wir damals hatten. Man gab uns damals Haferbrei; der ließ sich überhaupt nicht essen, es sei denn, man war vollkommen ausgehungert. Also erinnerte ich mich an Ruzyně, nahm den Zucker mit und ließ ihn irgendwo in der Karpato-Ukraine liegen. Jetzt tut es mir leid, ich hätte ihn meinen Enkeln zur Erinnerung schenken können.

OP: Wußtet ihr schon, wohin ihr geführt werdet?

JS: Wir gingen die Treppe hinunter. Niemand hat uns gesagt, was mit uns geschehen würde. Uns ging verschiedenes durch den Kopf: Gehen wir zum Revolutionstribunal, oder gehen wir in den Keller? Sie führten uns durch dunkle Gänge immer weiter hinunter. Ich war vorher nie dort gewesen. Aber mit Kellern, nicht wahr, damit haben wir so unsere Erfahrungen . . .

Auf einmal waren wir auf einem Hof, auf dem klitzekleinen Hof des ZK-Gebäudes. Dort standen zwei gepanzerte Wagen. In den ersten Wagen schoben sie Dubček und Kriegel von hinten hinein und in den zweiten Wagen mich und Pepík Špaček.

Wir fuhren los. Unterwegs blickte ich durch eine Luke oder wie heißt es bei den Soldaten, und stellte fest, daß wir so ungefähr in Richtung Ruzyně fuhren. Ich sagte zu mir: Na, Ruzyně, was kann das werden? Ruzyně, das ist der Knast, dort verbrachte ich schon einmal ein paar Jahre. Oder ist es der Flughafen? Es war der Flugplatz . . .

Ich kann jetzt nicht mehr sagen, ob es der neue oder alte Flugplatz war. Damals beschäftigten mich andere Sachen. Ich weiß, daß sie uns nach einigen Minuten von den Wagen weg führten. In den Panzerwagen war eine schreckliche Hitze, es war überhaupt sehr warm damals. Jetzt konnten wir ein wenig ausatmen, dann wurden wir zum Flugzeug geführt. Drinnen war alles verkommen, es gab nur Bänke dort, sie waren nicht fest angemacht und wackelten.

Wir saßen dort etwa eine halbe Stunde, als sie uns aufforderten, auszusteigen; im Jeep fuhren wir zu einem anderen Flugzeug und stiegen ein. Wieder wollten wir wissen, wohin wir gebracht werden sollten. Und wieder sagte dieser zweifache Held der Sowjetunion, dieser kleine Oberst: „Genossen, ihr werdet alles im Flugzeug erfahren."

Es war ein Militärflugzeug. Wieder sehr verkommen, wieder die Bänke: sie waren losgeschraubt. Eben so ein Flugzeug für Feldzüge. Wir saßen also dort, als jemand kam und Dubček aufforderte, auszusteigen. Er wurde zum Flughafengebäude abgeführt, und dann sah ich ihn nicht mehr. Er flog wohl in einem anderen Flugzeug, mit Černík zusammen. Als wir in der Luft waren, saßen wir im Flugzeug also nur zu dritt – ich, Kriegel und Špaček –, ich sah sonst niemanden anderen. Wo wir hinfliegen würden, wußten wir nicht.

Ich saß links am Fenster, sah mich nach der Sonne um, dann hinunter, ich erkannte, daß wir über dem Riesengebirge waren, und folgerte daraus, daß wir irgendwohin nordwärts flogen. Es war dunkel, als wir landeten. An der Flugzeughalle hing ein Schild, auf dem der Name Liegnitz stand, so wußte ich, daß wir in Westpolen waren.

Sie verfrachteten uns in einen Kraftwagen und fuhren uns zehn bis fünfzehn Kilometer weit zu einer Baracke. Jeder von uns hatte schon vorher seinen „Schutzengel" erhalten. Ich bekam einen Oberst; er hatte sich mir als irgendein Nikolajew vorgestellt.

Er sagte: „Towarischtsch Smrkovský, Sie müssen sich mit Ihrem Schicksal abfinden, so geht es nun mal in der Politik. Und wir können nichts dafür, wir sind im Dienst. . ." An und für sich war er ein kultivierter Mensch.

Kriegel saß an einem anderen Tisch, auch er mit seinem Offizier. Das war . . . na, schrecklich. Während des Gesprächs stellten sie nämlich fest, daß sie beide einst in Spanien gekämpft hatten, Kriegel und dieser Sowjet-Offizier. Sie sprachen dann Spanisch miteinander – der Offizier konnte es noch ein bißchen und Kriegel spricht Spanisch – und ab und zu wechselten sie einige Worte Englisch. Sie spielten sogar Schach, weil wir dort drei, vier Stunden warten mußten. Also – beide Spanienkämpfer!

Pepík Špaček hatte einen anderen Kollegen. Sie gaben uns ein Stück Wurst, etwas zu essen. Wir warteten; sie hatten keine Anweisung, wohin wir weiterfliegen sollten. Offensichtlich wurden schon Änderungen durchgeführt. Wenn sie uns schon irgendwohin fliegen, dann bestimmt nicht nach Liegnitz. Es dürfte kurz nach 3 Uhr gewesen sein, als sie uns wieder zum Flughafen brachten und in eine Tupolev-Maschine hineinsteckten; man konnte dort noch den Lack riechen, es war eine elegante Militärmaschine. Wir flogen wieder zu dritt; ob noch jemand dort war, weiß ich nicht mehr. Es gab dort Trennwände. Wir flogen also, wußten nicht, wohin, und als es hell wurde, landeten wir irgendwo. Der Hügellandschaft und auch dem Sonnenstand nach zu beurteilen, waren wir nicht irgendwo im Norden, sondern im Süden. Und unabhängig voneinander dachten wir, daß wir in der Karpato-Ukraine seien. Und dort waren wir auch: Kriegel kennt sich dort aus, ich kenne mich dort aus, Černík auch.

OP: Wie tauchte dort plötzlich Černík auf?

JS: Erst nach einigen Minuten. Am Flughafen wurden wir einzeln in einen Wagen hineingebracht, ich saß hinten zwischen zwei Offizieren des NKVD, und wir fuhren irgendwohin. Jeder in eine andere Richtung – wohin, wußte niemand von uns. So etwa 30 Kilometer, ins Gebirge. Plötzlich hielten wir in einem Lager, es gab dort einige Baracken, ein Häuschen, das mit Stacheldraht umzäunt war, einige Soldaten mit MPs. Wir fuhren in den Hof hinein – und so waren wir „zu Hause". In einer Polizeibaracke, irgendeiner Villa. Rund um das Haus gab es einen Garten, vielleicht fünfzehn Schritte vor und fünfzehn Schritte hinter dem Haus, im Umkreis von etwa 30, vielleicht 50 Schritten ein Stacheldrahtzaun.

Ich kam zur Tür herein und dort stand Černík. Er wurde einige Sekunden oder Minuten vor mir dorthin gebracht. Wir sahen uns an, Černík umarmte mich, wir begrüßten uns und blieben dort. Nachträglich erfuhren wir, daß andere Genossen in einer anderen Baracke ähnlicher Art etwa 10 oder 15 Kilometer entfernt waren.

Die Sonne ging auf. Wir konnten uns waschen, sie gaben uns etwas zu essen, und wir setzten uns auf dem Hof hin. Direkt auf dem Hof war natürlich auch ein Offizier, aber wir konnten auf diesem kleinen Gelände miteinander herumgehen und sitzen.

OP: War dies das erste Mal, daß sie euch erlaubten, miteinander zu reden?

JS: Ja. Das erste Mal, daß wir miteinander sprechen konnten, ohne daß uns jemand störte.

Die Sonne schien bereits, wir setzten uns unter eine Tanne. Oldřich Černík hielt es nicht mehr aus, er brach zusammen. Es war so ein Weinkrampf. Später führte ich mit ihm ein längeres Gespräch; ich glaube, daß es ihm half. Er sagte: „Das ist das Ende, wir kommen nicht mehr zurück, wir konnten uns nicht von unseren Familien verabschieden". Er dachte einfach, daß alles zu Ende war. Ich glaubte es nicht, und es zeigte sich bald, daß es wirklich noch kein Ende war.

Gegen Mittag riefen sie uns und es gab ein Essen, das im Unterschied zum

Frühstück und zum Essen des vorigen Tages sehr anständig war. Wir waren dort zu zweit und selbstverständlich ein Mädchen vom NKVD. Nach dem Essen gab es auch eine Flasche Wein. Wir sahen uns an und ich sagte: „Oldřich, das bedeutet etwas, es ist so ein Unterschied zu den Verhandlungen und zum Frühstück, das ist etwas – das ist schon ein kultiviertes Essen."

Nach dem Mittagessen saßen wir wieder draußen, und plötzlich rief der Offizier: „ ‚Towarischtsch' Černík zum Telephon!" Also ging er zum Telephon, nach einer Weile kam er zurück und sagte: „Josífek, ich sprach mit Saša (Dubčeks Rufname, d.Ü.), er rief an. Er hatte mit Brežněv gesprochen und soll jetzt nach Moskau fahren; er meinte, daß noch jemand mitfahren solle, also fahre ich." Wir verabschiedeten uns also. Es war am Donnerstag nach dem Mittagessen.

Die weiteren 24 Stunden blieb ich alleine. Auf einmal kam der Junge und sagte: „Los!" Ich stieg in einen Wagen, und wir fuhren zum Flughafen. Ich war alleine. Wieder flogen wir irgendwohin. Schließlich landeten wir in Vnukovo, ich kenne mich dort ein bißchen aus, ich war dort bereits mehrmals. Als wir auf der Hauptstraße waren, bogen wir aber nach rechts ab, weg von Moskau. Ich glaube, in die Richtung nach Smolensk oder Kalinin, einfach weg von Moskau. Es waren gute 40 Kilometer, wir fuhren in die Wälder – und wieder kamen wir zu einem abgezäunten Gebäude im Wald. Ich ging also hinein und draußen – aus dem mir zugeteilten Zimmer – sah ich Bohouš Šimon, der schon früher angekommen war. Wir verbrachten dort gemeinsam weitere 24 Stunden; wir sprachen über alles Mögliche.

So waren wir 24 Stunden zusammen. Als sie uns zum Essen riefen – „kušat" –, ich weiß nicht mehr, ob es ein Abendessen oder ein Frühstück war, sah ich mir das Mädel an, die Frau, die uns bediente, und sagte auf Russisch: „Wir kennen uns, oder?" Sie sah mich auch an und antwortete: „Něznaju, něznaju – Ich kenne Sie nicht". Daraufhin sagte ich: „Aber ja, wir sahen uns doch, als ich im Juni mit unserer parlamentarischen Delegation in Moskau war." In der Gästevilla, in der ich gewohnt hatte, bediente sie mich mit noch einer anderen Frau, die Küchendienst gehabt hatte. Es wurde mir völlig klar, daß diese Mädels Mitarbeiterinnen des NKVD sind. Na, es ist nur ein Detail.

Nach 24 Stunden, es war gerade nach dem Mittagessen, am Samstag: „Genossen, die Sachen zusammenpacken" – aber wir hatten nichts außer unseren Kleidern –, und wir fuhren nach Moskau, im Wagen.

Wir fuhren am Kreml vorbei, zum Gebäude des Zentralkomitees der Partei. Dort brachten sie uns zum vierten Stock hinauf.

Die Tür zu einem Saal wurde geöffnet, es war ein großer Sitzungssaal, und darin standen Brežněv, Kosygin und Podgornyj. Also haben wir uns begrüßt, die Hände gereicht und uns einander gegenübergesetzt. Brežněv saß in der Mitte, links neben ihm, von mir aus betrachtet, Podgornyj, Kosygin rechts von Brežněv. Ich saß Brežněv gegenüber.

Genosse Brežněv begann zu sprechen: Es sei etwas Schreckliches passiert, sie seien uns zu Hilfe geeilt. Und überhaupt erfuhren wir allerlei, wovon wir bisher keine Ahnung hatten: Unser XIV. Parteitag finde statt, es gäbe bei uns Streik, die ganze Nation habe sich erhoben. Sie würden uns jetzt zu Verhandlungen in den Kreml mitnehmen.

Ich bemerkte: „Heißt das, wir sind also nicht mehr interniert und wieder Repräsentanten der Tschechoslowakischen Republik?"

Die Genossen Brežněv und Kosygin sagten auch, daß wir zurückkehren, den XIV. Parteitag und seine Beschlüsse liquidieren und kommunistische Politik machen müßten.

Ich erwiderte darauf: „Natürlich, wenn ich zurückgekehrt bin, werde ich eine kommunistische Politik machen, die mit meinem Gewissen und dem Willen unseres Volkes übereinstimmt."

Das hat die Genossen, vor allem Kosygin sehr verärgert. Er sagte: „Kak Vy možetě tak govoriť, takoj staryj kommunist?" (Wie können Sie so sprechen, Sie, ein so alter Kommunist?) Der Meinungsaustausch war sehr scharf. Wir alle sprachen. Alle hatten wir die gleichen Ansichten. Zuletzt begann Brežněv mich zu duzen, so aufgeregt war er. Aber ich sagte ihm trotzdem:

„Ihr, Genossen, ihr habt die hundertjährige Freundschaft, die es zwischen unseren Nationen gegeben hat, zerstört; unsere Nation hatte vor 100 Jahren das Slawophilentum, die Liebe zum slawischen Rußland, und seit 50 Jahren zur Sowjetunion entwickelt. In unserem Volk habt ihr die treuesten Freunde gehabt, ihr habt das alles während einer einzigen Nacht zerstört."

So unterhielten wir uns also, es hat zu nichts geführt. Schließlich haben wir uns geeinigt – Brežněv hat es vorgeschlagen –, es sei besser, wir ließen es auf sich beruhen. Ich sagte, das sei auch meine Meinung, nur bemerkte ich noch, darüber werde die Geschichte ihr Urteil einmal fällen, auf wessen Seite die Wahrheit war und wer die tragische Tat begannen hätte. So haben sie uns entlassen: Man fahre jetzt zum Kreml.

Schon die Wachen an den Türen grüßten uns sehr respektvoll und salutierten. Es wurde mir klar, daß ich wieder als Vorsitzender der Nationalversammlung und nicht als irgendein Häftling angesehen wurde.

Vor dem Gebäude stand ein Čajka-Wagen, mit dem ich in ein Regierungsgebäude gefahren wurde; zufällig war es eine Villa, die an eine andere grenzte, in der ich im Juni wohnte. Damals hatte hier der persische Schah gewohnt, und nun war ich also in seiner Villa. Wir badeten und rasierten uns. Wir bekamen neue Wäsche. Unsere alte trugen wir seit fünf Tagen. Wir zivilisierten uns also und fuhren anschließend in den Kreml.

OP: Wie war das Zusammentreffen mit den anderen tschechoslowakischen Repräsentanten?

JS: Wir waren im Kreml, in dem Flügel, der Ludvík Svoboda zur Verfügung gestellt wurde. Es waren vielleicht zwanzig, dreißig Leute anwesend. Ich sah dort viele bekannte Gesichter: Dzúr, Kučera, Jakeš, Lenárt und viele andere. Zdeněk Mlynář war dort, ich sah auch Černík. Dubček lag. Wir tauschten schnell unsere Informationen, ich besuchte Dubček, und dann informierte uns Zdeněk Mlynář über den XIV. Parteitag und allgemein über die Ereignisse in der Tschechoslowakei. Von ihm erfuhren wir eigentlich das meiste. Niemand hinderte uns, miteinander zu sprechen, obwohl Mitarbeiter der sowjetischen Partei anwesend waren.

OP: Wie begann das, was später Moskauer Verhandlungen genannt wurde?

JS: Wir erfuhren schon von unseren Genossen, was man von uns erwarte, wenn wir zurück sind. Wir machten uns mit dem sowjetischen Vorschlag bekannt und sagten, daß er absolut unannehmbar sei, und daß wir einen eigenen machen. Er wurde auch gemacht, wir gaben ihn der sowjetischen Seite.

Es wurde eine Delegation gewählt, die ich leitete; Lenárt und Švestka waren auch dabei. Wir sollten dem sowjetischen Präsidium die Haltung unserer Partei überbringen, und zwar dem Präsidiumssekretär Ponomarjov. Wir kamen in sein Arbeitszimmer und setzten ihm auseinander, daß wir den sowjetischen Vorschlag nicht unterschreiben könnten, weil er unannehmbar sei. Er antwortete, daß der Vorschlag, den wir brachten, wiederum für die Sowjetunion unannehmbar sei. Ich erklärte die Haltung unserer Delegation, und Lenárt und Švestka wandten nichts ein; sie hatten nichts dagegen.

OP: Wo lagen die Grundwidersprüche der beiden Vorschläge?

JS: Das kann ich so aus dem Kopf nicht sagen. Das Moskauer Protokoll ist bekannt bzw. steht zur Verfügung. Der ursprüngliche Vorschlag war noch schlimmer. Er begann damit, daß sie gekommen seien, um eine Konterrevolution zu verhindern, um uns eine internationalistische Hilfe zu leisten. Das lehnten wir ab, Es wurde gestrichen. Dann setzten wir zwei Sachen durch, und zwar zunächst über die Anwesenheit der Truppen bei uns. In dem ursprünglichen Vorschlag stand, daß sie hier bleiben würden. Wir sagten „Nein" und setzten das Wort „vorläufig" durch. Nach einigen Diskussionen akzeptierten sie das. Und dann setzten wir noch in einem Artikel durch, daß wir die Nach-Januar-Politik und die Demokratisierung fortsetzen würden. Dann gab es dort noch verschiedene Kleinigkeiten. Schließlich sagten wir zu Ponomarjov, daß auch diese für uns nicht akzeptabel seien, daß wir nicht unterschreiben würden. Er antwortete: „Wenn ihr nicht jetzt unterschreibt, werdet ihr in einer Woche unterschreiben. Wenn nicht in einer Woche, dann in zwei Wochen, und wenn nicht in zwei Wochen, dann in einem Monat." So, ganz hart, mit der Andeutung, daß sie Zeit hätten; bevor wir nach Hause fahren, würden wir unterschreiben, auch wenn das einen Monat dauern sollte. Ich referierte darüber. Lenárt und Švestka bestätigten den Verlauf des Gesprächs, und so blieb uns nichts anderes übrig, als ihren Vorschlag als Arbeitsgrundlage zu akzeptieren, um dann kleine Korrekturen zu erreichen.

OP: František Kriegel, damals noch Vorsitzender der Nationalen Front und Präsidiumsmitglied des ZK der KPČ – also einer der höchsten tschechoslowakischen Funktionäre –, nahm an einigen Verhandlungen nicht teil.

JS: Vom Kreml wurde er nicht in das Regierungsgebäude, sondern in ein Polizeibüro überführt. Ich sollte – zusammen mit Špaček – zu ihm fahren, damit er das Protokoll auch unterschreibe. Die Sowjets hatten Interesse daran, obwohl Kriegel an den Verhandlungen nicht teilnehmen durfte. Sie wünschten es nicht. Ich gab es ihm zu lesen, viel Zeit hatten wir nicht; er las es durch, blätterte darin und sagte dann: „Ich unterschreibe nicht". Ich und Špaček sagten ihm, wie die Dinge stünden; aber wir konnten nicht viel ausrichten – wir informierten ihn einfach und kehrten zurück. Er blieb dort. Wir sprachen darüber, und jemand – ich weiß nicht mehr, wer – forderte, daß Kriegel zu uns kommt. Wir verhandelten darüber mit den sowjetischen Repräsentanten, die schließlich einwilligten. Sie brachten Kriegel zu uns, er setzte sich hin, las es nochmals und sagte: „Ich unterschreibe nicht". Und er sagte auch, weshalb. Da kam es zu einer Kontroverse, einer ziemlich unangenehmen, zwischen ihm und Svoboda. Genosse Svoboda fuhr ihn ein bißchen arrogant an, wie einen kleinen einfachen Soldaten. Wirklich, das war peinlich. Kriegel ist ein alter Herr, so um die 60 Jahre, er mußte sich verbitten, von Svoboda angeschrien zu werden; er sei kein kleiner Bub.

Svoboda schrie ihn an, weil er nicht unterschreiben wollte, Svoboda sprach von der Verantwortung, von Leichenbergen bei uns, das mögen wir uns gefälligst klarmachen. Es hatte keinen Erfolg, Kriegel lehnte ab und basta.

OP: Das war, wenn ich mich nicht irre, kurz vor der Unterschrift. Wie habt ihr es unterschrieben? Warum? Und was denkst Du heute darüber?

JS: Am Abend begannen die Schlußverhandlungen. Auch Dubček kam zu diesen Schlußverhandlungen. Sonst hatte er in einem Nebenraum gelegen. Ärzte behandelten ihn. Er hatte Herzanfälle, er war sehr schlimm dran. Dann war da noch die Wunde an der Stirn – darüber erzählte man verschiedene Legenden –, das war ihm im Badezimmer passiert: Es überkam ihn irgendeine Ohnmacht, er stürzte, und als er fiel, fiel er mit der Stirn gegen den Rand eines Waschbeckens. Um den Kopf trug er jetzt eine Binde.

Indra nahm auch nicht teil, der lag wieder in einem anderen Raum, auch im Bett, wenigstens behauptete man das, er sei herzkrank. Bei Dubček waren wir immer wieder, besprachen alles mit ihm, aber die verschiedenen Verhandlungen führten wir, solange er nicht konnte. An den Schlußverhandlungen nahm er teil.

Brežněv fing an, Dubček parierte, dann griff Černík ein, und alles sah so aus, daß wir ohne Ergebnis auseinandergehen würden. Es war einfach wieder dasselbe: wie in Moskau im Mai, wieder wie in Čierná nad Tisou im Juli. Wieder dieselbe Flut von all den verschiedenen Beschuldigungen. Dubček wies sie zurück. Alles sah schon danach aus, daß wir aufstehen würden und aus der ganzen Verhandlung nichts würde.

Da trat Svoboda auf. All die Repliken seien wertlos, man solle die Hände davon lassen, hingegen vielmehr das Protokoll nehmen, es Punkt für Punkt, Wort für Wort zu besprechen anfangen. Dabei sagte er, alles werde wieder gut sein, und wenn die sowjetischen Soldaten einmal wieder heimkehren, unser Land verlassen würden, dann würden sie mit Blumensträußchen überschwemmt werden.

Die sowjetischen Repräsentanten sagten, sie stimmten dem zu. Das war Montag abend. Die Verhandlungen endeten etwa um Mitternacht mit der Unterschrift des Protokolls.

Ich wollte – noch bevor wir das unterschreiben würden, als wir nachmittags verhandelten – Auskunft über die rechtliche Lage vom Standpunkt des internationalen Rechts haben. Also fragte ich Kučera, den Justizminister, ob wir berechtigt seien, in der Lage, in der wir uns befanden, irgendwelche Protokolle im Namen des tschechoslowakischen Staates zu unterschreiben. Er antwortete mir darauf irgendwie nicht ganz eindeutig.

So unterschrieben wir schließlich. Jeder von uns hatte sich einzeln erklären müssen – ich unterschreibe, ich unterschreibe nicht. Ich glaube, daß Černík die Befragung leitete . . . Schwanken taten wir alle. Ich schwankte lange, soll ich, soll ich nicht, darum fragte ich auch Kučera.

Heute könnte ich schwer sagen, wer von uns sich mehr dagegenstemmte oder wer von uns mehr Lust zu unterschreiben hatte, weil wir alle uns mehr oder weniger dagegen stemmten. Ich wurde mir darüber klar, wie schwerwiegend der Schritt war, ich habe es auch in meiner Rede nach unserer Rückkehr gesagt. Ich war nicht sicher, ob ich es hätte tun sollen oder nicht.

Ich habe es getan, und ich stehe selbstverständlich zu meiner Entscheidung. Ich sagte damals in meiner Rede, die Geschichte werde einmal ihr Urteil fällen, ob wir richtig gehandelt oder einen Verrat begangen hätten...

OP: Möchtest Du noch eine interessante Geschichte hinzufügen?

JS: Als die Verhandlungen mit der Unterzeichnung beendet worden waren, hatten wir noch zwei, drei Stunden Zeit bis zum Abflug. Wir konferierten noch in kleinen Gruppen zu je zwei, drei mit den sowjetischen Funktionären und so, und da kam Lenart zu mir.

Er sagte: „Genosse Vorsitzender" und legte mir dar, daß irgendwo hier in einem Nebenraum, in einem Salon im Kreml, die Genossen Ulbricht, Gomulka, Kádár und Živkov auf uns warteten und mit uns ein Gläschen trinken, kurz und gut, uns begrüßen möchten.

Ich sah Lenart an und sagte zu ihm: „Schau mal, Genosse Lenárt, geh und sag ihnen, wir wollen sie nicht einmal sehen, geschweige denn mit ihnen noch einen heben. Wir gehen nicht."

Ich berichtete darüber Dubček und Černík. Sie sagten: „Das hast du richtig gemacht." Wir hatten überhaupt nicht gewußt, daß sie dort dabei waren. Erst jetzt erfuhren wir, daß sie in Moskau an den ganzen Verhandlungen teilgenommen hatten, das Protokoll mit Ulbricht und dem ganzen Verein abgesprochen worden war. Das hatten wir nicht gewußt, nur den Cognac sollten wir jetzt mit ihnen trinken.

OP: Ihr seid noch in der Nacht nach Hause geflogen. Dabei kam es zu einem Vorfall um Kriegel. Kannst Du es genau beschreiben?

JS: Es ging darum, wie wir nach Prag kommen. Svoboda wollte Prag anrufen und erreichen, daß die Burgwache alles, die Fahrt vom Flughafen usw., besorge. Die Sowjets lehnten dies ab. Wir sollten nichts tun, alles sollte die sowjetische Seite besorgen und in Prag der Genosse Červoněnko. Na, wir mußten nun gute zwei Stunden auf das Flugzeug warten, weil sie es besorgen wollten. Es war zeitlich so abgestimmt, daß niemand in Prag etwas erfährt; deshalb lehnten sie Svobodas Angebot ab. Die Sowjets wünschten, daß wir in Prag noch bei Dunkelheit eintreffen sollten. So blieben uns zwei, vielleicht drei Stunden Zeit übrig.

Wir saßen zusammen mit den Sowjets, immer zwei und drei, ich saß mit Kosygin und Podgornyj – es war noch im Kreml. Kriegel war nicht dabei. Er lehnte die Unterschrift ab, weil er bei den Verhandlungen nicht dabei war, und sie brachten ihn dann weg. Vor den Schlußverhandlungen hatte Dubček zu Brežněv gesagt, wenn wir zurückkehren, würden wir alle zurückkehren, also auch Genosse Kriegel. Die sowjetischen Repräsentanten sagten darauf „da" (ja).

Nachdem wir unterschrieben hatten, kam Dubček zu mir und sagte: „Sie wollen uns Kriegel nicht herausgeben, sie wollen ihn hier festhalten". Ich sagte, das ist unmöglich. Das sei ein Wortbruch, und wir würden eine neue Verhandlung verlangen.

Wir bestellten Svoboda, daß wir neue Verhandlungen verlangten: Es sollten die „Vierergruppen" wieder zusammentreten. Wenn es um irgendwelche Einzelheiten ging, so trafen immer vier Funktionäre der sowjetischen Seite und vier von uns zusammen: Brežněv, Kosygin, Podgornyj, Suslov – und von uns Dubček, Svoboda, Černík und ich.

Das geschah auch diesmal. Wir sagten zu den sowjetischen Repräsentanten, daß wir ohne Kriegel nicht nach Hause zurückfahren würden. Sie mögen es bitte zur Kenntnis nehmen. Sie erklärten, warum sie ihn zurückhalten wollten: Wir würden Schwierigkeiten bekommen, weil wir unterschrieben hatten; er werde sich als Held aufspielen, wörtlich sagten sie „geroi" (Held).

Wir sagten wieder, das sei unsere Sache, wir würden ohne Kriegel nicht heimfahren, nehmt es zur Kenntnis. Also gingen sie hinaus, um es zu besprechen, dann kamen sie wieder und sagten: „Dann geben wir ihn euch."

Als wir dann beim Flugplatz mit der Autokolonne ankamen, waren da auch die sowjetischen Funktionäre. Einer der Genossen sagte: „Euren Kriegel habt ihr im Flugzeug." Ich rief einen Mitarbeiter unserer Botschaft, er war mit dabei, und sagte: „Geh und schau dich mal in dem Aeroplan um". Das Flugzeug stand etwa 30 Meter vom Flughafengebäude entfernt. Der Genosse ging also zum Flugzeug, kam zurück und sagte: „Jawohl, Genosse Kriegel sitzt im Flugzeug, alles in Ordnung". Damit war das Ganze zu Ende. Wir starteten in der Dunkelheit.

OP: Welche Gefühle habt ihr nach der Rückkehr aus Moskau gehabt?

JS: Wir kehrten im Dunkeln heim. Sowjetische Wagen fuhren uns vom Flugplatz auf den Hradschin, wo uns Leute berichteten, daß eine halbe Stunde zuvor sowjetische Panzer die Prager Burg verlassen hätten.

Auf der Burg brachten uns Frauen vom Dienstpersonal saubere Wäsche, sie nahmen uns gleich unter ihre Fittiche. Hinter einem Paravan hatte ich meine Wäsche gewechselt, und als ich mein gebrauchtes Hemd auf einen Stuhl legte und ein sauberes nahm, griff eine der Frauen nach dem Hemd und sagte: „Das behalte ich, Genosse Smrkovský, das gebe ich Ihnen nicht wieder zurück, das behalte ich zur Erinnerung." So hat sie es mir einfach beschlagnahmt.

Bei Sonnenaufgang kamen die ersten Leute, Journalisten und andere, weil sich die Nachricht verbreitete, daß wir zurück seien.

Viele von uns waren so müde, daß sie sich ausruhen wollten. Ich hatte dieses Glück leider nicht, ich sprach im Rundfunk, dann nahm ich an einer Regierungssitzung teil, wo Černík und andere über den Verlauf unseres Aufenthaltes in Moskau und über die Beschlüsse informierten. Ich blieb nicht sehr lange dort.

Dubček hatte die Hauptaufgabe, mit den neuen, während des XIV. Parteitages in Vysočany gewählten Funktionären zu verhandeln. Sie informierten ihn über den Parteitag und er informierte sie über die Ergebnisse der Moskauer Verhandlungen und auch über deren Beschlüsse, die im Protokoll der Moskauer Verhandlungen festgehalten wurden, daß nämlich der XIV. Parteitag nicht anerkannt werden könne. Es war eine sehr komplizierte, bewegte Verhandlung – man mußte eigentlich die Ergebnisse des Parteitages auf den Kopf stellen. Dubčeks Argumentation wurde schließlich angenommen.

Am gleichen Tag besuchte uns auch eine Abordnung der sowjetischen Armee, die vom General Pavlovskij und noch einem anderen General geführt wurde. Ich sollte mit ihnen verhandeln. Sie forderten, daß jemand von uns, vielleicht auch ich, eine Ansprache an die Prager Bevölkerung halte und sie auffordere, alle Aufschriften zu entfernen, von denen Prag voll war.

Ich war bereit, es zu tun, ich war auch bereit, den Erfolg zu garantieren, allerdings unter der Bedingung, daß gleichzeitig mit mir auch ein Vertreter der sowjetischen Armee auftrete, der den Pragern versichere, daß die sowjetische Armee Prag verlasse, wenn die Aufschriften weg seien.

Damit waren sie nicht einverstanden, so daß wir uns damit verabschiedeten, daß ich nicht zu den Pragern sprechen würde.

OP: Das größte Problem war damals, glaube ich, unserem Volk zu erklären, was und warum man in Moskau unterschrieb. Ich erinnere mich an die Menschenmenge, die sich durch die Prager Straßen wälzte und darauf wartete, was ihr sagt. Wie hast Du Dich vorbereitet?

JS: Es wurde beschlossen, daß unsere Vertreter — man sprach nur noch über uns „vier" — öffentlich zum Volk sprechen müßten. Am ersten Tag sprach Präsident Svoboda, dann sprach Dubček. Dieser Vortrag war sehr schwierig. Weil er psychisch und physisch völlig erschöpft war: das hinterließ an dem Vortrag deutliche Spuren. Am nächsten Tag sprach Černík, schließlich sprach ich.

Dadurch, daß ich zuletzt sprach, hatte ich die Möglichkeit, mich mit den Geschehnissen, mit der Atmosphäre, die in unserem Land herrschte, bekanntzumachen. Ich hatte dazu einfach mehr Zeit. Vielleicht sagte ich inhaltlich auch mehr, als die anderen. Dafür wurde ich auch öffentlich gelobt.

Dagegen wurde mein Vortrag allerdings von der sowjetischen Seite nicht gutgeheißen. Später wurde ich informiert, daß der Botschafter Červoněnko die Unzufriedenheit Moskaus mit meinem Vortrag überbrachte. In meinem Vortrag sprach ich damals darüber, wie die Lage sich weiter entwickeln solle. Ich ging von der großen Einheit unseres Volkes aus, von der Autorität, die die Partei besaß. Und während der kritischen Augusttage war die Autorität der Partei wirklich einmalig. So groß wie nur selten. Ich sagte mir, daß — nach der ganzen Tragödie des 21. August — noch nicht alles verloren sei, daß man auch unter den erschwerten Bedingungen die Politik, die wir Nach-Januar-Politik nannten, bis zu einem gewissen Maße würde fortsetzen können. Ich war mir allerdings klar darüber, daß alles davon abhängt, ob die Einheit zwischen der Führung des Staates und dem Volke einerseits und auch die Einheit innerhalb dieser Führung andererseits bestehen bleibt. Diesbezüglich hatte ich Befürchtungen. Diese Vorahnung drückte ich in meinem Vortrag aus.

OP: Wann hast Du gemerkt, daß Widersprüche entstehen, daß die Einheit zerbröckelte?

JS: Etwa in der ersten Septemberhälfte fuhr Černík in seiner Eigenschaft als Regierungschef nach Moskau, um über konkrete militärische, aber auch wirtschaftliche Fragen, die sich aus dem Moskauer Protokoll ergeben, zu verhandeln. Er kam am Sonntag zurück, am Montag sollte er zuerst einen kleineren Kreis, dann das Präsidium, informieren. Ich setzte voraus, daß er auf die Burg kommt und wir alle dorthin eingeladen werden würden. Ich wartete vergeblich; ich rief Černík an, aber sie sagten mir, daß er auf der Burg sei. Ich rief Dubček an und seine Sekretärin sagte mir, daß er auf der Burg sei. Zu dieser Beratung wurde ich also nicht mehr eingeladen. Da sah ich, daß sie aus Moskau die Order mitgebracht hatten, mein Verschwinden aus der damaligen „Vierergruppe" und anschließend aus den anderen Funktionen zu betreiben.

Im November, als eine Beratung in Kyjev einberufen wurde, wurde alles noch sichtbarer. Anwesend: die sowjetische Führung und unsererseits die höchsten Repräsentanten — Svoboda, Dubček, Černík, Štrougal, Husák. Und ich erfuhr alles erst im Fernsehen — als unsere Delegation zurückkehrte. Ich wußte überhaupt nicht, daß sie weggeflogen war. Ich forderte eine Erklärung, bekam aber keine. Es gab verschiedene Ausflüchte wie z.B., daß sie mich nicht erreichen konnten. Unsinn: ich war entweder im Dienst in der Nationalversammlung oder zu Hause. Es war eine peinliche Angelegenheit. Ich forderte natürlich vom Exekutivkomitee der Partei eine Erklärung, ich bekam sie aber auch dort nicht. Nach einiger Zeit bekam ich sie schließlich indirekt von Štrougal — aber darüber später.

Das wichtigste bei dieser Beratung war die Besetzung der neuzubildenden Föderalen Nationalversammlung; es ging um den Vorsitzenden. Das war im Hinblick auf den geplanten Führungsaustausch — eine gute Gelgenheit, mich loszuwerden. Dabei spielte Gustáv Husák eine große Rolle. Obwohl diese Angelegenheit nicht im Parteipräsidium geklärt wurde — und um so weniger im ZK und im Exekutivkomitee —, hörten wir plötzlich im Fernsehen und aus anderen Medien, daß das ZK der KP der Slowakei und das Präsidium des Slowakischen Nationalrates die Forderung stellten, diese Stelle mit einem Slowaken zu besetzen. Gustáv Husák sagte dies auch in einem Fernsehauftritt, der nicht gerade zu seinen besten gehörte.

Auf diese Weise wurde ich von der Staats- und Parteiführung mit einer beschlossenen Sache konfrontiert. Die slowakischen Repräsentanten, also die Führung mit Gustáv Husák an der Spitze, drängten die slowakischen ZK-Mitglieder dazu, diese Haltung durchzusetzen. Das war ein Ultimatum — ich müsse weg. Gleichzeitig verhängte man über mich eine Informationssperre, die Medien durften nichts über meine Person verlautbaren lassen. Einfach eine Informationssperre — mein Name sollte aus den Medien verschwinden. Ich glaube, daß dies auch gelang, wenigstens bis zum 5. Mai, als ich auftrat und über diese Angelegenheit sprach.

Nach den Beratungen in Kyjev stellte ich den Genossen Fragen und wollte, daß sie mir klipp und klar sagen, wie die sowjetische Haltung zu meiner Person sei, was sie wollten und womit sie drohten. Ich betonte, daß ich — sollte ich die Ursache für Komplikationen oder Schwierigkeiten bei der Normalisierung sein — in diesem Falle selber weggehen würde.

Obwohl sie es ablehnten, über die sowjetische Haltung zu meiner Person, zu meinen Funktionen, zu meiner Tätigkeit etwas Eindeutiges zu sagen, taten sie es indirekt; so zum Beispiel als Černík meinte, Dubček sollte sich mit Smrkovský alleine aussprechen und auch mit den Sowjets. Husák sagte im Grunde dasselbe — Smrkovský und Dubček sollten in Moskau Klarheit schaffen, weil die sowjetischen Genossen eine kritische Beziehung zu Smrkovský hätten, weil er das Abkommen nicht erfülle; natürlich wurde mir keine Forderung der sowjetischen Seite persönlich und konkret vorgetragen.

Das Exekutivkomitee versuchte mich davon zu überzeugen, daß ich zurücktreten und auf eine Funktion in der neuen Nationalversammlung im voraus verzichten solle, die Funktion des Vorsitzenden in der neuen Nationalversammlung — ich war Vorsitzender der alten — solle jemand anders bekommen, ein Vertreter der Slowakei.

Ich war im Prinzip damit einverstanden, daß die Slowaken Anspruch auf diese Funktion erhoben. In der konkreten Lage und unter den konkreten Bedingungen glaubte ich allerdings, daß es hier nicht um das Recht darauf geht, sondern auch darum, daß man dadurch eine allmähliche Liquidierung derjenigen Organe und Repräsentanten erreichen wollte, die die ganze Nach-Januar-Politik darstellten oder personifizierten.

Sie wollten von mir nicht nur meine Einwilligung, sondern auch eine öffentliche Erklärung, warum ich schweige und ähnliches. Sie fingen auch an, die Kampagne zu kritisieren, die nach Husáks Auftritt im Fernsehen im ganzen Lande zustandekam. Bis zu dieser Zeit war alles relativ ruhig, aber nach seinem Auftritt revoltierten Fabriken, gesellschaftliche Organisationen, Gewerkschaftsverbände — wir bekamen damals eine ungeheure Menge von Resolutionen.

Man fing auch an, mich direkt zu attackieren; alles würde ein böses Ende nehmen, falls es zum Generalstreik kommen solle — man sagte hunderte von Toten voraus und ich würde dafür die Verantwortung tragen. Sádovský, der häufig gerade das zu erklären pflegte, was er nicht zu erklären beabsichtigte, sagte: Sollten wir uns nicht einig werden (er meinte das achtköpfige Exekutivkomitee), sollten wir ihre Forderung nicht unterstützen, dann würden sie, die Slowaken, das Exekutivkomitee verlassen. Diese Drohungen, diese Manieren wurden schon damals häufig angewendet.

Dubcek sagte, daß er keine diesbezügliche Verpflichtung eingehe, daß er über mich nicht verhandele. Allerdings sagte er indirekt auch, daß die Lage sehr gefährlich sei und daß er einen weiteren Truppeneinmarsch im Falle eines Generalstreiks nicht ausschließen könne. Genosse Svoboda sagte unter anderem, daß immer, wenn man eine Einigkeit des Exekutivkomitees nötig gehabt habe, diese vorhanden war. Aber nun . . . Auch er warf seine Autorität in die Waagschale: wenn wir uns nicht einigten, würde er zurücktreten. Er sagte weiter, daß ich, dadurch, daß ich schweige, seinen Rücktritt heraufbeschwören würde; daß ich meine Person gegen das Volk selbst ausspiele und desgleichen mehr.

Ich versuchte vergeblich herauszufinden, wie die Beratung in Kyjev eigentlich verlaufen ist. Das erfuhr ich erst irgendwann im Januar oder Februar 1969 von Strougal. Ich besuchte ihn, wir tauschten unsere Meinungen über das Vorgehen der Partei, über verschiedene Fragen der Vergangenheit aus. Ich fragte ihn, wie die Frage des Vorsitzenden in Kyjev eigentlich behandelt wurde.

Er antwortete mir: „Du weißt ja, wie so etwas gehandhabt wird. Dort saßen zwei, dort verhandelten zwei, man nahm auch an einer Jagd teil — dort spricht man auch über allerlei. Ich kann Dir sagen: als das letzte Gespräch unserer Delegation stattfand und Genosse Brežněv das Wort ergriff, erklärte er: Und wir nehmen zur Kenntnis, daß der Vorsitzende der Föderalen Nationalversammlung ein Vertreter der slowakischen Nation wird."

Auf diese Weise bestätigte mir Štrougal, daß die Sowjets sich mit jemandem verständigt hatten. Ich glaube, daß es nicht allzu schwer zu raten ist, mit wem.

Nach all diesen dramatischen Verhandlungen erreichte die Kampagne während der Weihnachtsferien ihren Höhepunkt – etwa vier Millionen Menschen kamen in Bewegung. Etwa am 3. Januar akzeptierte ich im ZK die Forderung nach einem öffentlichen Auftritt, die Forderung nach einer Erklärung, daß ich gegen meine eigene Kandidatur zugunsten des slowakischen Volkes bin. Ich entsprach dieser Forderung durch meinen Auftritt am 5. Januar.

Im Exekutivkomitee verhandelte man dann noch über die Änderungen im Parlament. Husák hatte die Aufgabe, die Kandidatenliste vorzulegen; an erster Stelle nannte er Laco Novomeský. Er teilte allerdings gleich mit, daß Novomeský es nicht annehmen möchte, da er zu krank sei, um diese Funktion ausüben zu können. An zweiter Stelle nannte er Klokoč, an dritter Stelle dann Lenárt und als Notlösung schließlich Colotka bzw. Boda; er selber hob die letzten zwei aber nicht besonders hervor und meldete seine Zweifel an.

Das Exekutivkomitee beschloß allerdings – entgegen Husáks Meinung –, daß der Vorsitzende der Föderalen Nationalversammlung weder Klokoč noch Lenárt oder Boda, sondern gerade Peter Colotka werden sollte, wenn Novomeský den Posten nicht übernehmen würde. Smrkovský sollte dann der Erste stellvertretende Vorsitzende der Föderalen Nationalversammlung und Prof. Hanes – ein Jurist aus der Hochschule in Bratislava – der Vorsitzende der Nationalitätenkammer werden.

OP: Findest Du auch heute Deinen Auftritt vom 5. Januar 1969 noch richtig?

JS: Nach meinem damaligen Auftritt bekam ich ein Telegramm von Laco Novomeský, der meinen Auftritt guthieß; auch bekam ich ein Telegramm von Evžen Erban. Nun, ich weiß nicht, ob es überzeugt. Ich habe meine Zweifel, weil ich schließlich aus Staatsräson gezwungen wurde, Sachen zu sagen, von deren Richtigkeit ich nicht überzeugt war. Ich mußte es allerdings – unter dem Druck – tun.

(Hier endet das Gespräch mit Josef Smrkovský. Die Umstände haben die Fortsetzung verhindert.)

Anmerkungen:
1 „Die Lehren aus der krisenhaften Entwicklung der Partei und der Gesellschaft nach dem XIII. Parteitag der KPČ" – ein Grundsatzdokument der normalisierten Partei von 1970. (Anm. d. Ü.)
2 Ein Gefängnis bei Prag, wo Verurteilte aus den politischen Prozessen der 50er Jahre gehalten wurden. (Anm. d. Ü.)
3 Der sowjetische Botschafter in der Tschechoslowakei. (Anm. d. Ü.)
4 Die Begriffe „Linke" und „Rechte" wurden in der Tschechoslowakei – zumindest damals nicht – im Sinne der klassischen Bedeutung verwandt. Als „Rechte" galten – außer der zahlenmäßig völlig unbedeutenden wirklichen Rechten – vor allem progressive Kommunisten, Linkssozialisten und andere fortschrittliche Elemente, als „Linke" bezeichneten sich dagegen die altstalinistischen, dogmatischen Kräfte selbst. Diese in der Tradition der stalinistischen Legendenbildung stehende Begriffsverdrehung ging dann in den normalen Sprachgebrauch über. (Anm. d. Ü.)
5 Dubček, Černík, Kriegel, Špaček, Smrkovský, Piller, Barbírek.
6 Rigo, Bilak, Kolder und Švestka. Anwesend waren ferner Kapek, die ZK-Sekretäre Mlynář, Indra und der Vorsitzende der ZK-Kontrollkommission, Jakeš, der diesen Posten heute noch ausübt.
7 Damals Chef des Fernmeldewesens, jetzt Gewerkschaftsvorsitzender und Präsidiumsmitglied.

Jaroslav Šabata
Auszug der Rede auf der Tagung des ZK der KPČ am 31.8.68

Ich halte die Prinzipien des außerordentlichen XIV. Parteitages der KPČ für richtig, ebenfalls die dort ausgearbeitete Charakterisierung des Einmarsches fremder Truppen auf unser Territorium als Okkupation. Ich bin also der Ansicht, daß bei uns die nationale und Staatssouveränität grob verletzt wurde und daß der Truppenabzug die Voraussetzung für eine Normalisierung ist, nicht umgekehrt. Die Normalisierung kann nicht die Vorbedingung für den Truppenabzug sein. Wir können nicht zuerst normalisieren und erst dann den Truppenabzug erreichen.

Ich möchte über die Frage nachdenken, die hier vom Genossen Rytíř gestellt wurde: wer hat den Eingriff verschuldet, was sind dessen Ursachen? Ich habe allerdings eine genau entgegengesetzte Meinung. Er identifiziert sich mit den Positionen des Warschauer Briefes, der vom Zentralkomitee am 19. Juli abgelehnt wurde. Er identifiziert sich mit der ideologisch-politischen Plattform des Artikels in der *Pravda* vom 22. August 1968, in dem die Dubček-Führung als rechtsopportunistisch und Dubček selbst als Führer einer rechtsopportunistischen Minderheit in der Parteiführung charakterisiert werden. Er sagt übrigens auch, daß er Zweifel hat, ob die jetzige Führung, das Präsidium in dieser Zusammensetzung in der Lage ist, eine Politik der aktiven Freundschaft mit der Sowjetunion einzuschlagen.

Selbstverständlich kann man dem Genossen Rytíř seine Ansichten nicht nehmen, aber es ist notwendig zu sagen: sollte der Genosse Rytíř eine Politik durchsetzen wollen, die von diesen Prinzipien ausgeht, dann könnte er sie nur mit Hilfe fremder − seien es sowjetische oder andere − Bajonette durchsetzen. Jeder von uns weiß, daß dies kein Weg für einen Kommunisten ist, daß dies keine kommunistische Politik ist, daß dies eine antikommunistische Politik ist.

Der Genosse Rytíř spricht über die aktive Freundschaft zur Sowjetunion. Unsere Leute verstehen ihn heute aber nicht. Eine Politik der Freundschaft zu den sozialistischen Ländern können wir nur unter der Bedingung durchführen, daß wir für die volle nationale und staatliche Souveränität kämpfen − gegen alles, was sie deformiert, was dieses Volk der Stellung eines vollberechtigten Mitgliedes der sozialistischen Gemeinschaft beraubt. Er bezeichnet dies als Nationalismus. Aber für einen wirklichen Leninisten ist es kein Nationalismus. Es ist das Begreifen der demokratischen Substanz des Marxismus und des Internationalismus. Der Genosse Rytíř ist leider nicht der einzige, der sie nicht versteht. Offensichtlich wird sie auch von den sowjetischen Führern nicht verstanden. Man sollte auch die grundlegende Ursache des Eingriffes bei uns und den Ausgangspunkt dieses tragischen Schrittes in der Allianz der Doktrinäre der Führung der KPdSU und auch der der anderen Parteien mit unseren Doktrinären sehen. (...)

Ich möchte mit einem ernsthaften Zweifel abschließen. Wir sprechen über den Realismus, über den Sinn für die Realität. Ich weiß nicht, ob das Diktat, das unserer Partei gestellt wurde und dem sie sich unterwerfen muß, ein guter Weg zu einer realistischen Politik ist. Ich bin tief davon überzeugt, daß die Politik, die von den Prinzipien ausgeht, die in dem vom Genossen Smrkovský hier vorgelesenen Dokument (gemeint ist der Text des sog. Moskauer Protokolls) formuliert wurden, undurchführbar ist. Sie hat mit der Realität nichts zu tun. Und wenn wir nicht begreifen, wie wir dieser Realität rechtzeitig Herr werden, kann es tatsächlich zur Spaltung der Partei kommen. Dabei gibt es nur einen einzigen Weg, die Partei nicht zu spalten, diese Spaltung zu vermeiden: sich auf die neun Zehntel des Volkes zu stützen, sich darauf zu stützen, was die Menschen wollen und diese Politik mit ihnen zu machen.

Das, was hier der Genosse Rytíř sagte, das zielt genau in die entgegengesetzte Richtung. Man muß es verurteilen, man muß es mit dem wahren Namen bezeichnen: es ist Teil einer Plattform, die einen riesigen Anteil an dem hat, was geschehen ist, es ist Teil einer Verschwörung gegen diese Partei und gegen dieses Land.

(Quelle: Listy 4/1971, aus dem Tschechischen)

Gustáv Husák, Auszug aus der Rede auf der Tagung des ZK der KPČ am 31.8.1968

Wenn ich mir hier diese Diskussion anhöre oder auch die Diskussion im kleineren Kreis, mit einzelnen oder auf Massenmeetings, dann beschäftigt mich eine Grundfrage: Was ist die Pflicht eines politischen Repräsentanten in der heutigen Zeit? Die Leute sind betrübt, enttäuscht, gekränkt, gequält usw. Soll ein politischer Repräsentant – um es im übertragenen Sinne auszudrücken – mit dem Volk weinen? Ein Dichter darf es. Bei einem Politiker steht jedoch seine politische Verantwortung an erster Stelle. Von diesem Gesichtspunkt aus soll und muß er alle Fragen beurteilen, sonst erfüllt er nicht die Erwartungen, die in ihn gesetzt werden. (...)

Zu den beiden extremen Positionen muß man eine klare Haltung einnehmen. Wenn ich es richtig verstanden habe, meinen die Genossen Rytíř, Mandák und andere, die darüber von verschiedenen Positionen aus gesprochen haben, grob gesagt, daß der Fehler in unserem Demokratisierungsprozeß, in der Art, in der er sich vollzog, oder an der schlechten Führung der Partei liege. Schuldig oder nicht schuldig, ich sage es klipp und klar: es macht den Eindruck, als ob einige Genossen denken würden, daß wir aus unserer heutigen Situation in die Situation vor dem Januar zurückkehren sollten. Ich weiß nicht, in wessen Namen ich sprechen darf, in wessen nicht. Im Namen der slowakischen Kommunisten möchte ich hier ganz entschieden sagen, daß niemand solche Illusionen hegen sollte. In die Zeit vor dem Januar, in das Regime des Personenkults, der Deformationen und des eigentlichen Terrors werden wir nicht zurückkehren – unter keinen Umständen. Solche Situationen werden wir bei uns zu Hause nicht zulassen. Sollte jemand eine solche Situation heraufbeschwören wollen und denken, daß seine Zeit kommt, dann irrt er. Die ganze Führung, so wie ich sie kenne, vom Präsidenten und Genossen Dubček, bis zu allen anderen, sagte bei den Moskauer Verhandlungen und auch anderswo, daß alle Grundprinzipien unseres Demokratisierungsprozesses erhalten blieben. (...)

Das andere Extrem: es wurde von vielen Genossen vertreten, am deutlichsten aber vom Genossen Šabata. Er sagt, daß die Normalisierung erst nach dem Abzug der Armeen durchgeführt werden könne. Daß es sozusagen anormal sei, zuerst die Verhältnisse zu normalisieren und erst dann den Abzug der Truppen zu verwirklichen. Wenn ich es richtig verstehe, lehnt er den Weg ab, der durch das Abkommen angenommen wurde.

Theoretisch könnte man ja auch diese These akzeptieren. Aber: wenn Genosse Šabata dies nicht nur für eine billige agitatorische Lösung hält, dann soll er zu den entsprechenden Leuten, die unsere Gesprächspartner sind, gehen und über solche Bedingungen verhandeln. Sollte dies nicht möglich sein, dann bitte ich, solche Losungen nicht unter das Volk zu bringen, gerade heute, wo wir weitere überflüssige Opfer verhindern und unsere Leute disziplinieren müssen, um den Freiraum für ein normales und demokratisches Leben bei uns zu verbreitern.

Es ist sehr leicht zu sagen: sie machten dieses und jenes schlechte Abkommen. Wer kann sie besser machen? Wer kennt einen besseren Plan, einen besseren Weg – er soll sich melden, er soll Vorschläge unterbreiten, auch der Präsident wird ihr erlauben, zu verhandeln, um sie zu realisieren. Da dieses Abkommen schon einmal beschlossen wurde, glaube ich, daß die Genossen Svoboda, Černík, Dubček – und vielleicht darf ich mich auch ein bißchen dazu rechnen – zumindest genauso gute Patrioten sind wie die radikalen Kritiker.

Ich bleibe wieder beim Genossen Šabata. Er hat hier eine weitre hende Kritik der Doktrinäre in der Führung der Kommunistischen Partei der Sowjetunion usw. vorgetragen. Jeder hat das Recht auf eigene Meinung, aber ich glaube, daß – unter anderem – auch die göttergleiche Arroganz schuld war, mit der wir unsere Ratschläge an die ganze Welt verteilten – eine solche Demokratie, wie bei uns, gab es noch nie; sie wurde noch nie von jemandem ausgedacht, das ökonomische Modell auch nicht – und selbstverständlich kritisierten wir alles um uns herum, was es nur zu kritisieren gab. Mit dem kleinen Unterschied: wir gewannen keine Freunde, sondern verloren noch die, die wir hatten. Warum billigen wir solch einem großen Staat mit einer Viertel Milliarde Menschen nicht zu, seine Probleme selbst zu lösen. (. . .)

Noch zu einigen angeschnittenen Fragen. Ich bin nicht berechtigt, eine offizielle Stellungnahme abzugeben, also sage ich nur meine eigene Meinung. Warum werden neue Leute in dieses Zentralkomitee kooptiert? Höchstwahrscheinlich deshalb, weil der Großteil der ZK-Mitglieder ein phantastisches Vertrauen der Parteimitglieder besitzt. Eine ganze Reihe von Leuten in hohen Funktionen hat in diesen Wochen das Vertrauen der Mitgliedermassen und des Volkes absolut verloren. Ist das die Wahrheit oder ein Märchen? Wie sollen wir 1.600.000 Kommunisten und 14 Millionen Bürger für uns gewinnen, wenn in diesem Organ viele Leute sitzen, die ihren politischen Kredit verloren haben? Das ist der Sinn der Kooptation, wenn der Parteitag heute aus verschiedenen Gründen schon nicht stattfinden kann. Es ist ein politisches Problem; es ist dringend notwendig, daß sich dieses Zentralkomitee auf irgendeine Weise erneuern und vervollständigen muß, wenn es in seiner bisherigen Zusammensetzung nicht handlungsfähig ist.

Wir müssen heute unsere Worte noch besser abwägen. Genosse Sabata sagt ständig: „Mit dem Volk zu gehen, es ist die Hauptsache, mit dem Volk zu gehen." Neun Zehntel der Leute gehen mit uns. Was heißt es, mit dem Volk zu gehen? Wie? Auf den Wogen, die wir hier momentan haben, oder wie denn mit dem Volk zu gehen? (. . .)

Selbstverständlich wollen wir uns von den Volksmassen nicht trennen, sondern gerade im Interesse unserer Nationen handeln, im Interesse der Millionen, aller Berufsgruppen, aller sozialen Gruppen, die hier sind. Gerade deshalb sind wir verpflichtet, diesen Weg, den die Parteiführung hier andeutete und in Moskau billigte, den Leuten vor Augen zu halten, auch dann, wenn sie ihn nicht verstehen, wenn sie Einwände und Zweifel haben. Wir müssen die Leute überzeugen, daß dies der einzig mögliche Ausweg ist, um eine Perspektive dieser Nationen zu finden; das bedeutet für mich, mit dem Volk zu gehen. (. . .)

Wenn wir unser Ziel klar zeigen, so wie es Genosse Dubček, der Genosse Präsident und auch andere in ihren Vorträgen andeuteten, müssen wir selbstverständlich damit rechnen, daß wir nicht von allen begeistert akzeptiert werden — aus verschiedenen Gründen. (. . .) Die letzten Tage, die eine gewisse Art der Volkssolidarität gezeigt haben, haben auch Kräfte mobilisiert, unter denen es — außer patriotischen Kräften — auch antisozialistische, antikommunistische Kräfte gibt, Kräfte, die nicht unsere Verbündeten sein können. Sie werden unseren Weg nicht unterstützen. Wenn wir unseren Weg beschreiten, müssen wir auch mit einem politischen Kampf rechnen. (. . .) Nur so wird es möglich sein, daß Entscheidungen, die wir treffen werden, nicht nur formelle Deklarationen bleiben, sondern einen Ausweg zeigen, aus dem sich das weitere Schicksal dieser beiden Nationen ergeben wird. (. . .)

Quelle: Information der Stadtkomitees der KPČ in Prag vom 2.9.1968 (hektographiert). Aus dem Tschechischen.

Vertrag über die Zusammenarbeit des Tschechischen Gewerkschaftsbundes der Metallarbeiter und des Verbandes der Hochschulstudenten von Böhmen und Mähren

Beide Seiten halten den gesellschaftlichen Prozeß, der durch das Plenum des ZK der KPČ im Januar 1968 eingeleitet und durch die Intervention der fünf Armeen des Warschauer Paktes in die Tschechoslowakei im August 1968 unterbrochen wurde, für die Basis der weiteren Entwicklung der Tschechoslowakischen sozialistischen föderativen Republik hin zum Sozialismus. Die hohe Anerkennung beider Seiten finden die grundsätzlichen Erfolge des Volkes der Tschechoslowakischen Sozialistischen Republik nach dem Januar 1968, insbesondere:
1. die Teilnahme der Öffentlichkeit unter Führung der Arbeiterklasse an der Entwicklung der Politik des Staates und der KPČ;
2. der freie Dialog der Öffentlichkeit mit der Führung des Staates und der KPČ, der mittels Massenmedien verwirklicht wurde;
3. die Wiederherstellung der gesellschaftlichen Rolle der KPČ, die vor allem durch das Aktionsprogramm der KPČ vom April 1968 ausgedrückt wurde, durch die Antwort des Präsidiums des ZK der KPČ auf den Brief der fünf kommunistischen Parteien aus Warschau vom Juli 1968 und durch den XIV. außerordentlichen Parteitag der KPČ vom August 1968;
4. der Widerstand des Volkes der Tschechoslowakischen Sozialistischen Republik gegen die Intervention der fremden Armeen in den Tagen vom 21.-28. August 1968.

Der Tschechische Gewerkschaftsbund der Metallarbeiter erklärt sich mit dem jüngsten Studentenstreik für die Realisierung der zehn Punkte des Verbandes der

Hochschulstudenten solidarisch und fordert die Herstellung solcher Arbeitsbedingungen in der Regierung, die es Prof. Kadlec (Kultusminister) ermöglichen würden, Mitglied der Regierung zu bleiben.

Der Verband der Hochschulstudenten von Böhmen und Mähren unterstützt die Werktätigen in der Metallindustrie in ihrem Bemühen, die Apparatschiks und Bürokraten aus den führenden Organen der Revolutionären Gewerkschaftsbewegung zu entfernen und eine Organisation zu bilden, die die wirklichen Interessen der Arbeiter vertritt. Der Verband der Hochschulstudenten von Böhmen und Mähren schließt sich der Resolution der Tagung der tschechischen Werktätigen in der Metallindustrie zur Unterstützung des Genossen Josef Smrkovský an.

Beide Seiten lehnen die Politik des ständigen Zurückweichens vor dem Druck von außen ebenso ab wie die gezielte Unterbrechung des Informationsflusses zwischen der Staats- und Parteiführung einerseits und der Öffentlichkeit andererseits. Beide Seiten protestieren gegen die Anhäufung der Funktionen, der Macht und der Informationen in den Händen einer kleinen Gruppe führender Persönlichkeiten. Beide Seiten sind nicht damit einverstanden, daß die Politik in den tschechischen Ländern vom undemokratisch zustandegekommenen Büro der KPČ für die Arbeit in den tschechischen Ländern geleitet wird, und verlangen eine sofortige Einberufung des Parteitages der tschechischen kommunistischen Partei. Beide Seiten lehnen die Angriffe gegen die Kulturszene ab, deren politisches Engagement sie hoch anerkennen. Beide Seiten warnen vor der Einschränkung der freien Tätigkeit der Massenmedien. Beide Seiten sind über die ständige Verschiebung der Entscheidung über die Konzeption der ökonomischen Entwicklung und über die Verschiebung der öffentlichen Diskussion und Verabschiedung des Gesetzes über das sozialistische Unternehmen entrüstet. Beide Seiten verlangen, daß einem Team, das aus Arbeitervertretern aus den Betrieben und aus tschechoslowakischen Ökonomen zusammengesetzt ist, die Ausarbeitung eines ökonomischen Alternativprogramms ermöglicht wird.

Beide Seiten bestehen auf der Forderung der sofortigen Wiederherstellung der Souveränität der tschechoslowakischen Republik und des Abzugs der fremden Truppen. Beide Seiten fordern die Durchführung von Neuwahlen sämtlicher Vertretungsorgane in den kürzestmöglichen Zeit. Beide Seiten werden sich dafür einsetzen, daß die in der Allgemeinen Deklaration der Menschenrechte der UNO enthaltenen Prinzipien in die neue Verfassung der Tschechoslowakischen Sozialistischen Republik aufgenommen werden.

Angesichts dieser gemeinsamen Ansichten, angesichts der Notwendigkeit der Bildung einer breiten Volksfront, die die Politik der Staats- und Parteiführung verfolgen würde, beabsichtigen beide Seiten:

1. einen regelmäßigen Austausch von Delegationen und Informationen über ihre Tätigkeit, ihre Standpunkte und Ansichten über aktuelle gesellschaftliche Probleme durchzuführen;
2. die gewonnenen politischen Informationen regelmäßig auszutauschen;
3. sich im voraus über die vorbereiteten Aktionen zu informieren;
4. zu gewährleisten, daß die Führungsorgane des Tschechischen Gewerkschaftsbundes der Metallarbeiter und des Verbandes der Hochschulstudenten von Böhmen und Mähren alle aus dem gegenseitigen Verkehr gewonnenen Informationen an ihre Grundorganisationen weiterleiten werden;
5. sich gegenseitig in der Ausnutzung der Möglichkeiten der beiden Seiten zu unterstützen;

6. den direkten Kontakt zwischen den Werktätigen in der Metallindustrie und den Hochschulstudenten ständig zu erweitern;
7. alle Möglichkeiten der ständigen Festigung und Stärkung eines informellen Bündnisses der Arbeiter und der Intelligenz auszunutzen;
8. die gemeinsamen Standpunkte bei Verhandlungen mit den entsprechenden Organen zu erklären;
9. besonders sorgfältig und überlegt die Entwicklung der politischen Situation auszuwerten und sie mit den entsprechenden Organen zu besprechen;
10. durch nachdrückliche Aktionen auf der Durchführung der eigenen Forderungen zu bestehen.

Prag, den 19. Dezember 1968

Hinweise: Dieser Vertrag wurde von 1.200 Delegierten der ersten Tagung des Tschechischen Gewerkschaftsbundes der Metallarbeiter verabschiedet, der über 900.000 Arbeiter repräsentiert. *Aus dem Tschechischen aus: ,,Zpravodaj", Betriebszeitung der Tesla Hloubětín, Prag, Nr. 12/1968.*

Aufruf der tschechischen Künstler, Wissenschaftler, Publizisten und Kulturschaffenden

(. . .) Wir gehören zu einer gebildeten Nation, mit der uns gemeinsame Arbeit und Geschichte – so wie die Muttersprache – untrennbar verbinden. Deshalb wenden wir uns auch an unsere Mitbürger, um ihnen zu versichern, daß wir mit ihnen die Sorge um die Freiheit und um das Schicksal und den Sinn des Sozialismus teilen.

Die Mission der Kultur ist, die Wahrheit zu erkennen und Dinge zu schaffen, die Nutzen und Freude bringen. Zu dieser Aufgabe bekennen wir uns sowohl unter günstigen als auch ungünstigen Umständen. Aus der Erfahrung wissen wir, daß die Kultur das Blut der Nation ist, und daß der Körper abstirbt, dem die Adern zugebunden werden. Wir versuchen die Wahrheit zu finden und nicht die erkannte Wahrheit zu verschleiern. Wir halten es für unsere Aufgabe, der Wahrheit diesen Dienst zu erweisen.

Die Wahrheit zu suchen und zu erkämpfen, in ihrem Licht zu leben – das bedeutet für uns, die Freiheit zu suchen und zu erkämpfen. Die Wahrheit und die Freiheit sind für uns untrennbar verbunden. Die Freiheit kann einem von niemandem geschenkt werden, sie ist kein Geschenk, sie ist eine Aufgabe.

Kein Zeitalter gibt jemandem etwas umsonst; die Freiheit der schöpferischen Tätigkeit, die Unabhängigkeit der Forscher und die Freiheit der öffentlichen Meinung mußten immer wieder erkämpft werden. Ein Bestandteil unserer Aufgabe war, ist und wird sein, die Hindernisse zu überwinden, die uns durch die Machtinteressen und durch die mit Blindheit Geschlagenen in den Weg gelegt werden. Je größer diese Hindernisse, desto größer die moralische Verantwortung unserer Stellung.

Heute werden die grundlegenden kulturellen Rechte eingeschränkt, der Kultur werden Möglichkeiten abgesprochen, die schon längst als erkämpft galten, und es werden ihr falsche Aufgaben aufgezwungen. Wir sind Zeugen einer Verdrehung sowohl der vergangenen als auch der gegenwärtigen Ereignisse. Wieder und ohne

Scham tauchen Leute auf, die in der Vergangenheit keine Treue gezeigt haben, sondern die Bereitschaft zur Anpassung, keine Fähigkeiten, sondern ungenügende fachliche Ausbildung, die nicht der Wahrheit gedient haben, sondern mächtigen Leuten.

Nicht nur die Kultur wird bedroht. Durch die Negierung der Meinungsfreiheit werden alle Menschenrechte und alle Bürgerfreiheiten bedroht. Sollten die öffentlichen Belange wieder von denen verwaltet werden, die es lange Jahre verhindert haben, die politischen und wirtschaftlichen Aufgaben des Landes zu lösen, sehen wir keine Garantie für die Würde und Sicherheit des Lebens der künftigen Generationen. Wir hören, daß die Wissenschaft, Kunst und Publizistik dem Staat gehören und daß der Staat sie verwalten muß. Aber so, wie der Boden den Landwirten gehören soll und die Fabrik den Arbeitern, so sollen die Zeitungen den Lesern, der Rundfunk den Hörern, der Film und das Fernsehen den Zuschauern, die Wissenschaft und die Kunst allen Menschen gehören, die sie brauchen. Die Kultur ist kein Eigentum des Staates, die Kultur ist das Eigentum der Menschen. (. . .)

Die Eingriffe in die Freiheit der Kultur nehmen zu. Wir werden sie, so gut wir können, abwehren. Unsere Verbände − solange sie von ordentlich gewählten Repräsentanten geführt werden − werden sich nie mehr dazu hergeben, die Werte zu unterdrücken, die sie verteidigen sollen. Niemand von uns wird seine Kollegen verraten und somit auch nicht sich selbst.

Wir können zum Schweigen gebracht werden. Wir können jedoch nie dazu gezwungen werden, etwas auszusprechen, was wir nicht glauben. Wir können der Meinungsfreiheit beraubt werden. Niemand kann uns jedoch die Freiheit des Geistes, die Klarheit des Bewußtseins und die Würde nehmen. Die Vernunft bleibt auch weiterhin der Maßstab der Taten, die Ehre und Treue der Maßstab der Menschen.

Die tschechische Kulturgemeinde ist und bleibt ihren Gedanken und all dem treu, was sie sich als Wahrheit und Erkenntnis angeeignet hat; ihrer Sprache, ihren nationalen Traditionen, ihrem Volk. Und weil sie sich wie bisher schöpferisch betätigen will, wird sie ihre Aufgabe weiterhin wahrnehmen und kulturelle Werte entsprechend ihrem Gewissen entwickeln − trotz der Ungunst der Zeit.

Das erklären wir öffentlich und ausdrücklich.

Mai 1969

Ústřední výbor Svazu českých výtvarných umělců − ZK des Verbandes der tschechischen bildenden Künstler.
Ústřední výbor Českého svazu artistů a estrádních umělců − ZK des Tschechischen Verbandes der Artisten und Kabarettkünstler.
Ústřední výbor Svazu českých architektů − ZK des Verbandes tschechischer Architekten.
Ústřední výbor Svazu českých divadelních a rozhlasových umělců − ZK des Verbandes tschechischer Theater- und Rundfunkkünstler.
Ústřední výbor Svazu českých filmových a televizních umělců − ZK des Verbandes tschechischer Film- und Fernsehkünstler.
Česká část Ústředního výboru Svazu československých spisovatelů − tschechische Sektion des ZK des Verbandes tschechoslowakischer Schriftsteller.
Ústřední výbor a kontrolní a revizní komise Svazu českých skladatelů − ZK und die Kontroll- und Revisionskommission des Verbandes tschechischer Komponisten.

Ústřední výbor Svazu českých vědeckých pracovníků – ZK des Verbandes tschechischer Wissenschaftler.
Ústřední výbor Českého odborového svazu umění a kultury – ZK des Tschechischen Gewerkschaftsverbandes für Kunst und Kultur.

(Nach Manuskript aus dem Tschechischen übersetzt; später veröffentlicht in: „Svědectví" 37/1969).

Gesetzliche Verfügung über einige zur Festigung und zum Schutz der öffentlichen Ordnung notwendige zeitweilige Maßnahmen

Im Interesse der öffentlichen Ordnung, die gegenwärtig durch antisozialistische Elemente gröblich verletzt wird, hat das Präsidium der Bundesversammlung den folgenden Maßnahmen zugestimmt:

1. Wer nach dem Inkrafttreten dieses Gesetzes sich an irgendeiner Handlung beteiligt, welche die öffentliche Ordnung stört, wer zu einer solchen Handlung aufruft oder sie unterstützt, wer die Anordnungen einer Amtsperson zur Sicherung der Ordnung nicht befolgt oder sich weigert, die seiner Stellung entsprechenden Pflichten zu erfüllen, und dadurch die öffentliche Ordnung stört oder andere dazu auffordert, wird mit Gefängnis bis zu drei Monaten oder mit Geldstrafe bis zu 5.000 Kronen oder mit beidem bestraft.

2. Wer einen Repräsentanten der Republik beleidigt oder den Staat betrügt oder beleidigt oder die außenpolitischen Interessen der Tschechoslowakei verletzt, wer sich eines Angriffes auf staatliche Organe oder Einrichtungen schuldig macht, wird nach derselben Bestimmung bestraft.

Wer Amtspersonen die Ausübung ihres Amtes erschwert oder sie an der Ausübung ihres Amtes hindern will, oder wer einer in diesem Gesetz für strafbar erklärten Handlung zustimmt, wird nach derselben Bestimmung bestraft.

Besondere Maßnahmen können gegen Personen verhängt werden, die keinerlei Arbeit verrichten. Im Falle dieser Personen kann das Ausmaß der Strafe verdoppelt werden. Darüber hinaus können diese Personen für ein bis fünf Jahre aus Teilgebieten der Republik ausgewiesen werden.

3. Die Strafgesetze werden wie folgt abgeändert:
a) Es wird kein Vorverfahren durchgeführt. Die Verhandlung stützt sich auf die polizeilichen Ermittlungen. b) Es gibt nur den Einzelrichter, der in dem Verfahren keine Vorermittlungen durchführt. Er kann es nur dann an die Polizei zurückverweisen, wenn der Fall nach seinem Dafürhalten nicht in seine Zuständigkeit fällt. c) Die Anwesenheit des Strafverteidigers ist nur bei der Verhandlung möglich. d) Die polizeiliche Festnahme kann sich auf einen Zeitraum bis zu drei Wochen erstrecken, wenn die Klärung der Tatsachen erschwert ist.

4. Jeder, der durch seine Handlungsweise die sozialistische Ordnung verletzt, verliert das in ihn gesetzte Vertrauen und die Möglichkeit, seine gegenwärtige Arbeit weiter auszuüben. Er verliert seine Stellung unverzüglich.

Im Falle von Lehrern und Universitätsprofessoren kann das Erziehungsministerium sie ohne Verzug aus ihren Funktionen entfernen, falls offengelegt worden ist, daß sie die Jugend im Geiste antisozialistischer Ideen erziehen.

Jegliche Proteste der Gewerkschaften haben keine Gültigkeit.

Der Erziehungsminister oder die Repräsentanten der Akademie der Wissenschaften oder Repräsentanten, die in diese Funktion berufen werden, haben das Recht, das Arbeitsverhältnis zu beenden und die betroffene Person (Studenten oder Schüler) von der Lehranstalt zu verweisen.

5. Alle Organisationen können zeitweise, bis zu drei Monaten, verboten oder ganz aufgelöst werden, wenn ihre Arbeit nicht mit dem Geist der sozialistischen Ideen übereinstimmt.

6. Aufgehoben sind . . . (folgt die Liste der aufgehobenen Gesetze*).

7. Diese Maßnahmen sind, beginnend mit dem heutigen Tage, bis zum 31. Dezember in Kraft.

gezeichnet: Dr. Dubček Svoboda Ing. Černík

* Es handelt sich im wesentlichen um zwei Gesetze (Nr. 126 und 127/1968), auf deren Grundlage in bestimmten Fragen des Vereins- und Versammlungswesens sowie des Pressewesens, des Rundfunks und Fernsehens gegen behördliche Entscheidungen die Gerichte angerufen werden konnten. (Anm. der Redaktion).

(Quelle: Osteuropäische Rundschau 9/1969/15.)

František Kriegel,
Rede im ZK der KPČ, Mai-Plenum 1969

Auf seiner heutigen Sitzung will das Zentralkomitee über den Ausschluß mehrerer Genossen beraten. Zu den Betroffenen gehöre auch ich, weil ich gegen den Vertrag über die zeitweise Stationierung sowjetischer Truppen auf dem Territorium unserer Republik gestimmt habe. Dadurch verletzte ich die Parteidisziplin.

Ich möchte dazu einige Bemerkungen machen. Zunächst einmal sagt der Vorschlag an die Ausschüsse nicht, welches Organ über diesen Vertrag abstimmte. Soweit ich informiert bin, wurde auf der Versammlung der Parteigruppe im Parlament kein formeller Beschluß gefaßt. Ich möchte, daß das Präsidium des ZK diesen Aspekt der Sache im einzelnen aufklärt. Ferner möchte ich die Aufmerksamkeit des Zentralkomitees auf die Tatsache lenken, daß bis jetzt niemand aus den Reihen des Zentralkomitees ausgeschlossen wurde, der eine direkte Verantwortung oder Mitverantwortung dafür trägt, daß unschuldige Menschen einen abscheulichen Tod durch den Henker erlitten; das Tausende von Menschen aufgrund konstruierter Beschuldigungen zu langen Jahren der Folter und Haft verurteilt wurden; und daß viele im Gefängnis ihr Leben lassen mußten, ohne je wieder die Freiheit erlangt zu haben. Bis jetzt wurde auch kein ZK-Mitglied ausgeschlossen, weil es für die anhaltende Wirtschaftskrise verantwortlich wäre, die uns in die heutige Situation geführt hat und die auch dadurch nicht aus der Welt geschafft wird, daß man die Ursachen auf einige Monate des Jahres 1968 abschieben will.

So könnten wir einen Sektor des wirtschaftlichen und öffentlichen Lebens nach dem anderen anführen und uns die Frage stellen, wer die Schuld am heutigen unerfreulichen Zustand trägt. Es ist kein Geheimnis, daß in diesem Saal eine Reihe von Mitgliedern sitzt, die während langer Jahre führende Positionen innehatten; sie können nicht der Verantwortung oder wenigstens Mitverantwortung dafür ausweichen, was die Öffentlichkeit nun verurteilt. Mit Interesse habe ich gestern die Ausführungen des Genossen Krajcwir zur Kenntnis genommen und sein kurzes Gedächtnis bewundert. Die Dokumente des Zentralkomitees sprechen von unserer kritischen Wirtschaftslage. Glaubt der Genosse Krajčír, daß er 20 Jahre lang Minister gewesen sein kann, daß er Stellvertretender Ministerpräsident gewesen sein kann und daß er jahrelang dem Zentralkomitee angehört haben kann, ohne an der Verantwortung für die Krise teilzuhaben?

Es sitzen hier auch die Genossen Hendrych, Šimůnek, Lenárt und viele andere ehemalige hohe Funktionäre, die dieses Land jahrelang geführt haben. Tragen sie vielleicht keine Verantwortung für die heutige Situation? Der Genosse Hendrych war jahrelang der zweite Mann und durch seine Tätigkeit und seinen Einfluß praktisch sehr oft auch der erste Mann in diesem Staat. Ist er ohne Verantwortung? Nunmehr alles der Nach-Januar-Periode anlasten zu wollen, ist ein reichlich durchsichtiges Manöver. Es sind Versuche erkennbar, die Schuld auf andere zu schieben, aber dieses Manöver wird nicht gelingen. Ich habe hier zuwenig Zeit, um große Probleme anzuschneiden, aber jedem ist klar, worum es sich handelt.

Auf der anderen Seite werden harte Sanktionen gegen diejenigen vorgeschlagen, die gegen den Vertrag über den zeitweiligen Verbleib sowjetischer Truppen opponiert haben. Es ist bekannt, daß ich es ablehnte, das sogenannte Moskauer Protokoll zu unterschreiben. Ich habe es deshalb abgelehnt, weil ich darin ein Dokument sah, das unserer Republik allseitig die Hände bindet. Ich habe es abgelehnt, weil es in der Atmosphäre einer militärischen Okkupation unserer Republik, ohne Konsultierung der Verfassungsorgane und im Widerspruch zu den Gefühlen des Volkes dieses Landes zustande kam.

Als später die Vereinbarung über die Truppenstationierung der Nationalversammlung zur Ratifizierung vorgelegt wurde, habe ich dagegen gestimmt, weil der Vertrag im Widerspruch steht zu den Grundsätzen der Charta der Vereinten Nationen, zu den Prinzipien des internationalen Zusammenlebens und zu den Prinzipien des Warschauer Paktes ... Dieser Vertrag wurde nicht mit der Feder, sondern mit den Läufen der Maschinengewehre geschrieben.

In diesem Zusammenhang erlaube ich mir, die Definition des Begriffs Aggression zu zitieren, die die Sowjetunion unlängst den Vereinten Nationen unterbreitet hat. „Bewaffnete Aggression ist direkt oder indirekt dann gegeben, wenn ein Staat im Gegensatz zu den Zielsetzungen, Grundsätzen und Bestimmungen der UNO-Charta gegen einen anderen Staat Waffengewalt zur Anwendung bringt." Ich habe gegen diesen Stationierungsvertrag in Übereinstimmung mit den Wünschen der Mehrheit der Wähler und der Bürger dieses Landes gestimmt.

Übrigens wissen wir, daß die militärische Besetzung der Tschechoslowakei von einigen bedeutenden regierenden kommunistischen Parteien abgelehnt wurde; das gleiche gilt für viele kommunistische Parteien in den kapitalistischen Ländern. Es ist bekannt, daß dieser Standpunkt auf den Parteitagen einiger Parteien, wie zum Beispiel der italienischen, bekräftigt wurde. Niemand kann sich der Tatsache verschließen, daß der militärische Eingriff die internationale kommunistische Bewegung schwer geschädigt hat; er ist ein Beweis der Unfähigkeit der sozialistischen Länder, ihre Gegensätze auf der Grundlage der friedlichen Koexistenz zu lösen. Er kennzeichnet das Bild der Widersprüche innerhalb der kommunistischen Bewegung, die im sowjetisch-chinesischen Konflikt so sehr zum Ausdruck kommen, und er demonstriert die Divergenzen zwischen den Mitgliedern des Warschauer Paktes sowie zwischen einer großen Anzahl anderer kommunistischer Parteien.

Die Besetzung der Tschechoslowakei durch die sowjetischen Truppen hat ohne Zweifel die Desintegrationstendenzen im Nordatlantikpakt geschwächt und sogar den Einfluß der USA gestärkt. In diesem Zusammenhang erlaube ich mir einige Anmerkungen zu den vorbereitenden Dokumenten für das Moskauer Gipfeltreffen. Unsere Delegation und das Präsidium des ZK fordern von den anderen Parteien, daß sie sich mit den August-Ereignissen in der Tschechoslowakei nicht befassen. Man benutzte sogar den Ausdruck sogenannte tschechoslowakische Ereignisse. Will man damit vielleicht sagen, daß der August 1968 in der Tschechoslowakei überhaupt kein Ereignis war? In dem Entwurf für die Moskauer Beratungen wird bekräftigt, daß die Entwicklung des Sozialismus in einem Land Sache der ganzen Bewegung ist ... Es geht doch nicht nur um eine tschechoslowakische Angelegenheit; zwar mag es in erster Linie darum gehen, aber gleichzeitig stehen der Grundsatz und die Problematik des Rechtes eines oder mehrerer Länder zur Debatte, die Frage, ob gegen den Schwächeren mit Gewalt vorgegangen werden darf. Hier geht die Bedeutung der Augusttage über den Rahmen der Tschechoslowakei hinaus.

Nicht zufällig heißt es in den Absätzen 13 und 47, Kapitel IV, des Dokumentenentwurfs für die Moskauer Konferenz: „Die Teilnehmer an den Konsultationen bekräftigen ihre einheitliche Auffassung darüber, daß der proletarische Internationalismus, die Solidarität und gegenseitige Hilfe, die Achtung der Unabhängigkeit und Gleichheit sowie die Nichteinmischung in interne Angelegenheiten die Grundlage der Beziehungen zwischen brüderlichen Parteien darstellen. Das Prinzip der Aufrechterhaltung dieser Grundsätze ist eine wichtige Voraussetzung für die Entwicklung kameradschaftlicher Zusammenarbeit zwischen den Bruderparteien und für die Festigung der Einheit in der kommunistischen Bewegung."

Es wäre angemessen, noch einige Absätze des Dokuments zu zitieren, doch ich will mich auf diese eine Stelle beschränken.

Zu dem Vorschlag, mich aus dem ZK auszuschließen, möchte ich folgendes sagen: Ich halte den Antrag für ungerechtfertigt. Die Absicht ist fadenscheinig und zielt weiter als nur auf meine Person. Es ist wohl bekannt, daß trotz der Zusicherungen, wir würden die Nach-Januar-Politik durchführen, in den letzten Monaten und Wochen Befürchtungen und Zweifel aufgetaucht sind. Eine ganze Reihe von Entscheidungen der unteren Parteiorgane, die Umstrukturierung des Parteiapparates, die harten Säuberungen im Apparat und in den verschiedensten Institutionen, all das betrifft die Aktivität vor dem Januar 1968.

Der breit angelegte Restaurierungsprozeß soll den vergangenen August legalisieren. Nur die Erfahrung kann die Menschen überzeugen. Ich nehme an, daß im Augenblick das eher negative Echo seitens der Bevölkerung, der Partei und derer, die nicht zur Partei gehören, für die Parteiführer kein Geheimnis darstellen dürfte. Das Tempo der Isolierung der Partei wird immer schneller. Die Führung isoliert sich von den Parteimitgliedern, so daß die Partei immer weniger zu einer moralisch und politisch führenden Kraft und immer mehr zu einer Institution der Macht wird. Soweit es sich um meine Parteidisziplin handelt, Genossinnen und Genossen, habe ich sie mehr als 38 Jahre lang in der Partei und mehr als 40 Jahre lang durch meine Tätigkeit in der kommunistischen Bewegung unter sehr komplizierten historischen und persönlichen Umständen unter Beweis gestellt. Ich lehne die Rüge der mangelnden Disziplin ab und stimme mit dem Antrag auf meinen Ausschluß nicht überein. Meinen Standpunkt habe ich begründet, damit es keine Ursachen zu weiteren Irrtümern gibt, für die in diesem Saal schon mehr als einmal die Hand erhoben wurde. Die Geschichte der beiden letzten Jahrzehnte ist in dieser Hinsicht reich an warnenden und tragischen Erfahrungen.

(Quelle: Osteuropäische Rundschau 8/1969/15.)

František Vodsloň,
Rede auf dem Mai-Plenum 1969 des ZK der KPČ

Genossen! Zunächst möchte ich sagen, daß wir erst jetzt, acht Monate nach der Abstimmung, zum Gegenstand von Diskussionen wurden; in den vergangenen Monaten hat niemand mit mir (darüber) gesprochen und mir Vorwürfe gemacht.

Zwei Tage vor der Sitzung des Zentralkomitees wurde ich vorgeladen. Man teilte mir mit, das Präsidium habe beschlossen, meinen Ausschluß zu beantragen. Es fällt mir nicht leicht, mich damit abzufinden. Ich betrachte diesen Antrag auf Ausschluß als charakteristisch für die Situation, in der wir leben. Das Vorgehen gegen uns läßt nicht auf den Willen zur Fortsetzung der Nach-Januar-Politik der Gerechtigkeit und parteiinternen Demokratie schließen; es ist eine von vielen repressiven Maßnahmen, die von der Parteiführung und der Regierung ergriffen wurden, und zum gegenwärtigen Zeitpunkt ist es Ausdruck einer Politik der Angst. Wir wissen, wo und warum das angefangen hat, aber niemand weiß, wie und wo es enden wird. Die Zusicherungen, daß sich diese Verfehlungen nicht wiederholen werden, daß niemand wegen seiner Überzeugung verfolgt werden wird, bieten keine Gewähr, so ehrlich sie auch gemeint sein mögen.

Die neuesten Entwicklungen haben klar bewiesen, daß all das nicht allein vom Willen einzelner abhängt, gleichgültig, welche Position sie haben und wie mächtig und einflußreich sie sein mögen; es ist bedingt durch das System und die Arbeitsmethode, die unabhängig von der persönlichen Qualität des einzelnen funktionieren und die immer noch nicht grundlegend verändert wurden, wie man dies nach dem Januar erwartete. Ich werde die Dinge beim Namen nennen. Die Politik, die von einem Extrem zum andern führte, vom Prozeß demokratischer Erneuerung zur Wiedereinführung der Repression, entbehrt jeder greifbaren ideologischen oder wie immer gearteten sozialen Basis. Sie wird überwiegend von den Instrumenten der Macht getragen.

Darüber muß man sich im klaren sein. Obwohl ich mir der Situation bewußt bin, bin ich nicht naiv genug und habe genug Erfahrung, um zu wissen, wie die Dinge liegen und welche Kräfte in diesem Land am Werke sind. Auch das dauernde Gerede über rechtsgerichtete Kräfte und Tendenzen ändert daran nichts; die Menschen können nur durch eigene Erfahrung zu der Überzeugung kommen, daß unsere Politik richtig ist. Eine Politik, die auf panische Angst gegründet ist, insbesondere auf die Sorge mancher Leute um ihre Positionen – nicht um die Position der Arbeiterklasse und des arbeitenden Menschen –, hat bereits zu einer Verfälschung des Aktionsprogramms geführt. Das Rehabilitierungsprogramm hat man immer noch nicht fest in den Griff bekommen, und sein endgültiger Abschluß wird ständig hinausgeschoben. Es werden deshalb auch Zweifel bezüglich der Wirtschaftsreform geäußert, die schon eine beschlossene Sache war. Jetzt wird wieder die Rückkehr zum alten System gefordert, welches das wirtschaftliche Fiasko herbeiführte. Die Folgen der wirtschaftlichen Katastrophe, der irrigen ökonomischen Konzepte der vergangenen Jahre und der Fehlleistungen im Management werden von der arbeitenden Bevölkerung getragen werden müssen. Die notwendigen Schlußfolgerungen sind noch immer nicht gezogen worden, und die ganze Frage ist nach wie vor ungeklärt. Die gesellschaftlichen Entwicklungen der letzten Jahre wurden keiner gründlichen Analyse unterzogen; alles wurde durch den Marxismus-Leninismus erklärt. Wiederum findet das Prinzip, daß es der Partei schade, die Wahrheit zu sagen, in der politischen Praxis Anwendung. Die angestauten Probleme der letzten Jahre werden nicht gelöst, und die berechtigte, durch Ungerechtigkeit und Unsicherheit ausgelöste Unzufriedenheit wird unterdrückt und zum Schweigen gebracht, obwohl es richtig wäre, ihren Ursachen nachzugehen. Das Aktionsprogramm ist nicht zum Mythos geworden, wie *Rudé Právo* spöttisch schreibt, sondern zur Phrase und Zauberformel – das gleiche gilt für die Novemberresolution –, denn die politische Praxis steht in diametralem Widerspruch zu deren Argumenten. Laßt mich nun auf die gegen mich erhobenen Beschuldigungen eingehen.

Heute soll ich aus dem Zentralkomitee ausgeschlossen werden. Dies geschieht zu einem günstigen Zeitpunkt der strikten Zensur, Repression und wachsenden Angst. Heute erscheinen uns die Ereignisse der jüngsten Vergangenheit in einem anderen Licht als zu dem Zeitpunkt, zu dem sie geschahen. Was mich in dieser Sitzung überraschte, waren die erstaunlichen hellseherischen Fähigkeiten einiger Genossen, ihr Alleswissen. Schwer zu verstehen ist nur, warum sie ihre Prinzipien nach dem Januar nicht energischer verfochten haben. Ich habe mich ganz natürlich verhalten; meine Reden liegen zur Einsichtnahme vor, nicht nur jene aus der Nach-Januar-Zeit, sondern alle, die ich während meiner Mitgliedschaft im Zentralkomitee gehalten habe. Meine Ansichten sind bekannt. Meine Verurteilung erfolgt nach einer vorbereitenden Verleumdungskampagne in *Zprávy* und in illegalen Broschüren, einer Kampagne nach der bewährten faschistischen Methode – zuerst verleumden und dann liquidieren. Diese Methoden sind hier mehr als einmal abgelehnt worden, und ihr wißt, daß ich mich ihrer niemals und gegen niemanden bedient habe. Im Gegenteil, ich habe sie bekämpft – besonders nach dem Januar. Oft bin ich für Kollegen eingetreten, die angegriffen wurden und deren oppositionelle Ansichten nicht toleriert wurden.

Diese Methoden entstammen dem Arsenal der fünfziger Jahre; sogar die Sprache, deren man sich bedient, ist die gleiche. Heute sprechen sie von der „Galerie der Progressivisten"; 1952 sprach *Rudé Právo* von der „Galerie der Verbrecher". Ich wurde der Verletzung der Parteidisziplin und der Parteistatuten bezichtigt. Einige Genossen meinten sogar, man solle mich dafür bestrafen, wie ich in der Nationalversammlung gestimmt hätte. Darunter waren Genossen – und das ist die Tragödie meines Lebens –, deren politische Parteien mich vor dem Krieg aufgrund meiner Freundschaft zur Sowjetunion vor Gericht gestellt hatten.

Diese Beschuldigungen entbehren inhaltlich und formal jeden Beweises. Jawohl, ich habe gegen die Ratifizierung des Vertrages über die zeitweilige Stationierung sowjetischer Truppen in der Tschechoslowakei gestimmt; ich handelte in Übereinstimmung mit den Ansichten der Partei und meiner Wählerschaft. Es war meine Überzeugung. Darüber hinaus handelte ich in Übereinstimmung mit den Beschlüssen des Präsidiums des ZK der KPČ und der Nationalversammlung der Vor-August-Zeit. Diese Beschlüsse sind bis heute nicht aufgehoben worden. Sie stimmen mit dem Standpunkt vieler kommunistischer Parteien und der internationalen kommunistischen Bewegung überein. Das sollten wir nicht vergessen. Die Intervention der Armeen der fünf Warschauer-Pakt-Staaten ist zu einer prinzipiellen Frage, zu einer Schlüsselfrage für die kommunistische Bewegung in der ganzen Welt geworden. Die Fragen der Einmischung, der Verletzung der Souveränität, der militärischen Aktion gegen einen befreundeten Staat sind Fragen, die die Partei und das politische Leben der Bruderparteien zutiefst berühren; sie haben zu einer Umgruppierung der politischen Kräfte in manchen Ländern geführt, aber nicht zugunsten des Sozialismus, wie die Wahlen in Österreich, Frankreich und anderswo bewiesen haben.

Auch das Argument, ich hätte gegen die Parteidisziplin und Statuten verstoßen, ist formell nicht zu halten. Leider hat sich das Zentralkomitee nicht im Detail mit Fragen befaßt, die sich durch die Intervention und die Truppenstationierung ergeben haben; es faßte auch keine gewichtigen Beschlüsse in der Frage der Ratifizierung des Vertrages, der nicht einmal mit dem Moskauer Abkommen ganz in Einklang steht, ebensowenig mit dem Beschluß des ZK der KPČ vom 31. August 1968 über das Moskauer Abkommen. Ich bin überzeugt, daß der Vertrag dem Abkommen widerspricht. Er enthält weder ein Datum für den Abzug der Truppen noch Angaben über ihre Stärke, noch eine Rechtfertigung ihrer Anwesenheit; andere wesentliche Punkte fehlen ebenfalls. Wie ich aus einem gründlichen Studium von Verträgen ähnlicher Art, wie sie etwa mit Polen, Ungarn und der DDR geschlossen wurden, ersehen konnte, ist dieser Vertrag außerdem im Vergleich dazu äußerst ungünstig. Das ergibt sich aus den Artikeln 7 und 12 des polnischen Vertrages, den Artikeln 10 und 16 des Vertrages mit der DDR und den Artikeln 2 und 8 des ungarischen Vertrages. Dieses waren die logisch zwingenden Gründe für meinen Entschluß.

Ich möchte zum Problem der Disziplin im allgemeinen Stellung nehmen. Eingedenk der Entwicklung seit den fünfziger Jahren mit ihren tragischen Folgen für Partei und Staat, legten wir im Aktionsprogramm das Prinzip nieder, daß Meinungsverschiedenheiten und der Austausch gegensätzlicher Ansichten wesentlich seien, wenn die Partei nicht dem Subjektivismus verfallen wolle. Dort wurde das Prinzip verankert, daß Kommunisten in diesen Rechten nicht beschnitten werden dürfen, daß jene, die abweichende Meinungen vertreten, nicht von einer Atmosphäre des Mißtrauens und Verdachts umgeben werden sollen und daß unter keinem Vorwand Repressalien gegen sie angewandt werden dürfen.

Disziplin ist tatsächlich ein unabdingbarer Bestandteil der Parteipolitik. Nicht jedoch Disziplin ohne kritisches, analytisches Denken in bezug auf divergierende Standpunkte. In dieser Hinsicht war die rund um den Vertrag entstandene Situation ziemlich verworren und chaotisch, wie sich auch in der Debatte im Außenpolitischen Ausschuß der Nationalversammlung zeigte. Wenn der Begriff der Disziplin zu automatischem, gedankenlosem und blindem Gehorsam herabgewürdigt wird, dann wird uns die Forderung nach einer solchen Art von Disziplin auf den Weg der verwerflichen Methoden des Personenkults zurückführen, zu neuen Deformationen, zu charakterlichen Schädigungen und zur Notwendigkeit, die eigenen Meinungen und das eigene Gewissen zu unterdrücken, ja sogar im Widerspruch zu Gesetz, Gerechtigkeit und Humanität zu handeln.

Es ist meine feste Überzeugung, daß die Intervention weder notwendig noch richtig war. Auch das ist einer der Gründe, warum ich so und nicht anders stimmte. Ich sage ganz offen und aufrichtig, daß sie der UdSSR und der internationalen kommunistischen Bewegung furchtbar geschadet hat. Ich bin überzeugt, daß die Geschichte ihr endgültiges Urteil darüber fällen wird, denn die Geschichte ist nicht nur Lehrer, sondern auch Richter. Sollte es sich erweisen, daß ich unrecht hatte, so werde ich nicht zögern, meine Ansicht zu berichtigen.

Genossen, ich bin seit fast einem halben Jahrhundert Mitglied der Partei und der Arbeiterbewegung, in guten wie in schlechten Zeiten. Ich habe mein ganzes Leben den Ideen der großen sozialistischen Oktoberrevolution, den Lehren der Klassiker und der Sowjetunion gewidmet, und ich bin dafür in der Vergangenheit unter jedem Regime verfolgt worden. Ich habe nicht aufgehört, für die vom sowjetischen Volk gebrachten Opfer die größte Achtung zu empfinden – dieses Volk trug die Hauptlast des Kampfes gegen den Faschismus auf seinen Schultern. Es ist lächerlich und dumm, meine Ansichten als antisowjetisch zu deuten. Genosse Kriegel ist bereits ausgeschlossen worden, und ich will darauf nicht näher eingehen. Es ist jedoch bedeutsam, daß über all dies gerade jetzt entschieden wird. Wäre die Angelegenheit früher geregelt worden, so wäre die Sache nicht nur für uns, sondern für die ganze Partei klarer gewesen. Trotzdem möchte ich sagen, daß wir unseren Genossen nicht feindselig gegenübertreten sollten, auch wenn sie ausgeschlossen worden sind. Genosse Kriegel, der für unsere Sache, für Humanismus und Gerechtigkeit im Sozialismus und an allen Fronten gegen den Faschismus gekämpft hat – mit dem Skalpell ebenso wie mit dem Gewehr – und der in den fünfziger Jahren als „Spanier" verfolgt und diskriminiert wurde, ist ein Mann, der unsere Verachtung nicht verdient hat. Ich sage dies offen und aufrichtig, denn ich kenne ihn seit vielen Jahren.

Und jetzt möchte ich euch fragen: Soll durch unsere Verurteilung vielleicht ein Exempel statuiert werden, soll sie ein Signal für eine politische Vendetta gegen den Kommunismus und gegen jene Kommunisten sein, die im Januar und danach bemüht waren, eine Korrektur der Fehler, der Verzerrungen und des Unrechts der vergangenen Jahre herbeizuführen? Wenn dem so ist, dann halte ich es für falsch. Durch Repression kann man nichts lösen oder korrigieren; Repression führt auch nicht zur Einigkeit. Damit häuft man nur neues Unrecht und neue Verfehlungen an. Die jüngste Vergangenheit wurde noch immer nicht einer Analyse unterzogen; die Rehabilitierungen sind noch nicht durchgeführt, obwohl sie in der Analyse behandelt werden sollen, und schon sind neue repressive Maßnahmen gegen eine Anzahl von Mitarbeitern in den Kommunikationsmedien, gegen Kulturschaffende und andere ergriffen worden, die sich für die Verwirklichung der Ideen des Januar eingesetzt hatten. Wieder hat eine Hexenjagd begonnen; ich habe solche Untertöne sogar hier vernommen. Eine Maschinerie, von der man nicht weiß, wo sie haltmachen wird, ist äußerst gefährlich. Gestern sagte ein Genosse hier, er habe bemerkt, daß Genosse Kriegel nicht applaudiert habe. Das war ein dummer und kleinlicher Versuch, alte Maßstäbe anzuwenden. All das haben wir schon einmal erlebt. Ich kann mich erinnern, daß Leute sich am Gesichtsausdruck von Genossen gestoßen haben, als das „Lied der Arbeit" gesungen wurde etc. Auch das wurde damals als gültiges Kriterium angesehen. Ich appelliere an euch, nicht zu diesen Methoden zurückzukehren. Erinnern wir uns daran, wie sehr wir in den fünfziger Jahren an die innerste Parteiführung glaubten und wie wir uns dieser Führung in Disziplin unterwarfen. Wir glaubten, all dies sei nötig im Interesse eines gerechten Klassenkampfes, im Interesse eines höheren Humanismus und im Interesse des Sieges der Arbeiterklasse. Doch später stellte sich heraus, daß alles Schwindel und Betrug war und daß wir in Wirklichkeit von Leuten manipuliert und mißbraucht worden waren, die Verbrechen und Verfehlungen auf dem Gewissen hatten ...

(Quelle: Osteuropäische Rundschau 8/1969/15.)

Karel Kyncl,
Rede vor dem Prager Parteikomitee vom 2. 6. 1969

Genossen! Der Hauptzweck der kürzlich abgehaltenen Sitzung des Prager Parteikomitees bestand lediglich darin, Resolutionen zu billigen, durch die die Beschlüsse des ZK-Plenums unterstützt wurden. Bereits in unserer Aprilversammlung hatten wir eine Resolution angenommen, in der wir unsere „völlige Übereinstimmung" mit dem Beschluß des Aprilplenums ausdrückten. Ich habe damals gegen diese Resolution gestimmt. Einer der Hauptgründe für meine Haltung war die Formulierung „völlige Übereinstimmung". Als Mitglied dieser Körperschaft wurde von mir erwartet, völlige Übereinstimmung mit etwas zum Ausdruck zu bringen, worüber ich nur sehr oberflächliche Informationen hatte; ich sollte etwas billigen, das ich in Wirklichkeit gar nicht kannte. Ich bin nicht erst seit gestern Parteimitglied. Es gab Zeiten, da ich begeistert und ohne zu zögern für ähnliche Formulierungen stimmte. Ich werde mir deshalb immer Vorwürfe machen – und ich werde es nie mehr soweit kommen lassen.

Die Situation am vergangenen Samstag war dagegen eine völlig andere. Genosse Šimon teilte uns Einzelheiten über die Maisitzung des ZK der KPČ mit; wie wir diese Fakten zu interpretieren hätten, wurde uns vom Ersten Sekretär des ZK der KPČ am Samstag nachmittag in beredten Worten erklärt, und zwar auf der Versammlung des Parteiaktivs der ČKD-Werke im neunten Prager Stadtbezirk – am gleichen Ort, wo neun Monate vorher der angeblich illegale Parteitag stattgefunden hatte.

Am Samstag konnte ich nicht behaupten, ich hätte nicht genug Informationen besessen, um zu wissen, wie ich stimmen sollte. Das erleichterte mir wesentlich die Entscheidung über die Frage, ob ich die Hand heben sollte oder nicht; andererseits wurde mein Entschluß durch die Erkenntnis erschwert, daß ich als kommunistischer Funktionär mitverantwortlich bin für die Zukunft der Partei.

Am Samstag morgen sprach Genosse Husák „die Sprache des Maiplenums" – um die Worte des Genossen Matějka zu verwenden, mit denen dieser dem Genossen Husák für seine Rede dankte. Welches war die Sprache des Maiplenums, die sich in der Rede des Ersten Sekretärs wiederfand? In den Prager ČKD-Werken analysierte Genosse Husák die Ursachen der kritischen Situation, genauer gesagt Situationen, die unsere Partei in den letzten Jahren und insbesondere den letzten Monaten zu bewältigen hatte. Ich hörte zu und traute meinen Ohren nicht. Ich war entsetzt, daß ein hochgebildeter Marxist – als welcher der Genosse Husák vom Genossen Černik in seiner Lobrede bezeichnet wurde – eine äußerst komplizierte und seit August zweifellos verzerrte Entwicklung in so seichten, oberflächlichen und billigen Worten darstellen kann. Es war mir unbegreiflich, wie ein hochgebildeter Marxist – und das ist der Genosse Husák trotz allem – so ruhig und ohne mit der Wimper zu zucken über solche Einzelheiten wie etwa die von unserer Partei erteilte Antwort auf den bekannten Warschauer Brief vom vergangenen Juli hinweggehen konnte, eine Antwort, für die er damals selbst stimmte. Ich konnte nicht glauben, daß er ganze zehn Monate später imstande war, ohne die geringste Einschränkung den Inhalt desselben Briefes zu billigen, den er zehn Monate zuvor so grundsätzlich abgelehnt hatte.

Ich war entsetzt, als Genosse Husák am Samstag nachmittag darüber mit der kurzen Randbemerkung hinwegging, er habe die gewaltsame Intervention vom August letzten Jahres mißverstanden, wo doch jedes Kind weiß, daß sie einer der fundamentalen Gründe der Krise dieses Landes und dieser Partei ist.

Ich war entsetzt, als ich hörte, daß der höchste Repräsentant der Partei, der in den fünfziger Jahren persönlich zu leiden hatte, die Wochenschriften *Reportér* und *Listy* mit *Radio Freies Europa* verglich. Ich war entsetzt, aus seinem Munde grobe Beschimpfungen an die Adresse der besten Vertreter unserer Wissenschaft und Kultur zu vernehmen, während er im gleichen Atemzug die KPČ davor warnte, sich von unserer Intelligenzschicht zu isolieren. Ich war entsetzt, als ich den Genossen Husák die lebenslange Arbeit der Genossen Kriegel, Vodsloň und Šik für die Partei in hochmütigen und arroganten Worten beschreiben hörte – und ich schauderte, als er sich sogar zu einem geschmacklosen Wortspiel herabließ: „kraglovani-krieglovani". (kraglovat, odkraglovat heißt loswerden, ermorden, auch Rufmord – Anm. d. Red.) Weiß Genosse Husák nicht, daß sich sein eigener Familienname ebenso gut zu ähnlichen Wortspielen eignet? (husa = Gans, husák = Gänserich – Anm. d. Red.)

Doch die Form ist eine Sache des persönlichen Geschmacks, des Takts und des zivilisierten Benehmens. Viel schwerwiegender ist, was Genosse Husák inhaltlich über die Arbeit seiner Genossen sagte, die, wie er sich ausdrückte, vom Zentralkomitee „auf Urlaub geschickt" wurden, was ich übrigens nicht witzig finde. Das einzige, was er über ihre Arbeit zu sagen hatte, wobei es sich, wie ich wiederholen möchte, um fachliche Parteiarbeit handelte, der sie ihr ganzes Leben widmeten, waren arrogante Witze. Ich kenne einige der ausgeschlossenen Genossen gut. Erlauben Sie mir, hier vor dem Plenum des Stadtparteikomitees zu erklären, daß meiner Meinung nach die Zeit kommen wird, wo man diese ausgeschlossenen Genossen zu den wenigen Aktivposten rechnen wird, die unsere Partei einer kritischen öffentlichen Meinung vorweisen kann; und diese wird über die Epoche, in der wir leben, ihr Urteil sicherlich fällen. Leider wird dies nicht das erste Mal so sein. Noch vor einem Jahr, nach dem Januar, stellte der Genosse Husák selbst, nach Jahren der Verfolgung, einen solchen Aktivposten dar.

Was ich gerade gesagt habe, ist ebenfalls eine Anspielung auf die fünfziger Jahre — eine Anspielung, wie sie laut dem Genossen Husák auf dem Maiplenum auch einer jener Genossen machte, die jetzt auf „Urlaub" geschickt wurden. Unter erstaunlicher Mißachtung der Tatsachen führte Genosse Husák am Samstag nachmittag dies auf bloße Panik zurück. Er erklärte, in diesem Land sei keine einzige Person aus politischen Gründen verhaftet oder auf einen anderen Posten versetzt worden. Es stimmt, daß bis jetzt niemand verhaftet wurde, aber wenn Genosse Husák behauptet, niemand sei aus politischen Gründen auf einen anderen Posten versetzt worden, so ist dies nicht bloß eine Mißachtung der Tatsachen, sondern ganz einfach unwahr.

Jeder der hier Versammelten könnte eine kürzere oder längere Liste von Personen aufstellen, die aus rein politischen Gründen und nicht aus Gründen der Spezialisierung ihre Stellung wechseln mußten. An der Spitze dieser Liste könnte zum Beispiel Prof. Jiří Hájek oder Josef Smrkovský stehen, gefolgt von Beamten des Innenministeriums und Dutzenden von Journalisten von Parteizeitungen und anderen Publikationen. Sind also die Befürchtungen, daß es bis zu einem gewissen Grade eine Rückkehr zu den fünfziger Jahren geben könnte, bloße Panik, oder haben sie einige Berechtigung?

Als ich am Samstag nachmittag die Rundfunkübertragung der Versammlung des Parteiaktivs im neunten Prager Bezirk hörte, erinnerte mich noch etwas anderes an die fünfziger Jahre. Als die Ankündigung der Säuberung des Zentralkomitees mit stürmischem Beifall und dem Lied „Lang lebe die KPČ" begrüßt wurde, fielen mir ähnliche Reaktionen ein, mit denen viele Kommunisten die Berichte über die gerechte Bestrafung der „Verräter, Verschwörer und bürgerlichen Nationalisten" begrüßt hatten, zu denen auch der Genosse Husák zählte. Er erinnerte sich offensichtlich nicht daran, wahrscheinlich weil er den Applaus und das Singen in seiner Gefängniszelle nicht hören konnte. Ich möchte ihn daran erinnern, daß damals andere Parteivertreter die Stimmung der Parteimassen positiv beurteilten.

Genossen, auf meiner Mitgliedskarte ist der 1. Juni 1945 als der Tag vermerkt, an dem ich der Partei beitrat. Der gestrige Tag war also ein Jahrestag für mich: der 24. Jahrestag meiner Mitgliedschaft in der Partei. Das ist um drei Jahre mehr als die Hälfte meines Lebens. Ich bin mir klar darüber, daß meine Mitgliedschaft in der Partei das Jubiläum nicht lange überleben wird, wenn die am Samstag vom Genossen Husák gehaltene Rede wirklich die Sprache des Maiplenums war, wie der Genosse Matějka sich ausdrückte. Der Grund dafür wird nicht sein, daß ich mit dramatischer Geste meine Mitgliedskarte zerreiße. Das werde ich nicht tun, weil mir diese Karte zuviel bedeutet. Ich werde meine Karte nicht freiwillig hergeben, sondern die „wahren Marxisten", wie Genosse Husák sie genannt hat, werden sie mir wegnehmen müssen, jene Genossen, die jetzt nach diesem Maiplenum mit fliegenden Fahnen die Arena betreten werden. Ich werde meine Mitgliedskarte gegen sie verteidigen, obwohl ich nicht so naiv bin zu glauben, daß mir das gelingen könnte. Die Auseinandersetzung, auf die sie nun offenbar zusteuern, wird kein Konflikt der Ideen und Meinungen sein; es wird keine Debatte sein, aus der jener siegreich hervorgeht, der seine Ansichten mit dem Marxismus-Leninismus verteidigen kann. Es wird eine ganz gewöhnliche Rauferei sein, bei der derjenige gewinnen wird, der den dicksten Stock in die Hände bekommt und deshalb stärker ist. Denn diese sogenannten wahren Marxisten, die über nichts anderes als Leninismus reden, sind nicht einmal imstande, die einfachsten Fragen zu beantworten, etwa wie die Theorie von der beschränkten Souveränität eines Staates und die Ereignisse vom 21. August mit der ersten Verfassung der UdSSR vereinbar sind, die den Sowjetrepubliken ausdrücklich das Recht auf Selbstbestimmung und sogar auf Sezession zugestand. Übrigens bin ich nicht überrascht über unsere einzigartigen Marxisten. Auf diese und ähnliche Fragen gibt es keine Antwort, und es ist viel einfacher, sie mit einem Faustschlag zu beantworten.

Zuletzt möchte ich auf ein Argument eingehen, über das jetzt täglich in *Rudé Právo* zu lesen ist und das Genosse Husák auch am Samstag nachmittag gebrauchte. Es ist das Argument, daß die Parteimitglieder vor der Beschlußfassung frei und demokratisch über ein Problem diskutieren und gegensätzliche Meinungen vertreten können, daß aber, sobald ein Beschluß gefaßt wurde, dieser für jedes einzelne Parteimitglied bindend ist wie ein Gesetz. Was ich heute in unserer Praxis in erster Linie vermisse, ist gerade die freie und demokratische Diskussion. Heutzutage werden Beschlüsse nach einer Parodie freier und demokratischer Diskussion gefaßt. Und was die bindende Natur solcher Beschlüsse betrifft, möchte ich dem Genossen Husák eine Frage stellen: Sieht er vielleicht einen Mann – ein Parteimitglied – als Vorbild an, der ihn (Husák) trotz aller gegenteiligen Beweise und bis zu seiner Rehabilitierung aus dem einfachen Grunde für einen Verräter und bürgerlichen Nationalisten hielt, weil dies die Meinung der Parteiführung und des Ersten Sekretärs, des Genossen Novotný, war? Wenn er einen solchen Menschen für ein Vorbild hält, dann tut es mir leid; ich würde ein solches Parteimitglied als gedankenloses Mitglied einer Herde bezeichnen ...

(Quelle: Osteuropäische Rundschau 8/1969/15.)

Alexander Dubček,
Auszüge der Rede auf dem September-Plenum
des ZK der KPČ 1969

(...) Vor allem möchte ich meine Meinung zu der Hauptaufgabe erläutern – zur Politik des ZK der KPČ nach dem Januar 1968 (...) Es war dringend notwendig, das etablierte System der persönlichen Macht durch eine neue Qualität der institutionellen Änderungen zu ersetzen. Das war das schwierigste, das wichtigste und vielleicht auch das komplizierteste. Der Druck der angestauten Probleme forderte, alles abzuschaffen, was sich überlebt hatte, was die Entwicklung behinderte; aber das Neue konnte man nur während des Marsches schaffen, weil das System der persönlichen Macht es nicht erlaubte, all dies demokratisch, kontinuierlich und vor allem im voraus sorgfältig vorzubereiten. Niemand leugnet, daß wir eine solide, demokratische Lösung angestrebt haben, durch Diskussionen im ZK, durch den Kampf der gegenseitigen Meinungen bei gleichzeitiger Einhaltung innerparteilicher Prinzipien. (...)

All das, was aus der politischen Hauptströmung nicht hervorging, was dagegen war – das hätten wir noch konsequenter durch Anwendung von Gesetzen und der Staatsmacht unterdrücken müssen; darin lag, und man muß das ehrlich aussprechen, unsere Schwäche.

Ich glaube jedoch, daß auch eine ganze Reihe objektiver, lange Jahre andauernder Ursachen eine Rolle gespielt haben. Denn Schwierigkeiten hat man immer und überall, wo etwas geschieht, wo man die Totenstille unterbricht. Es haben sich viele Krisenprobleme angesammelt und die erste Woge des Engagements ergab einen starken Kritizismus, der manchmal berechtigt, manchmal auch nicht berechtigt, falsch war, vor allem deshalb, weil eine positive Gesamtvorgehensweise nicht im voraus vorbereitet werden konnte. Wir sollten uns aber nicht abschrecken lassen, wir sollten stattdessen unseren politisch-ideologischen Kampf gegen Verknöcherungen des Sozialismus und die vorherige Entwicklung noch stärker vorantreiben. Der seit langem existierende Krisenzustand in der Partei hat verhindert, daß wir den politischen Kampf für unser Parteiprogramm vorbereiteten. Gerade im ideologischen Bereich gab es die verschiedensten gegensätzlichen Theorien und Vorstöße, die die marxistischen Klassenprinzipien abstumpfen und die Partei angreifen sollten.

Der angestaute Krisenzustand und die Versuche, ihn zu lösen, waren ein Signal für verschiedene abenteuerliche und ungeduldige Kräfte in der Gesellschaft. Sie waren jedoch auch ein Signal für antisozialistische Vorstöße, für Versuche, die eigene Niederlage zu rächen – und das kann man auch nicht leugnen. (...) Bei Beurteilung der antisozialistischen Kräfte gingen wir davon aus, daß wir damals keine Kenntnis von einem antisozialistischen Zentrum hatten. Wir sind ein Bestandteil des Warschauer Paktes und davon ausgehend – ich spreche hier für mich – war ich überzeugt, daß weder die Bundesrepublik noch die USA eine direkte Intervention zu dieser Zeit planen würden, weil sie sich dadurch für den dritten Weltkrieg entschieden hätten. (...)

Es geht mir um die Zukunft, um die Erhaltung der Kontakte zwischen der Partei und der Öffentlichkeit. Niemand wird mich hoffentlich verdächtigen, daß ich rechte oder gar antisozialistische Kräfte in Schutz nehmen möchte, wenn ich meine Meinung sage. Erlaubt mir, meine Befürchtungen auszusprechen: Den Kampf gegen diese Kräfte müssen wir so führen, daß wir die überwältigende Mehrheit ehrlicher Kommunisten für positive Aufgaben gewinnen und so überprüfen, wer wohin gehört, wer für die Politik dieser Führung und dieses ZK ist. Ich glaube, daß wir auch in diesem Bereich, der für die Festigung der Partei notwendig ist, den innerparteilichen Dialog als die Hauptmethode und treibende Kraft eines wirklich überzeugenden Vereinheitlichungsprozesses der Partei erhalten müssen. (...)

Ich möchte euch ehrlich sagen – und bitte, daß ihr an meinen gut gemeinten Worten nicht zweifelt –, daß ich kein Befürworter von Massensäuberungen bin, vor allem nicht in diesen so widerspruchsvollen Zeiten. Sollten dennoch Massenüberprüfungen in der Partei durchgeführt werden, unter Anwendung aller Machtmittel und der Bedrohung der persönlichen Existenz, sollte dabei also die Parteitagthese von dem nicht-antagonistischen Charakter unserer Gesellschaft nicht beachtet werden, dann kann dies meiner Meinung nach nur negative Folgen in der Partei und Gesellschaft haben, eine Stagnation hervorrufen, aus der sich nach einiger Zeit Opposition entwickeln würde, die nur der feindlichen, gegen die Partei gerichteten, antisozialistischen Propaganda dienlich sein kann. (...) Der Schlag würde dann in der Praxis nicht gegen die antisozialistischen Kräfte gerichtet werden, sondern gegen die Partei selbst, gegen die Kommunisten, was unter Umständen auch die unmittelbaren Produzenten und die Parteiintelligenz aller Berufe treffen könnte. (...)

Überlegen wir, wie wir am besten erreichen, daß die Parteimitglieder und der Großteil unserer Bürger eine positive Haltung zu unseren Bündnisverpflichtungen im Rahmen der sozialistischen Gemeinschaft gewinnen. Ja, die sowjetischen Soldaten kamen nicht deshalb, um die Entwicklung des Sozialismus bei uns zu stoppen. Ich identifiziere mich mit dieser Meinung. Sie kamen, weil sie Sorgen um das weitere Schicksal des Sozialismus in unserem Land hatten. (...)

Ich bitte euch noch einmal: steckt mich nicht dorthin, wo ich nicht hingehöre. (...) Glaubt mir, daß ich ein nützliches Mitglied unserer Partei bleiben möchte, daß ich aktiv am sozialistischen Aufbau und der Festigung unserer internationalistischen Bindungen mit den sozialistischen Ländern, vor allem mit der Sowjetunion – der ich sehr nahe stehe –, teilnehmen möchte. Abschließend möchte ich noch einmal erklären, daß ich eindeutig die Beschlüsse der April- und Mai-Tagung des ZK unterstütze.

Quelle: Svědectví 38/1970. Aus dem Tschechischen.

Ludvík Svoboda,
Rede auf dem September-Plenum 1969 des ZK der KPČ
(Auszug)

(...) Ich bin überzeugt, daß dieser Kampf – obwohl wir immer noch solche Schwierigkeiten haben – erfolgreich, ehrenhaft und fair durchgeführt wird, daß die Partei wirklich sauber und stark voranschreitet, daß die Freundschaft zwischen uns, dem sowjetischen Volk und allen anderen Staaten des Warschauer Paktes noch größer, noch stärker und fester als bisher sein wird. (Beifall)

(...) In diesem Zusammenhang möchte ich nur eine Frage anschneiden – die Augustverhandlungen in Moskau. Ihr wißt gut, daß sie bis heute durch gewisse Kreise mit den verschiedensten Attributen versehen werden. Aber mit einem zeitlichen Abstand kann man heute noch eindeutiger als je zuvor feststellen: offene, wie unter Genossen geführte Verhandlungen zwischen der sowjetischen und unserer Führung, deren Ergebnisse im gemeinsamen Protokoll festgehalten wurden, – das war der richtige Weg. Das war der richtige Ausweg aus der komplizierten Situation. Ein prinzipieller, internationalistischer und auch würdevoller Ausweg.

Er ging von der Unerläßlichkeit aus, an die großen positiven Werte der vergangenen zwanzig Jahre und auch an die Entwicklung nach dem Januar anzuknüpfen. Er ging von den engen Bündnis- und Freundschaftsbeziehungen zwischen der Tschechoslowakei und der Sowjetunion aus. Und auf dieser Basis ging man auch an die Fragen heran, die mit dem vorläufigen Aufenthalt sowjetischer Truppen auf unserem Territorium verbunden sind. Für mich persönlich war jede andere Lösung undenkbar. (...)

Quelle: Svědectví 37/1969. Aus dem Tschechischen

Hundert Jahre tschechischer Sozialismus

Am 7. April 1878 — auf dem Gründungskongreß der Tschechoslowakischen Sozialdemokratischen Partei in Břevnov — bekam der Gedanke des Sozialismus in den tschechischen Ländern durch die Gründung einer eigenen nationalen Organisation seine konkrete Gestalt. Die sich entwickelnde Arbeiterbewegung und die damaligen Führer schufen die Voraussetzungen für den politischen Kampf um die grundlegenden Arbeiter- und Bürgerrechte und -Forderungen. Wir wollen nicht die allgemein bekannten Tatsachen in Erinnerung rufen, sondern darauf hinweisen, was die tschechoslowakischen Sozialisten und Demokraten den „hundertjährigen" Forderungen schuldig geblieben sind. Manches davon, was die Autoren des Břevnov-Programms anstrebten, wurde schon seit langem erreicht, manches hat aber erstaunlicherweise an seiner Aktualität bis zum heutigen Tage nichts eingebüßt; wir müssen das als unsere noch nicht erfüllte Aufgabe und Schuld empfinden.

Im Břevnov-Programm wird vor allem festgehalten, daß „in de heutigen Gesellschaft die Arbeitsmittel . . . das Monopol einer Klasse" sind. (. . .) Es ist wahr, daß der Großteil der Produktionsmittel bei uns verstaatlicht wurde, aber es ist strittig, ob die Arbeitsergebnisse immer für das Gemeinwohl genutzt werden, ob die Löhne der Bevölkerung dem Gerechtigkeitsprinzip nach verteilt werden. (. . .)

Das Programm forderte die „volle Pressefreiheit, Versammlungsfreiheit und die volle Koalitionsfreiheit." Die Arbeiter haben größtenteils diese Freiheiten erreicht. Aber was ist davon heute übrig geblieben? Wieviele Zeitschriften und Organisationen (sowohl politische als auch unpolitische) sind nach 1948 eingegangen? Und im Jahre 1977 wurde bei uns eine Reihe von Bürgern in Zusammenhang mit der Erklärung der Charta 77 verfolgt, die nur die Notwendigkeit der Einhaltung der Gesetze fordert, Gesetze, die durch unsere höchsten legislativen Stellen gebilligt wurden.

Im Břevnov-Programm forderte man die „Unabhängigkeit der Gerichte, die Wahl der Richter durch das Volk (. . .) die Abschaffung der Todesstrafe." Die schrecklichen Prozesse der 50er Jahre zeigen, daß die Unabhängigkeit der Gerichte in unserer Gesellschaftsordnung keineswegs garantiert ist (. . .).

Im Břevnov-Programm spricht man ferner über die „Abschaffung jeglicher sozialer und politischer Ungleichheit"; der Kampf der Arbeiterklasse ist — diesem Dokument zufolge — ein Kampf für „das gleiche Recht und die gleichen Pflichten". Die gegenwärtige Praxis bedeutet eine Abweichung von diesen moralischen und politischen Prinzipien. Bürger werden bei uns wegen ihrer Meinung verfolgt, manchmal sogar viele Jahre nach solch einer Meinungsäußerung. Zu dieser Frage bietet die Charta 77 viele Dokumente. Das Prinzip der Gleichheit und Gerechtigkeit wurde bei uns verlassen und durch eine Praxis ersetzt, die dazu führt, daß die Führungsstellen und andere „bessere" Positionen in allen Bereichen des wirtschaftlichen und gesellschaftlichen Lebens größtenteils mit Parteimitgliedern besetzt werden. (. . .)

Die Unterzeichner dieser Erklärung bekennen sich zu den Traditionen unserer Arbeiter- und sozialistischen Bewegung. Auch die herrschende KPČ bekennt sich zu ihnen. Die gegenwärtige Gesellschaftsordnung ist jedoch den Prinzipien, die von den Pionieren der Arbeiter- und sozialistischen Bewegung formuliert wurden, sehr viel schuldig geblieben. Wir, Sozialisten und Demokraten, wollen die Verantwortung für die Erfüllung dieser Prinzipien tragen.

In Prag, den 7. April 1978

Rudol Battěk
Václav Havel
Ladislav Hejdánek
Přemysl Janýr
Božena Komárková
Anna Koutná
Fantišek Kriegel
Karel Kyncl
Milan Machovec
Jaroslav Mezník
Ervín Motl
Jiří Müller
Petr Pithart
Aleš Richter
Zuzana Richterová
Gertruda Sekaninová-Čakrtová
Jan Šabata
Jaroslav Šabata
Jan Šimsa
Jan Tesař
Jakub Trojan
Zdeněk Vašíček
Jan Vladislav

Quelle: Das Manuskript wurde von der Redaktion der „informační materiály" zur Verfügung gestellt; aus dem Tschechischen.

Petr Uhl,
Über die Charta 77

Bereits seit anderthalb Jahren arbeitet in der Tschechoslowakei die Menschenrechtsbewegung Charta 77. Sie gab 17 numerierte Dokumente heraus, von denen die Mehrzahl verschiedene Bereiche des gesellschaftlichen Lebens vom Gesichtspunkt des Fehlens der Menschenrechte und der Rechtsverletzung kritisch beleuchtet. Im Dokument Nr. 15 gab die Charta 77 eine kurze, aber sehr umfassende Übersicht der Widersprüche zwischen den tschechoslowakischen Gesetzen und beiden internationalen Abkommen über die Menschenrechte, von denen die Charta 77 in ihren kritischen Analysen meist ausgeht. Außer diesen numerierten Dokumenten veröffentlichte die Charta 77 eine Reihe von Briefen und Mitteilungen zu den verschiedensten Themen, meistens über die Verletzung der Gesetze in konkreten Fällen. Besonders wertvoll ist auch die Tatsache, daß in diesen anderthalb Jahren – im Wirkungsbereich der Charta 77 oder unter ihrem Einfluß – gut an die tausend Beiträge, Briefe, Beschwerden, Erklärungen und Feuilletons zu ähnlichen Themen herausgegeben wurden und daß deren Autoren gewöhnliche Leute sind, großenteils Unterzeichner der Charta 77 – aber auch andere. All das zirkuliert im Samizdat – eine die Zeitungen, Zeitschriften und auch Verlage der schönen Literatur ersetzende Selbsthilfe der Bürger.

Infolge der Repression, die die Charta 77 und insbesondere ihre aktivsten Mitarbeiter trifft, und dank des allgemeinen Klimas der Angst ist die Charta 77 keine Massenbewegung geworden – und ich glaube, daß sie es unter den gegebenen Umständen auch nicht werden kann. 900 Charta-Unterzeichner und bestenfalls einige tausend Leser des Charta-Schrifttums sind, verglichen mit 15 Millionen ČSSR-Bürgern, eine nicht zahlreiche Gemeinschaft. Aber auch so stellt die Charta 77 eine ernste Bedrohung des politischen Systems dar. Und das deshalb, weil das System des bürokratischen Zentralismus, das sich im politischen Bereich als bürokratische Diktatur äußert, ein sehr zerbrechliches System ist. Diese Instabilität wird durch seine Totalität verursacht, durch sein Streben nach der Absolutheit, nach dem Erreichen eines Monolithismus, anders gesagt, durch die Umfassung aller Formen und Elemente des gesellschaftlichen (wirtschaftlichen, politischen, kulturellen) Lebens und dessen Eingliederung in einen einzigen Mechanismus, der durch ein Zentrum kontrolliert und geleitet wird. Und diese Totalität kann überall gestört werden – sei es im Bereich der Pop-Musik oder durch eine unabhängige „parallele" Universität (auch sog. Patočka-Universität; Gegenuniversität, entspricht etwa der „fliegenden Universität" in Polen. Anm. d. Red.) –, und dieser Eingriff kann sich wie ein Schneeball verbreiten und auf eine schnelle (revolutionäre) Weise alle Lebensbereiche erfassen. Die Labilität des totalitären bürokratischen Systems ergibt sich aus seinem Wesen, also aus der politischen (und der erst davon abgeleiteten ökonomischen) Usurpierung der Macht durch die Bürokratie und ihre Elite.

Damit will ich sagen, daß die bürokratische Macht nicht aus Kapitalbindungen, aus dem privaten oder kollektiven Eigentum der Produktionsmittel entsteht, sondern daß sie einen deutlich politischen Charakter hat (sowohl historisch als auch faktisch). Obwohl die Bürokratie als ein Ganzes ein globaler Disponent der Produktionsmittel ist, sind ihre einzelnen Mitglieder nach politischen Kriterien in die gesellschaftliche Hierarchie eingegliedert und haben zu den Produktionsmitteln ein entfremdetes Verhältnis, wenn auch diese Entfremdung anderer Art ist als bei den Werktätigen, die aus den Entscheidungsprozessen völlig ausgeschlossen sind. Deshalb meine ich, daß die Bürokratie keine Klasse (sondern eine parasitäre Schicht) ist und daß das System des bürokratischen Zentralismus kein Staats- oder anderer Kapitalismus (um so weniger aber ein Sozialismus) ist und die bürokratische Diktatur, trotz des totalitären Charakters, kein Faschismus ist. Über den Stalinismus, über die bürokratische Degeneration oder Deformation der Arbeiterstaaten zu sprechen, den Begriff einer Übergangsphase zwischen Kapitalismus und Sozialismus zu propagieren (wie wir revolutionäre Marxisten es bei ähnlichen Anlässen wie diesem gewöhnlich tun), kann theoretisch interessant und sogar richtig sein. Genauso berechtigt sind Einwände, daß diese Begriffe – unter den Werktätigen des Ostens und des Westens – eine desorientierende oder gar demobilisierende Wirkung haben können. Hypothesen über Staatskapitalismus und Faschismus, den Arbeitern so oder so „verständlich", basieren auf verfallenen Konstruktionen und sind vom Gesichtspunkt des marxistischen Verständnisses der sozialen Verhältnisse unhaltbar. Ihre Autoren und Protagonisten wissen es oft selber am besten. Hier muß man klar mit Gramsci sagen: Nur die Wahrheit ist revolutionär, und jede Abweichung von ihr schmeckt, zumindest für uns, die es erlebt haben, nach den bitteren Früchten des Stalinismus. Vielleicht könnten wir in laufender agitatorischer und propagatorischer Arbeit mit Begriffen wie „bürokratischer Zentralismus" auskommen (u. a. ein quasi-offizieller und ganz verbreiteter Terminus, der im Jahre 1968 für das wirtschaftliche, aber auch gesamtgesellschaftliche System der Tschechoslowakei der 60er Jahre verwendet wurde), ferner „bürokratische Diktatur", „Stalinismus", „totalitäre Diktatur sowjetischen Typus" usw. Heute geht es nicht darum, wie man dieses System benennen sollte; es geht darum, es zu erkennen und die eigenen Kräfte zu koordinieren, um es überwinden zu können. Was mich betrifft, halte ich es aus vielen Gründen für nicht reformierbar (obwohl formbar), und deshalb sehe ich dessen Überwindung in einem revolutionären Prozeß, der von der revolutionären Negation des *politischen* Systems ausgeht, d. h. von der Zerschlagung der bürokratischen Macht und der gleichzeitigen Institutionalisierung der Macht in Machtinstitutionen der Werktätigen selbst; in einem Prozeß, der einen revolutionären Schutz für die Entwicklung der Produktivkräfte, für die Entwicklung aller gesellschaftlichen Verhältnisse, für die Entwicklung der Kultur und nicht zuletzt für die Verwirklichung der Menschenrechte einschließlich der Überwindung der Entfremdung darstellen. Diese sozialistische Zukunft sehe ich als abhängig vom politischen System der breitesten sozialistischen Demokratie auf der Grundlage des politischen Pluralismus *aller* (auch nichtsozialistischen!) Meinungsströmungen, Organisationen und politischen Parteien an; die Form der Demokratie ist (gesellschaftliche, d. h. nicht nur wirtschaftliche) *Selbstverwaltung*, die eine wachsende, direkte Teilnahme der Werktätigen (d. h. Produktionsdemokratie) und der ganzen Bevölkerung an den Entscheidungen über die Probleme der gegebenen Gesellschaftsordnung garantiert. Dieses *Rätesystem* (Arbeiterräte, Bürgerräte usw.) grenzt auch den politischen Pluralismus ab und verhindert, daß eine oder mehrere Parteien bzw. Parteiführungen im Namen der Wähler oder des Volkes herrschen. Wenn auch die Tendenzen zum Parlamentarismus in der tschechoslowakischen Opposition stark sind, diskutieren wir auch über dessen Nachteile (d. h. rigide Delegierung der Macht und die Möglichkeiten des Mißbrauchs, die Manipulationen der Massen durch starke Interessengruppen, die Schwierigkeit des Übergangs zu den Formen der direkten Demokratie). Es ist klar, daß ich bei diesen Diskussionen zu den Gegnern des Parlamentarismus und zu den Fürsprechern der Selbstverwaltung und der Formen der direkten Demokratie gehöre.

In der gegenwärtigen Tschechoslowakei gibt es aber weder Parlamentarismus noch Selbstverwaltung, und es wäre ratsam, aus der Zukunft in unsere Zeit zurückzukehren. Vor allem ist zu betonen, daß die Charta 77 weder eine politische noch eine gesellschaftliche oder andere Organisation ist. Sie ist eine lose Vereinigung von Menschen, die sich entschlossen haben, öffentlich die Wahrheit zu sagen, kritisches Denken voranzutreiben, und die versuchen, einzelne Bereiche unseres Lebens nicht vom politischen Gesichtspunkt (vom Gesichtspunkt der Macht) zu analysieren, sondern vom Gesichtspunkt der Gesetze dieser Macht selbst und der Respektierung der Menschenrechte. Deshalb kann es in der Charta 77 keine breite Übereinstimmung der Meinungen zu den diskutierten Problemen geben, deshalb sind in ihr aus der Partei ausgeschlossene Kommunisten – sowohl „eurokommunistische" als auch der zentralistische, reformerische (sozial-demokratische) –, liberale oder andere Orientierungen vertreten, ferner Sozialisten und Demokraten verschiedener Konzeptionen, die äußerste Linke, Christen, der kulturelle Underground, aber insbesondere Bürger ohne genauere politische (oder religiöse, kulturelle) Ausrichtung. Die Übereinstimmung in den Fragen der Menschenrechte schließt nicht aus, daß unterschiedliche Meinungen zu den politischen Problemen existieren, von der kritischen Analyse des Systems angefangen bis zu den Vorstellungen über die Zukunft. Es ist wichtig, daß die Charta 77 eine Diskussion ermöglicht und daß sich diese Diskussion nicht nur auf die Charta 77 beschränkt. Für die nächste Zukunft kann man aber nicht damit rechnen, daß aufgrund dieser Diskussionen politische Strömungen entstehen werden, die erstarken und in eine Konfrontation mit der Staatsmacht treten. Diese Abkürzung entspricht nicht unseren gegenwärtigen Verhältnissen. Politische Konzeptionen werden sich herauskristallisieren, Leute werden sich wieder *öffentlich* politisch vereinigen, aber zu einem politischen Leben der Massen genügt das noch nicht.

Bei dem öffentlichen Auftreten im Bereich der gesellschaftlichen Kritik ist noch ein anderer Aspekt von Bedeutung: es ist das Entstehen und die Wirkung verschiedener Komitees, Organe und Institutionen, die, von der Staatsmacht unabhängig, im engen Sinne des Wortes nicht politisch sind (d. h., daß sie die Teilnahme von Menschen der gleichen oder ähnlichen ideologischen Ausrichtung nicht voraussetzen) und die einige konkrete Interessen der Bevölkerung, insbesondere der Werktätigen und der Jugend, gegenüber der Staatsmacht verteidigen. Es sind Verteidigungskomitees (für politische und andere Gefangene, gegen die politisches Berufsverbot verhängt wurde), die „parallele" Universität, unabhängige Gewerkschaftsorganisationen, eigene Zeitschriften und Bücher, Veranstaltung von Konzerten und Ausstellungen, Interessenvereinigungen, Diskussionsklubs usw. Einige dieser Initiativen gibt es schon, die Charta 77 unterstützt sie, schützt sie auch teilweise, andere entstehen oder werden auf ihrem Boden entstehen, andere entstehen außerhalb der Charta 77 (wenn auch hier vor allem die Charta-Unterzeichner die Initiative übernehmen). Die Schaffung solcher parallelen Institutionen, Strukturen und Initiativen und deren permanente Konfrontation mit der Staatsmacht und öffentliches Auftreten ist, meiner Meinung nach, die wichtigste Form des Klassenkampfes in der Tschechoslowakei; es ist der Weg, der eine Perspektive hat, und es scheint mir, daß er auch in der UdSSR und insbesondere in Polen erfolgreich durchgeführt wird. Revolutionäre Geheimbünde gehören in das 19. Jahrhundert. Auf dem Wege der parallelen Formen des gesellschaftlichen Lebens kommt es zur Politisierung einer immer steigenden Zahl von Menschen, insbesondere der Jugend, und dadurch zur fortschreitenden Verstärkung der differenzierten politischen Opposition. Es ist ein Weg, der uns hilft, die relative Isolation zu überwinden, in die uns die Staatsmacht zu treiben versucht. Ihr Ziel – die Charta 77 in ein Ghetto umzuwandeln – ist jedoch fehlgeschlagen.

Ich arbeite zur Zeit im „Komitee für die Verteidigung von zu Unrecht Verfolgten", das durch die Verteidigung von politischen Häftlingen und von Personen, die wegen ihrer abweichenden Meinung verfolgt werden, eine Teilaufgabe der Charta 77 zu erfüllen versucht. Die Hauptunterstützung für unser Bemühen ist eine internationale Solidarität, die *allen* helfen muß, die wegen ihrer Meinungen und Haltungen unterdrückt werden, *ohne Rücksicht* auf ihre politische Ausrichtung. Persönlich begrüße ich diese Solidarität seitens der Arbeiter- und der sozialistischen Organisationen (Parteien, Gewerkschaften, studentischen Organisationen), aber auch seitens der Regierungen bürgerlicher Staaten, falls sie dazu durch die öffentliche Meinung im eigenen Land *gezwungen* werden und falls sie dadurch nicht die Interessen des internationalen Kapitals verfolgen. Und gleich habe ich eine konkrete Bitte: Seit der letzten Woche führt die Polizei Charta-Unterzeichner zum Kommissariat ab, schlägt sie (im Fall von Matras und Karlík vom 19. 5. 78, die dann in einen Zug verladen wurden, der zu ihrem ständigen Wohnort in Chotěboř fuhr), fährt sie gefesselt und mit verbundenen Augen nachts in irgendeinen 40 bis 50 km von Prag entfernten Wald, wo sie schließlich geschlagen und ihrem Schicksal überlassen werden (Ivan Medek am 16. 5. und Bohumil Doležal am 22. 5.). Bisher haben sie niemanden getötet, was aber bald geschehen könnte. Durch terroristische Aktionen wollen sie unter uns Angst und Panik verbreiten. Wir bitten euch um Hilfe! Gebt diese Fälle, über die detailliert in unseren Mitteilungen berichtet wird, öffentlich bekannt, protestiert mit allen Mitteln. Nur so könnt ihr uns helfen, nur so wird die Staatsmacht vom offenen Terror ablassen.

Somit komme ich dazu, was ihr für uns, Kämpfer für Menschenrechte in den osteuropäischen Ländern, tun könnt. Das wichtigste ist eine wahre Information, die die größtmögliche Zahl der Werktätigen eures Landes erreicht. Information über *konkrete* Fälle, über die Situation. Dadurch können sich Leute nicht nur engagieren (und in diesem Sinne können sie auf ihre Umgebung, in ihren gewerkschaftlichen oder anderen Organisationen wirken), sondern auch Vorstellungen entwickeln, wie sie in der Zukunft *nicht* vorgehen sollen; Vorstellungen, daß der Sozialismus nicht eine bürokratische Diktatur ist und der Stalinismus nicht eine notwendige Abschweifung, die die Gesellschaft auf dem Wege vom Kapitalismus zum Sozialismus durchmachen muß. Und die sozialistische Revolution im Westen ist unsere große Hoffnung.

24. 5. 1978

Zur Person:
Ing. Petr Uhl, geb. 8. 10. 1941, lehrte bis Dezember 1969 als Professor an einer technischen Fachhochschule in Prag. Am 15. 12. 1969 wurde er verhaftet und – mit 16 weiteren Angeklagten – der Gründung einer konspirativen antistaatlichen Gruppe und antistaatlicher Tätigkeit beschuldigt, obwohl die „RSS" (Revolutio-

näre Sozialistische Partei) einen reinen Diskussionscharakter hatte. Am 19. 3. 1971 wurde er im sog. "Trotzkisten-Prozeß" zu 4 Jahren Haft verurteilt (seine Mitangeklagten bekamen kürzere Strafen). Nach seiner Entlassung arbeitete er in verschiedenen Prager Betrieben, bis er im Frühjahr 1978 wegen seiner Aktivitäten innerhalb der Charta 77 entlassen wurde. Seitdem ist er arbeitslos und lebt von der Unterstützung seiner Freunde. Er gehört zu den ersten Unterzeichnern der Charta 77. Momentan ist er wieder in Haft.

Quelle: INFO des Sozialistischen Osteuropakomitees 30/1978

Komitee für die Verteidigung von zu Unrecht Verfolgten

Im Geiste der Charta 77 und im Einklang mit ihrem Bemühen um die Unterstützung der Entstehung von kleineren Arbeitsgemeinschaften, die auf Teilaufgaben ausgerichtet sind, haben wir uns nach einigen Vorbereitungsmonaten entschlossen, das „Komitee für die Verteidigung von zu Unrecht Verfolgten" zu gründen. Das Ziel dieses Komitees ist es, die Fälle der Personen zu beobachten, die wegen ihrer Überzeugung strafrechtlich verfolgt oder gefangengehalten werden oder die zu Opfern der Polizei- und Justizwillkür wurden. Diese Fälle werden wir der Öffentlichkeit bekanntmachen und im Rahmen unserer Möglichkeiten diesen Personen helfen. Dabei wollen wir mit allen zusammenarbeiten, bei uns und im Ausland, die ihr Interesse an solch einer Mitarbeit bekunden. Zugleich bitten wir alle Bürger, uns (am besten persönlich) über solche Fälle zu informieren. Wir glauben, daß die Tätigkeit unseres Komitees dazu beitragen wird, daß Menschen nicht ungerecht verfolgt und gefangengehalten werden.

Prag, den 27. April 1978

Ing. Rudolf Battěk, Otta Bednářová, Jarmila Bělíková, Dr. Václav Benda, Jiří Dienstbier, Václav Havel, Přemysl Janýr, Elzbieta Ledererová, Václav Malý, Ivan Medek, Dana Němcová, Dr. Ludvík Pacovský, Jiří Ruml, Dr. Gertruda Sekaninová-Čakrtová, Anna Šabatova, Dr. Jan Tesař, Petr Uhl.

Quelle: INFO des Sozialistischen Osteuropakomitees 30/1978

Anmerkung der Redaktion: Das Komitee hat inzwischen mehrere Mitteilungen herausgegeben, die über Prozesse und andere Formen der Repression gegen politisch aktive Bürger informieren.

Unser Herbstprogramm 1978

Ulf Wolter (Hrsg.)
Die sozialistische Alternative
Antworten auf Rudolf Bahros Herausforderung des „realen Sozialismus"
Mit Beiträgen von Lucio Lombardo Radice, Jakob Moneta, Hermann Weber, Rudi Dutschke, Joachim Bischoff, Jiri Pelikan, Lawrence Krader, Bernd Rabehl u.v.a.
ca. 280 Seiten, ca. DM 18.−

DDR − konkret
Geschichten & Berichte aus einem real existierenden Land
von T.Auerbach, W.Hinkeldey, M.Sallmann, B.Markowsky, G.Lehmann und M.Kirstein
ca. 160 Seiten, ca. DM 12.−

Arnost Kolman
Auf der Mauer, auf der Lauer...
Satiren über den staatlich verordneten Verdacht
ca. 120 Seiten, ca. DM 10.−

Theo Pirker
Warum gibt es keine linke Partei in der Bundesrepublik?
Zu den historischen Bedingungen für eine Alternative
ca. 160 Seiten, ca. DM 9,−

Roman Rosdolsky
Zur nationalen Frage
Friedrich Engels und das Problem der „geschichtslosen Völker"
ca. 220 Seiten, ca. DM 20.−

Lutz Mez (Hrsg.)
Der Atomkonflikt
Internationales Handbuch über Atomindustrie, Atompolitik und Anti-Atom-Bewegung
Mit einer Einleitung von Robert Jungk
ca. 250 Seiten, ca. DM 18.−

Werner Olle (Hrsg.)
Einführung in die internationale Gewerkschaftspolitik
Band I: Ansatzpunkte gewerkschaftlicher Internationalisierung
Band II: Nationale Besonderheiten gewerkschaftlicher Politik
Mit einer Einleitung von Jakob Moneta und Beiträgen zahlreicher Gewerkschafter und Wissenschaftler
Je Band ca. 250 Seiten, ca. DM 18

Norman Geras
Rosa Luxemburg
Kämpferin für einen emanzipatorischen Sozialismus
ca. 220 Seiten, ca. DM 18.-

Perry Anderson
Antonio Gramsci
Eine kritische Würdigung
ca. 100 Seiten, ca. DM 9.-

Theo Pirker
Die blinde Macht
Die Gewerkschaftsbewegung in der Bundesrepublik
2 Bände, je ca. 320 Seiten, ca. 20.-

Verlag Olle & Wolter, Postfach 4310, 1000 Berlin 30

olle & wolter
Unser Frühjahrsprogramm 1978

Ernest Mandel
Kritik des Eurokommunismus
*Revolutionäre Alternative
oder neue Etappe in der
Krise des Stalinismus?*
220 Seiten, DM 12,80

Hakki Keskin
Die Türkei
*Vom Osmanischen Reich zum
Nationalstaat – Werdegang
einer Unterentwicklung*
304 Seiten, DM 19,80

Gudrun Küsel (Hrsg.)
APO und Gewerkschaften
Von der Kooperation zum Bruch
Mit Beiträgen von S. Masson, M. Wilke, Th. Pirker, A. Brock, K. Voigt, F. Vilmar u.v.a.
188 Seiten, DM 14,80

Bennholdt Thomsen, Meschkat, Müller Plantenberg, Schoeller u.a. (Hrsg.)
**Lateinamerika
Analysen und Berichte 2**
*Internationale Verflechtung
und soziale Kämpfe*
380 Seiten, DM 24,80

Ulf Wolter (Hrsg.)
Sozialismusdebatte
*Historische und aktuelle
Fragen des Sozialismus*
Mit Beiträgen von J. Steffen, B. Rabehl, H. Fleischer, H. Weber, R. Rosdolsky, O.K. Flechtheim u.v.a.
240 Seiten, DM 16,80

R. Crusius, M. Wilke (Hrsg.)
Die Betriebsräte in der Weimarer Republik
*Von der Selbstverwaltung
zur Mitbestimmung*
Band 1: Dokumente und Analysen
300 Seiten, DM 22,80
Band 2: Kurt Brigl-Matthiaß
„Das Betriebsräteproblem"
280 Seiten, DM 22,80
Beide Bände zusammen: DM 39,80

Robert Vincent Daniels
Das Gewissen der Revolution
*Kommunistische Opposition
in der Sowjetunion*
604 Seiten, DM 29,80

In Kürze erscheinen:
Fernando Claudin
Die Krise der Kommunistischen Bewegung
*Band 2 – Der Stalinismus
auf dem Gipfel seiner Macht*
ca. 360 Seiten, ca. DM 29,–

Ulf Wolter (Hrsg.)
Die Linke Opposition in der Sowjetunion 1923-1928
Band VI – *Texte von 1927-1928*
ca. 600 Seiten, ca. DM 29,–

kritik
*Zeitschrift für
sozialistische Diskussion*
Beiträge von Rabehl, Steffen, Mandel, von Oertzen, Brandt, Krippendorff, Münster, Mez, Flechtheim, Althusser, Elleinstein, Garaudy, Claudin, A.G. Frank, Weber, Brandes, Blanke, Sternstein, Bernstorff u.v.a.
Einzelheft 7.– / im Abo 6.–
Prospekt kostenlos anfordern

Verlag Olle & Wolter, Postfach 4310, 1000 Berlin 30

Lieferbare Titel

Theo Pirker
Die verordnete Demokratie
Grundlagen und Erscheinungen
der „Restauration"
300 Seiten, DM 22.80

Theo Pirker
Die SPD nach Hitler
Die Geschichte der SPD nach
1945
364 Seiten, DM 22.80

Willi Semmler
*Zur Theorie der Reproduktion
und Akkumulation*
Bemerkungen zu neueren multi-
sektoralen Ansätzen sowie Überlegungen zum Verhältnis von priva-
tem und staatlichem Sektor
Mit einem Vorwort von E. Altvater
380 Seiten, DM 29.80

Fernando Claudin
*Die Krise der Kommunistischen
Bewegung*
Von der Komintern zur Komin-
form
Band I, Die Krise der Kommuni-
stischen Internationale
360 Seiten, DM 29.80

Manfred Wilke /Lutz Mez
Der Atomfilz
Gewerkschaften und Atomkraft
Mit Beiträgen von: R. Havemann,
Ossip K. Flechtheim, E. Schmidt,
H. Alfven, V. Brandes, F. Barnaby,
A. Brock, H. Brandt u.v.a.
220 Seiten, DM 12.80

Armanski / Penth (Hrsg.)
Klassenbewegung, Staat und Krise
Konflikte im Öffentlichen Dienst
Westeuropas und der USA
Beiträge von: R. Hickel, R. Genth,
C. Leggewie, K. Dammann u.v.a.
268 Seiten, DM 26.80

Willfried Spohn
*Weltmarktkonkurrenz und
Industrialisierung Deutschlands*
Eine Untersuchung zur nationalen
und internationalen Geschichte
der kapitalistischen Produktions-
weise
Mit einem Vorwort von B. Rabehl
480 Seiten, DM 29.80

Armanski / Penth / Pohlmann
*Lohnarbeit im öffentlichen Dienst
der Bundesrepublik*
Staatstreue oder Klassenkampf?
364 Seiten, DM 19.80

Aktionskomitee gegen Berufsver-
bote
*Gewerkschaften und Berufsver-
bote*
80 Seiten, DM 4.—

Armanski / Bruns / Penth (Hrsg.)
Deutschland – Deine Beamten
Ein Lesebuch
160 Seiten, DM 9.80

Roy Medvedev
*Solschenizyn und die sowjetische
Linke*
Eine Auseinandersetzung mit dem
Archipel GULag
100 Seiten, DM 7.80

Karl Marx
*Die Geschichte der Geheimdiplo-
matie des 18. Jahrhunderts*
Mit Kommentaren von Rjasanov,
Rabehl und Wolter
244 Seiten, DM 19.80

Bennholdt-Thomsen, Evers u.a.
(Hrsg.)
*Lateinamerika. Analysen und
Berichte 1*
Kapitalistische Entwicklung und
politische Repression
320 Seiten, DM 24.80

Edition Prinkipo

Mandel, Trotzki, Kondratieff u.a.
Die Langen Wellen der Konjunktur
Beiträge zur marxistischen Kon-
junktur- und Krisentheorie
272 Seiten, DM 14.80

Helmut Fleischer
Sozialphilosophische Studien
Kritik der marxistisch-leninistischen Schulphilosophie
192 Seiten, DM 9.80

Ligue Communiste
Der Sozialismus, den wir wollen
224 Seiten, DM 7.80

Ernest Mandel
Der Sturz des Dollars
Eine marxistische Analyse der
Währungskrise
160 Seiten, DM 9.—

Ulf Wolter (Hrsg.)
*Die Linke Opposition in der
Sowjetunion 1923 – 1928*
6 Textbände und ein Diskussions-
band
Bei Bestellung des Gesamtwerks
pro Band eine Ermäßigung um
DM 1.—

Band I, *Texte von 1923–1924*
560 Seiten, DM 26.80

Band II, *Texte von 1924–1925*
560 Seiten, DM 26.80

Band III, *Texte von 1925–1926*
620 Seiten, DM 29.80

Band IV, *Texte von 1926*
520 Seiten, DM 26.80

Band V, *Texte von 1926–1927*
600 Seiten, DM 29.80

Kritische Bibliothek der Arbeiter-bewegung

*Allgemeiner Kongreß der
Arbeiter- und Soldatenräte 1918*
Stenographische Berichte
220 Seiten Format A4, DM 24.80

Richard Müller
*Geschichte der deutschen
Revolution* (drei Bände)

Band I
Vom Kaiserreich zur Republik
220 Seiten, DM 8.80

Band II
Die Novemberrevolution
296 Seiten, DM 12.80

Band III
Der Bürgerkrieg in Deutschland
260 Seiten, DM 9.80

Kritik

Nr. 1, Mandel, Dallemagne u.a.
Übergangsgesellschaft, DM 6.—

Nr. 2, Mandel, Mires, Laclau u.a.
*Imperialismus und Unterentwick-
lung*, DM 6.—

Nr. 3/4, Blackburn, Hardy u.a.
*Reform und Revolution in
Portugal*, DM 9.—

Nr. 5, Münster, Krabbe, Collin u.a
*Portugal – Grenzen der Revolu-
tion*, DM 6.—

Nr. 8/9/10, Claudin, Figuerelo u.a
Spanien – Die zweite Revolution
DM 15.—

Nr. 11/12, Armanski, Mhlongo
u.a
USA / Südafrika, DM 9.—

Nr. 13, Krippendorff, Claudin u.a
*Italien – Geschichte, Ökonomie,
Politik*, DM 6.—

Nr. 14, Mandel, Rosdolsky u.a.
*Luxemburg und Trotzki –
Alternativen zu Lenin?* DM 7.—

Nr. 15, Rabehl, Flechtheim u.a.
*Die Linke, die Rechte und der
Terrorismus*, DM 7.—

Nr. 16, Oertzen, Althusser u.a.
*Die Grünen kommen! Sozialis-
musdebatte, Terrorismus II*, 7.—

Nr. 17, Steffen, Brandt u.a.
*Grüner Filz, Eurokommunismus,
DDR, Gewerkschaften*, DM 7.—